블록체인
비즈니스의 미래
한국형 토큰 이코노미가 온다

블록체인 비즈니스의 미래

한국형 토큰 이코노미가 온다

• KT경제경영연구소 지음 •

한스미디어

2015년, 아직 블록체인이란 용어가 대중적이지 않았던 당시, 영국의 경제 주간지《이코노미스트》에서 발간한 '블록체인의 약속: 신뢰 머신The promise of the Blockchain: The trust machine'이라는 기사가 눈길을 끌었다. 블록체인이란 단어도 생소했지만 이 낯선 기술을 '신뢰 머신The trust machine'이라고 표현하며 산업 및 사회 전반에 파괴적 혁신을 가져올 것이라고 역설한 내용이 꽤 인상적이었다.

그로부터 3년 뒤, 2018년 초 전 세계가 비트코인BTC 광풍에 휩싸였다. 자고 일어나면 비트코인 가격은 몇 배씩 뛰어올랐고, 사람들은 새로운 투자 수단으로서 암호화폐에 관심을 보이기 시작했다. 암호화폐에 대한 대중의 뜨거운 관심은 기반 기술인 블록체인으로까지 이어졌다. 언론에서는 암호화폐와 블록체인이 분리 가능한지를 놓고 열띤 논쟁이 벌어졌고, 정부는 투기적 요소를 지닌 암호화폐는 규제하되 블록체인은 적극 육성하겠다는 방침을 내세웠다. 기업들은 앞다투어 자사 서비스에 블록체인을 도입하거나 신규 서비스를 개발했고, 블록체인 벤처들은 의료, 금융, 엔터테인먼트 등 각 분야에 특화된 암호화폐를 선보이며 투자자들을 모집했다.《이코노미스트》가 쓴 기사대로 블록체인 시대가 도래한 것이다.

그렇게 3년 전 예측대로 블록체인이 세상을 지배할 미래 기술로 자리를 잡는가 싶었는데, 지난 2018년 9월《이코노미스트》는 '비트코인과 다른 암호화폐들은 쓸모없다 Bitcoin and other cryptocurrencies are useless'라는 제목으로 비트코인과 블록체인의 과대 포장을 경계하고 재평가해야 한다는 기사를 발표했다. 비트코인은 사실상 화폐로서 실패했고, 만능으로 여겨졌던 블록체인은 느린 처리 속도, 높은 전력 소모 등으로 기존 데이터베이스보다 오히려 비효율적이라는 것이 주요 내용이었다. 내용도 내용이지만 불과 3년 만에 블록체인에 대한 평가를 180도 뒤집었다는 점에서 기사는 매우 충격적이었다. 동시에 우리가 바라보는 블록체인의 현재와 미래는 과연 얼마나 객관적이고 타당한 것인가 하는 의구심이 들었다.

분명 블록체인은 잠재력이 높은 기술이다. 세계 각국의 투자 현황이 이를 증명한다. 2018년 상반기 미국 내 블록체인 관련 투자액은 8억 5,800만 달러(약 9,622억 원)로 2017년 투자 총액인 6억 3,100만 달러(약 7,076억 원)를 크게 앞질렀다. 중국은 난징南京 시에 블록체인 개발을 위해 100억 위안(약 1조 7,000억 원)을 투자하겠다고 발표했다. 알리바바를 배출한 중국 스타트업의 성지인 항저우 시도 100억 위안(약 1조 7,000억 원) 규모의 블록체인 스타트업 펀드를 출범시켰다.

글로벌 컨설팅 업체인 IDC는 전 세계 기업들이 블록체인 프로젝트에 투입하는 지출액이 2022년에 117억 달러(약 13조 3,150억 원) 규모가 될 것이라고 전망했다. 업종별로는 금융업 블록체인 투자 지출이 5억 5,200만 달러로 가장 크고, 그다음이 3억 3,400만 달러가 투입된 물류서비스 분야다. 블록체인이 별 볼 일 없는 기술이라면 글로벌 기업들이 이런 막대한 금액을 투자할 리 없다. 기업들이 블록체인 사업에 뛰어들면서 관련 엔지니어 수요와 몸값도 수직 상승했다. 인공지능과 함께 현재 전 세계적으로 가장 많은 자금과 인재가 몰리고 시장이 커지고 있는 분야는 블록체인이다.

산업 내 도입도 활발하다. 콘텐츠 분야에서는 블록체인 도입으로 유통체계 변화를 통해 저작권을 보호하고 비효율적인 유통구조도 개선할 수 있을 것으로 기대된다. 직접적인 콘텐츠 보상체계와 신뢰도 높은 저작권 보호 시스템은 아티스트 중심의 콘텐츠 관리와 정산을 가능하게 한다.

물류·유통 분야에서는 실시간 물류 추적과 관리가 가능한 자동화 시스템 구축이 가능해진다. 관세청에서는 현재 12시간이 소요되는 3,300만 개에 이르는 수입물품신고 과정에 블록체인을 도입하는 시스템을 개발 중인데, 완성되면 구매자는 가품假品에 대한 의혹을 덜 수 있고 통관 관련 정보는 쇼핑몰, 특송업체 관세청에 공유되어 실시간 수입 신고가 가능해지고 저가 신고는 불가능해져 정확한 세수 확보 효과도 볼 수 있다.

공공 분야에서도 블록체인은 신뢰성을 높이는 데 큰 역할을 할 수 있다. 해킹이나 위·변조 우려로 도입이 어려웠던 온라인 공직선거에도 활용할 수 있는가 하면, 블록체인 기반의 기부금 운영 시스템을 갖추면 내가 낸 기부금이 어디에 얼마나 쓰여졌는지를 실시간으로 확인할 수 있다.

이처럼 미래 성장 가능성이 높은 블록체인이지만, 한편에서는 블록체인을 비판하는 의견도 만만치 않다. 2008년 금융 위기를 예측해 '닥터 둠'으로 유명해진 경제학자 누리엘 루비니Nouriel Roubini가 대표적이다. 루비니는 블록체인을 "인류 역사에서 가장 과장되었으면서 가장 쓸모없는 기술"이라고 평가하면서 "블록체인이 탈중앙화를 통해 세계가 직면한 문제를 해결할 것이라고 약속했지만 이는 소매 투자자가 힘들게 번 돈을 털어내기 위한 책략일 뿐"이라고 비난했다. 블록체인의 경제성에 대해서도 루비니는 "기술의 속도와 검증 가능성이 상호 상충Trade-off할 때 사용될 가치가 있다"고 전제하면서도 "실제 이런 기술이 시장성을 갖는 경우는 거의 드물다"고 지적했다. 미래학자 조지 프리드먼George Friedman 역시 블록체인에 대해 미래 어느 시점이 되면 블록체인은 '한물간 기술'이 되고 말 것이라고 폄하했다.

이렇게 블록체인이 극과 극의 평가를 받는 이유는 기술적으로 아직 불완전하고 비즈니스적으로는 아직 성공한 모델이 없기 때문이다. 사실 블록체인을 포함한 모든 와해성 기술은 탄생해서 성숙 단계를 거쳐 자리를 잡기까지 짧게는 몇 년, 길게는 10년 이상의 시간이 걸린다. 인터넷도 대중화되기까지 10년이 걸렸고, 인공지능은 그보다 더 오랜 시간이 걸렸다. 클라우드도 몇 년의 성숙 기간을 거치고서야 본 궤도에 올랐다.

현시점에서 블록체인 기술의 완성도는 초기 수준으로, 윈도에 비유하자면 윈도 95/98 버전쯤에 해당할 것이다. 2세대 블록체인이라 불리는 이더리움ETH의 개발자 비탈릭 부테린Vitalik Buterin조차도 "현재 이더리움의 기술적 완성도는 30% 수준"이라고 할 정도다. 게다가 블록체인은 단일 기술이 아닌 여섯 가지 기술에 기반한 복합 기술이라는 특징이 있어, 기술적 한계를 극복하고 광범위하게 쓰이기까지는 최소 3~5년의 시간이 걸릴 것으로 예상된다. 현재도 개발자들은 블록체인 상에서 발생하는 확장성, 프라이버시, 저장 공간 문제 등 블록체인이 지닌 기술적 한계를 극복하기 위해 다양한 개선책을 개발 중이다.

기술적 한계는 곧 극복되겠지만, 더 큰 문제는 비즈니스로서 가능성이다. 블록체인을 마케팅 용어로 포장한 채 뚜렷한 비즈니스 모델 없이 허울 좋은 백서만으로 투자자들을 현혹하는 토큰과 코인들이 수두룩하다. 기업들도 제대로 된 검증 없이 장밋빛 전망만 믿고 무턱대고 블록체인을 도입하다가 결국 비용이 편익을 넘어서자 프로젝트를 폐기하기도 했다.

과대평가됐다고 해서 블록체인이 쓸모없다는 의미는 결코 아니다. 합의의 방식으로 사용자들을 결속시킬 수 있는 블록체인 기술은 국제무역과 같이 중앙 기관이 없는 분야에서는 분명한 이점이 있다. 블록체인이 비즈니스로서 의미를 갖기 위해서는 무엇보다 '왜 이 비즈니스에서 블록체인이어야 하는가'에 답을 할 수 있어야 한다. 기존 시스템으로도 충분히 잘 돌아가고 있는 서비스에 억지로 블록체인을 도입한다면 오히려 불필요한 비용과 비효율만 초래할 뿐이다.

2008년에 나카모토 사토시中本哲史가 「비트코인: 개인 간 전자화폐 시스템Bitcoin: A Peer-to-Peer Electronic Cash System」이라는 논문을 통해 블록체인을 세상에 알린 지 10년이 지난 지금, 백가쟁명百家爭鳴식으로 블록체인에 대한 많은 의견이 난무하고 있지만 무엇 하나 확실하지 않다. 이런 실정이기에 블록체인을 좀 더 냉철히 바라보고 비즈니스적 관점에서 과연 어떻게 어느 영역에서 수익을 창출해야 시장을 열 수 있는지 객관적으로 돌아봐야 할 필요성을 절실히 느꼈다.

그리고 한 발 더 나아가 블록체인 기술로 한국 사회 곳곳에 만연한 문제들을 해결하고, 더 큰 생태계를 구축해 사토시가 맨 처음 비트코인을 만들었을 때의 철학과도 같은 생태계 구성원 모두가 이익을 공유할 수 있는 이른바 '한국형 토큰 이코노미Token Economy'를 구상하기에 이르렀다.

한국형 토큰 이코노미는 단순히 사회문제 해결에서 그치지 않고 그 안에 참여한 구성원의 활동 하나하나가 블록체인의 부산물인 토큰으로 환산되어 정당한 가치로 인정받고, 그것이 건강한 대한민국을 만드는 기틀이 될 수 있도록 하는 것을 목적으로 한 블록체인 생태계다.

블록체인을 객관적으로 평가하고 비즈니스 가능성을 발굴하며,

한국 사회에 최적화된 토큰 이코노미를 구상하고 제안하는 일, 이것이야말로 싱크탱크인 경제경영연구소가 바로 현시점에서 해야 할 일이라고 생각한다. 이 책은 그러한 사회적 소명감 아래 고민하고 만들어진 결과물이다.

신뢰를 기반으로 한 대표적 결제 수단인 신용카드도 국내에 도입된 지 30여 년이 지나서야 비로소 우리 생활 속에 안착됐다. 블록체인은 이제 겨우 등장한 지 10년이 지났을 뿐이다. 블록체인 기술의 혁신성과 지금까지의 사회적 영향력을 고려해보면 블록체인의 잠재력과 파괴력은 신용카드 그 이상이다. 다만 그 시대가 올 때까지 인내의 시간과 많은 시행착오가 요구될 것이다.

이 책을 통해 블록체인 도입을 희망하는 많은 기업들과 성공을 꿈꾸며 도전하는 예비 창업가들이 블록체인 비즈니스의 시행착오를 최소화하고, 거기서 창출되는 수많은 서비스를 바탕으로 한 한국형 토큰 이코노미가 미래 한국 사회를 견인하는 4차 산업혁명의 핵심 동력이 되기를 진심으로 희망한다.

KT경제경영연구소
소장 김희수

연결성에서 가치를 창출하는
블록체인이야말로
4차 산업혁명의 주인공

디지털 에셋Digital Asset들 중 비트코인과 같은 가상 암호화폐는 근간 기술인 블록체인을 등에 업고 그 가치를 입증받아서 서서히 가격 상승을 하다 2017년 연말에 그 가격이 급격하게 폭등하였다. 그러다 2018년 초 여러 가지 규제 이슈와 부정적인 시각들로 인해 그 가격들이 폭락하였다. 가상 암호화폐 가격의 폭등에는 '묻지 마' 식의 투자 열풍으로 인한 버블이 있었기에 가능하였다.

불과 얼마 전 우리는 유사한 버블을 경험한 바 있다. 바로 3차 산업 혁명과 함께 시작한 1999년의 닷컴 버블인 IT 버블로, 이를 똑똑히 기억하고 있다. 여기서 우리는 바로 닷컴 버블 속에서 태어난 3차 산업 혁명의 역사적 주인공인 회사들에 다시 한번 더 주목할 필요가 있다.

바로 구글, 아마존, 애플 등이 닷컴 버블을 뚫고 3차 산업혁명의 주인 공으로 부상하였다. 이 세 회사에는 모두 특징적인 공통점이 있는데 바로 연결Connectivity에서 가치Value를 생성한 회사라는 것이다.

먼저 아마존의 경우 온라인과 오프라인을 연결하여 가치를 생성 하고 세계 최고의 웹 IT 기업으로 도약하게 되었다. 애플 역시 아이튠 즈라는 플랫폼을 통해 음원 및 미디어 유통 환경에 고객들을 연결하 였으며, 이로 인해 아이폰이라는 기념비적인 인류 문화의 신기원을 창 조하게 되었다. 구글 역시 최고의 검색 엔진으로 고객의 정보와 데이 터를 연결시켜 키워드 검색 광고라는 광고 시장의 신천지를 개척하였 고, 검색 엔진과 서비스에 활용되는 고객 데이터를 연결시켜 모은 데 이터를 활용하여 세계 최고의 인공지능 회사로 도약하게 되었다.

4차 산업혁명의 본질은 산업의 디지털라이제이션Digitalization이며 디 지털라이저드Digitalized된 여러 산업 사이를 신뢰성 있게 연결해주는 기 술인 블록체인이야말로 4차 산업혁명에서 가장 중요한 기술이다. 또 한, 4차 산업혁명의 또 하나의 중요한 기술인 인공지능을 더욱더 발전 시키기 위해 데이터를 투명하고 신뢰성 있게 연결·제공하는 블록체인 이야말로 4차 산업 혁명에서 가장 중요한 기술이다. 따라서 4차 산업 혁명의 파고 뒤에 새로운 역사의 주인공으로 떠오를 기업은 바로 블록 체인을 잘하는 기업일 것이다.

사실, 기존 블록체인의 경우 사업화의 한계가 존재하였다. 불특정 다수가 참여하는 퍼블릭 블록체인은 신뢰성은 높지만, 처리 속도와 데 이터 용량이 부족했다. 참여자를 제한하는 프라이빗 블록체인은 빠른 속도를 보장하지만, 비공개 데이터 관리로 투명성과 보안이 문제였다. 그래서 개발한 것이 초고속 통신망에 블록체인 기술을 결합시켜 성능과 보안의 두 가지 장점을 동시에 구현한 KT 네트워크 블록체인이다. KT 블록체인은 산업의 패러다임을 변화시키는 것은 물론, 지역화폐, 에너지, 정책 참여, 공공복지, 의료 등에 활용되어 이용자의 삶의 질을 높이는 데 주력할 것이다. 그리고 빅데이터, 로밍, AI 등에도 접목하여 글로벌 파트너들과 그 가치를 공유할 계획이다.

이러한 계획들이 실현되기 위해서는 기술의 발전과 함께 비즈니스적인 생태계 조성도 중요하다. 생태계 구성원들이 블록체인 네트워크로 연결되고 이를 통해 가치가 창출될 수 있도록 정교하게 모델을 구축해야 블록체인 산업은 캐즘을 극복하고 거대 산업으로 성장할 수 있다. 이러한 관점에서 볼 때 이 책은 블록체인 기술이 비즈니스로 확장될 수 있게 방향을 제시하는 가이드라인과도 같다. 블록체인에 대한 다양한 국내외 비즈니스 사례와 블록체인의 미래라고 할 수 있는 토큰 이코노미의 개념 정립은 많은 기업과 벤처들이 궁금해하는 '블록체인으로 어떻게 사업을 해야 하는가'에 대해 거시적 해답을 제공한다.

특히 한국 사회가 처한 여러 문제를 블록체인으로 해결한다는 '한국형 토큰 이코노미'의 개념은 매우 흥미로웠다. 이는 KT 블록체인이 추구하는 방향과도 일치한다. 블록체인이 모든 문제를 해결하기는 어렵다고 하더라도, 신뢰와 투명성을 필요로 하는 곳부터 블록체인을 도입해 나간다면 분명 대한민국은 새롭게 변화할 수 있을 것이다.

제4차 산업혁명을 이끄는 수많은 ICT 기술 중 연결성에서 가치를 창출하는 블록체인은 미래 세상을 바꿀 중요한 기술이다. 그리고 그러한 블록체인을 만드는 기업이야말로 4차 산업혁명 시대에서의 진정한 주인공이다. 개인정보 보호 등 블록체인과 관련한 규제도 많지만, 그 안에서 기업이 할 수 있는 것을 찾아내는 것이 엔지니어의 자세이며, KT는 국내 최고의 인프라 사업자로서 블록체인을 안정적이고 실용적으로 활용할 수 있도록 계속해서 기술을 개발하고 있다.

블록체인이 비즈니스로서 의미를 가져야 할 지금, 이 책은 블록체인에서 미래의 기회를 찾고자 하는 모든 이에게 훌륭한 길잡이가 될 것으로 생각하며 일독日讀을 권하는 바이다.

KT 블록체인 비즈센터

센터장 서영일

목차

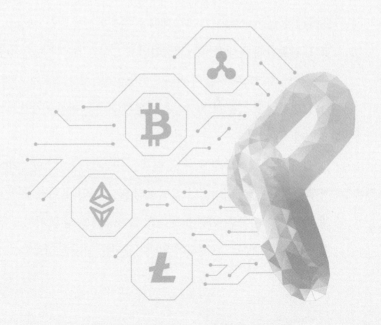

2017년 말부터 불어닥친 비트코인 광풍은 용어조차 생소했던 암호화폐와 그 기반 기술인 블록체인을 대중적으로 확산시키는 데 일조했다. 암호화폐에 대해서는 경계하면서도 블록체인이 지닌 기술적 속성은 높이 평가하며 '제2의 인터넷 혁명'이자 4차 산업혁명 시대 경제·사회 전 분야의 근본적 재정립을 추동할 파괴적 혁신 기술로까지 불리고 있다.

블록체인은 거래 정보Block를 연결Chain한다는 의미의 합성어다. 각종 거래 정보를 중앙 서버에서 관리하지 않고 여러 곳으로 분산해 동시에 저장하는 기술로, 위변조가 거의 불가능한 속성을 가지고 있다. 이 때문에 블록체인을 '끊임없이 업데이트되는 거대한 장부'라고 표현하기도 한다.

또한 모든 거래가 영구적으로 기록되기 때문에 공공 및 금융뿐만 아니라 의료, 에너지, 유통, 미디어, 부동산 거래, SNS 등 다양한 분야에서 블록체인을 활발하게 도입하고 있다.

하지만 실생활에서 일반 대중이 블록체인을 체험하기란 쉽지 않은 것이 현실이다. 아직 이용할 수 있는 서비스가 충분히 나와 있지 않고, 처리 속도 향상 등 기술적으로도 보완해야 할 부분이 많기 때문이다. 눈에 보이지도 만질 수도 없는 블록체인을 그나마 대중이 실생활에서 이용할 수 있는 서비스는 현시점에서 결제 수단 정도다.

사실 비트코인 거래는 전 세계적으로 확산되고 있는 추세다. 코인맵Coinmap.org에 등록된 전 세계 비트코인 취급 업소는 1만 곳이 넘는데, 글로벌 기업 마이크로소프트Microsoft와 온라인 쇼핑몰인 '오버스톡Overstock', 여행 예약 사이트 '익스피디아expedia' 등도 이미 비트코인 결제 시스템을 도입해 운영 중이다. 국내는 아직 초기 단계로 비트코인 결제가 가능한 매장은 180여 곳 정도다. 그렇다면 정말로 현실 세계에서 비트코인을 결제 수단으로 사용할 수 있을까?

현실적으로 어려운 개인 간P2P 결제

암호화폐를 거래하기 위해서는 먼저 암호화폐 지갑을 소유하고 있어야 한다. 암호화폐 지갑은 블록체인 기술을 통해 암호화폐를 거래할 수 있도록 관리하는 프로그램이다. 쉽게 말해 현금을 지갑에 넣어

보관하듯이 암호화폐를 보관하는 곳이다. 암호화폐 지갑은 비밀번호 역할을 하는 개인 키Private Key와 통장의 계좌번호 역할을 하는 공개 키 Public Key로 구성된다. 암호화폐 지갑은 크게 콜드 월렛Cold Wallet과 핫 월렛 Hot Wallet으로 분류할 수 있다. 콜드 월렛은 오프라인에서 작동하는 지갑을 의미하며, 핫 월렛은 온라인에 연결된 암호화폐 지갑을 말한다.

콜드 월렛에는 하드웨어 지갑, 종이 지갑 등이 있다. 하드웨어 지갑은 암호화폐 거래에서 비밀번호 역할을 하는 개인 키를 오프라인 장치 안에 보관하는 지갑이다. 하드웨어 지갑은 소량의 비트코인을 보관하기 용이하고, 코인 거래에 편리하게 사용할 수 있으며, 다양한 장치를 활용하여 지갑에 쉽게 접근할 수 있고, 해커들과 같은 악의적인 사

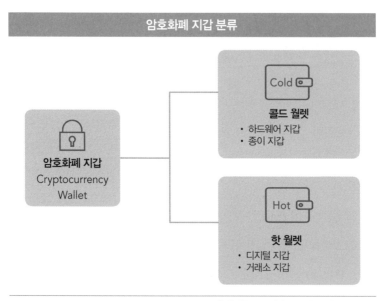

암호화폐 지갑 분류

Cold
콜드 월렛
• 하드웨어 지갑
• 종이 지갑

암호화폐 지갑
Cryptocurrency
Wallet

Hot
핫 월렛
• 디지털 지갑
• 거래소 지갑

출처: 언론보도 기반 KT경제경영연구소 재구성

용자들이 접근할 수 없어 비교적 안전하게 암호화폐를 보관할 수 있다는 장점이 있다. 단점으로는, 하드웨어 지갑을 분실하거나 도난당할 우려가 존재한다는 점과 하드웨어 지갑 장비를 구매해야 한다는 점을 들 수 있다. 시중에 유통되고 있는 대다수 하드웨어 지갑은 10만 원 이상의 가격으로 거래되고 있다.

종이 지갑은 비트코인 주소와 QR 코드를 인쇄한 종이로, 코인을 보내고 받기 위한 기본적인 정보를 포함하고 있는 지갑이다. 종이 지갑은 디지털 복사본이 존재하지 않기 때문에 해커들의 공격을 받지 않는다는 장점이 있다. 반면 종이가 훼손되거나 사라지면 암호화폐 정보에 접속하기 힘들어진다는 점과 다른 사람이 종이 지갑을 촬영하여 오용할 우려가 있다는 단점이 있다.

핫 월렛에는 디지털 지갑과 제3자가 생성, 운영하는 거래소 지갑이 있다. 디지털 지갑은 온라인에서 암호화폐를 거래하고, 보관할 수 있게 해주는 시스템이다. 디지털 지갑은 소량의 코인을 보관하기 편리하며 거래가 빠르다는 장점이 있다. 반면에 장기간 코인을 보관하기에는 보안성이 떨어지고 코인 거래를 위해 온라인 시스템 접속 시 해커들에게 공격받을 수 있다는 단점이 있다.

거래소 지갑은 디지털 지갑 관리의 편의를 위해 거래소에 위탁하여 관리하는 지갑이다. 거래소 지갑은 암호화폐 거래소에 회원 가입을 하면 거래소에서 지원하는 암호화폐에 대한 주소를 자동으로 발급받아 제3자에 의해 관리되는 디지털 지갑이다. 블록체인 거래를 위한 소프트웨어 프로그램은 거래소가 개발한 프로그램을 사용하며 개인 키와 공개 키는 거래소에 보관된다. 누구나 거래소 회원 가입을 통해 손쉽게 발급받을 수 있으며 실명 은행 계좌와의 연결을 통해 현물 자산과 암호화폐를 쉽게 연결할 수 있다는 장점이 있다. 하지만 모든 데이터가 거래소의 중앙화된 서버에 저장되어 있어 거래소 해킹 발생 시 거래소 지갑 역시 해킹당하는 보안상의 우려가 있다.

개인적으로 지갑을 마련했거나 거래소를 통해 지갑을 만들었다면, 다음은 P2P 결제가 가능한 오프라인 코인 사용처를 확인해야 한다. 전 세계 코인 사용처를 알려주는 코인맵 정보에 따르면 대한민국에는 약 180곳의 코인 사용처가 있으며 약 80여 업체가 수도권에 위치해 있다. 이 중에서도 실제로 이용 가능한 곳은 28개 정도라고 한다. 하지만 이들 업체를 대상으로 비트코인 P2P 결제가 가능하다고 해도 현실적으로 이용하기에는 제약이 있다. 가장 큰 문제는 거래 검증으로 인해 결제 승인 시간이 오래 걸린다는 점이다.

지갑 간 P2P 코인 거래에는 블록체인 거래 검증으로 인해 10분에서 길게는 30분 이상의 결제 승인 시간이 소요된다. 신용카드와 같은 다른 결제 수단과 비교하면 결제 확인에 많은 시간이 걸려 현실적으로 이용이 어렵다.

그래서 송금을 시도하는 소비자들은 이 결제 승인 시간을 단축시키기 위해 비트코인 기준으로 통상 0.001BTC 정도의 수수료를 지불한다. 물론 이 수수료는 송금자의 자발적인 판단에 따른 납부다. 하지만 블록당 처리 가능한 정보처리 용량의 제한 문제로 송금자가 수수료를 지불하지 않으면 채굴자들이 거래 승인을 하지 않거나 거래 승

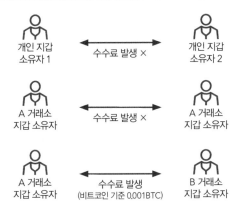

개인 간 암호화폐 송금

개인 지갑 소유자 1 ◀━ 수수료 발생 × ━▶ 개인 지갑 소유자 2

A 거래소 지갑 소유자 ◀━ 수수료 발생 × ━▶ A 거래소 지갑 소유자

A 거래소 지갑 소유자 ◀━ 수수료 발생 (비트코인 기준 0.001BTC) ━▶ B 거래소 지갑 소유자

1. 개인 지갑 소유자끼리의 코인 거래 시 블록체인 거래 수수료는 발생하지 않음
   (단, 송금자가 빠른 거래 승인을 필요로 하면 비트코인 기준 0.001BTC을 수수료로 지불)
2. 같은 거래소 지갑 소유자 간의 코인 거래 시 거래소 수수료는 발생하지 않음
   (이 경우는 거래라기보다는 동일 거래소 내 트레이드에 해당하므로 별도 수수료가 발생하지 않음)
3. 타 거래소 지갑 소유자 간의 코인 거래 시 거래소 수수료 발생
   (거래소 거래 수수료는 코인마다, 거래소마다 다름)
   예) 비트코인 기준 0.001 BTC 발생. 1 BTC 시세가 400만 원이면 약 4,000원의 수수료 발생
   송금 시 수수료는 암호화폐를 보내는 사람(Sender)이 부담

출처: KT경제경영연구소

인 시간이 오래 걸리는 문제가 발생한다. 거래를 처리하는 블록체인 네트워크 채굴자들이 수수료가 포함되지 않은 거래는 처리하기를 꺼리기 때문이다.

결국 송금을 시도하는 소비자들은 결제 승인 시간 단축을 위해 0.001BTC을 수수료로 지불하는데, 비트코인 시세가 400만 원이라면 수수료는 4,000원 정도가 된다. 만약 1만 원짜리 쌀국수를 먹고 비트코인으로 지불한다면, 빠른 결제 처리를 위한 4,000원의 코인 거래 수수료까지 추가되어 총 1만 4,000원의 금액을 쌀국수 값으로 지불하는 셈이다.

이렇게 비트코인을 이용한 P2P 결제에서는 부족한 코인 결제 사용처, 느린 결제 승인 속도, 높은 송금 수수료 등이 오프라인 결제 사용에 장애로 작용하고 있다. 그래서 이런 문제점을 극복하고자 거래소와 스타트업을 중심으로 다양한 해결책을 시도하고 있다.

거래소를 통한 우회 결제의 등장

국내에는 20여 곳이 넘는 암호화폐 거래소가 있다. 이 거래소들은 상품권, 결제 POS 회사들과 제휴하여 암호화폐 거래의 문제점을 해결하려 움직이고 있다. 예를 들면 신용카드처럼 편리하게 사용할 수 있는 암호화폐 결제카드를 개발하여 3초 만에 실시간 결제를 할 수 있도록 한다든지, 바코드 결제와 모바일 상품권을 결합시켜 우회적으로 암호화폐를 사용할 수 있도록 하는 방법 등이 있다. 해외에서는 모나코Monaco, 텐엑스페이TenX Pay를 중심으로 신용카드망을 사용하는 암호화폐 결제 모델을 개발하여 기존 암호화폐 거래의 문제점을 해결하려 하고 있다.

거래소를 통해 암호화폐 결제를 이용하려면 먼저 오프라인 결제 기능을 지원하는 거래소인지를 확인하고 선택해야 한다. 국내 3대 거래소로 일컬어지는 업비트upbit, 빗썸Bithumb, 코인원Coinone 중에서는

암호화폐 거래소 결제 지원 현황			
	거래 수수료 (비트코인을 원화로 교환 시, 신규 고객 기준)	P2P 거래	오프라인 결제 기능 지원
업비트	0.25%	O	X
빗썸	0.15%	O	O
코인원	0.10%	O	X

* 오프라인 결제 기능은 암호화폐 거래소가 지원하는 결제 기능을 지칭함
* 2018년 10월 기준 거래소 자료 기반 정리

출처: KT경제경영연구소

2018년 10월 기준으로 빗썸이 오프라인 결제(바코드 결제)를 지원하고 있다.

거래소를 통해 암호화폐로 결제하려면 거래소에 있는 내 지갑에 비트코인 같은 암호화폐가 있어야 한다. 이 암호화폐는 타인을 통해 받을 수도 있고, 직접 채굴할 수도 있다. 또한, 사전에 받은 비트코인이 없는 경우 새로 비트코인을 구입할 수도 있다.

거래소를 통해 암호화폐를 구입하려면 각 거래소와 제휴를 맺은 은행의 입출금 계좌가 필요하다. 해당 은행의 입출금 계좌가 없는 사람들은 신규로 계좌를 개설해야 코인 거래소를 이용할 수 있다. 정부의 대포통장 근절을 위한 조치로 인해 신규 계좌를 개설하고 20영업일이 지나야 또 다른 신규 계좌를 개설할 수 있다. 이 점을 인지하지 못하고 은행에 방문하여 신규 계좌 개설을 시도하다 허탕을 치는 사례도 종종 있다.

우선 개설된 은행 계좌를 통해 거래소 계좌로 돈을 송금해야 한다. 암호화폐 거래소 계좌로 송금할 때 은행 선택란에 해당 거래소 이름이 명시되어 있지 않아 사람들이 종종 송금에 어려움을 겪기도 한다. 암호화폐 거래소의 계좌는 가상계좌라서 은행 선택란에 거래소의 이름은 나타나지 않는다. 거래소와 제휴를 맺은 해당 은행을 선택하여 거래소 계좌번호를 입력해야 거래소 계좌에 돈을 입금할 수 있다. 은행 계좌에서 거래소 계좌로 입금 시 입금 수수료는 무료이고, 반대로 은행 계좌로 출금 시 1,000원의 출금 수수료가 부과된다.

이런 절차를 거쳐 거래소에서 비트코인을 구입하면, 이제 비트코인으로 오프라인 결제를 할 수 있다. 사실 바코드 결제는 기술적으로 엄밀히 말해 순수한 코인 결제라 보기 힘들다. 코인을 이용한 결제가 아닌 모바일 상품권을 활용한 '코인 우회 결제'라 보는 편이 좀 더 정확할 것이다.

바코드를 찍으면 거래소 지갑 안에 있는 비트코인이 원화로 자동 매각되고(이때 수수료가 발생), 이렇게 구입한 원화로 모바일 상품권을 구매하게 된다. 그리고 이 모바일 상품권을 통해 매장에서 결제가 이루어진다. 이 일련의 과정은 모두 순식간에 이루어진다. 비트코인을 직접 이용한 결제는 아니지만, 사용자 입장에서는 어쨌든 지갑 안에 있는 비트코인을 통해 오프라인 결제가 이루어진 셈이다.

오프라인 결제의 주된 문제점으로 지적된 느린 결제 속도와 비싼 수수료 그리고 부족한 코인 결제처 문제를 해결하기 위해 거래소는 바코드 결제 기능을 개발, 도입했고, 이로 인해 모바일 상품권 등을 활용

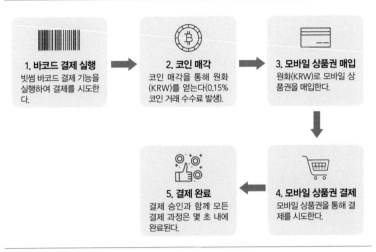

1. 바코드 결제 실행
빗썸 바코드 결제 기능을 실행하여 결제를 시도한다.

2. 코인 매각
코인 매각을 통해 원화(KRW)를 얻는다(0.15% 코인 거래 수수료 발생).

3. 모바일 상품권 매입
원화(KRW)로 모바일 상품권을 매입한다.

5. 결제 완료
결제 승인과 함께 모든 결제 과정은 몇 초 내에 완료된다.

4. 모바일 상품권 결제
모바일 상품권을 통해 결제를 시도한다.

출처: KT경제경영연구소

하여 온라인, 오프라인 매장에서 코인 결제가 가능해진 것이다.

편의점에서 비트코인으로 결제하다

앞에서 설명한 거래소 우회 결제가 제대로 구현되는지를 확인하기 위해 편의점에서 실제로 바코드 결제를 사용해보았다. 바코드 결제 기능의 모바일 문화상품권 결제 창을 클릭하면 결제를 위한 바코드가 생성된다. 생성된 바코드는 편의점 바코드 인식기를 통해 인식 후 결제가 진행된다. 편의점 결제 단말기가 거래소 앱에서 생성한 바코드를 인식한 후 즉각 결제가 완료됐다. 영수증을 받아 확인하니 결제 방법란에는 코인 결제라는 단어는 쓰여 있지 않고 모바일 문화상품권을 활용한 결제라 명시되어 있었다.

비록 우회적 방법이지만 바코드 결제 기능은 일부로 제한되어 있던 암호화폐 결제처를 편의점, 영화관, 서점, 음식점 등 다양한 곳으로 확대시켰다. 기존 P2P 거래 시 거래 승인을 위해 발생하던 높은 수수료 문제 또한 개선되었고, 바코드 결제를 시도한 후 몇 초 안에 모든 결제 과정이 완료되는 등 거래 승인 시간 문제도 해결됐다.

현시점에서 신용카드, 상품권, 각종 페이 등 다른 결제 수단과 암호화폐를 이용한 결제를 사용처, 편리성, 수수료를 기준으로 비교해보면 매력이 떨어지는 것은 사실이다. 하지만 블록체인 기반의 암호화폐를 통한 결제는 높은 발전 가능성을 보여준다. 신뢰를 기반으로 한 대표적 거래 수단인 신용카드 도입 사례를 살펴보면 1969년 백화점을 중심으로 자사 임직원을 대상으로 발급한 신용카드가 처음 도입된 후 1979년까지도 소수의 사람들만이 신용카드를 사용했다. 1980년대 들어서야 비자VISA 등과 업무 제휴가 이루어지고 은행권에서 본격적으로 카드를 발급하면서부터 신용카드가 우리 사회에 안착되기 시작했다.

2008년 사토시가 논문을 통해 블록체인 기술을 세상에 처음 소개한 이후 10년의 세월이 흘렀다. 블록체인 기술의 혁신성과 잠재력을 고려했을 때 블록체인의 영향력은 신용카드가 끼친 영향력보다 결코 작다고 볼 수 없다.

블록체인 기술은 점차 진보하고 있다. 기존 P2P 암호화폐 거래의

| 편의점에서 바코드 결제를 사용하는 모습 | 바코드 결제 영수증 |

출처: KT경제경영연구소

문제점으로 지적받던 점들을 새로운 기술 개발과 이종 기술과의 융합을 통해서 해결하고 발전시키고 있다. 편의점에서의 비트코인 결제 체험은 블록체인이 가져올 혁신적인 미래 변화의 첫걸음이라고 할 수 있을 것이다.

1장

블록체인,
어디까지 왔나

01

암호화폐 현황 및 열기

암호화폐 시장 현황

암호화폐cryptocurrency에 대한 대중의 관심이 식을 줄 모르고 높아지고 있다. 한국은행이 2018년 7월 발표한 보고서 「암호자산과 중앙은행」에 따르면 2018년 5월 말 기준 전 세계 암호화폐 시장 시가총액* 규모는 3,244억 달러 수준으로 나타났다. 암호화폐 헤지펀드 팬테라 캐피탈Pantera Capital의 CEO 댄 모어헤드Dan Morehead는 암호화폐 시가총액이 4조 달러까지 쉽게 오를 수 있고 언젠가는 40조 달러까지도 가능할 것이라고 예견했다. 또한 억만장자 트레이더이자 암호화폐 낙관론

---

* 암호화폐 시가총액은 개별 코인 또는 전체 코인 가격과 시장에 풀린 유통량을 곱하여 계산한다. 시가총액 = 코인 가격 × 유통 공급량.

자인 마이크 노보그라츠Mike Novogratz는 2018년 말까지 암호화폐 시장의 시가총액이 2조 달러에 이를 것이라고 내다봤다.

시가총액 기준으로 비트코인, 이더리움, 리플XRP, 비트코인 캐시 BCH 등 상위 10개 암호화폐가 전체 시장에서 79.9%의 비중을 차지했다. 비트코인(1,263억 9,000만 달러)이 압도적인 1위를 기록했고, 이더리움(557억 2,000만 달러)과 리플(236억 5,000만 달러)이 뒤를 이었다. 하지만 암호화폐 시장의 선구자인 비트코인 이외에도 수백 가지의 다양한 암호화폐가 존재한다. 코인마켓캡Coinmarketcap 사이트에 따르면 2018년 9월 기준 거래소에 등록된 암호화폐는 1,977종에 이른다. 매주 새로운 암호화폐가 등장한다고 해도 과언이 아닐 정도다.

비트코인을 제외한 암호화폐는 비트코인의 대안이라는 의미로 '대안alternative'과 '코인coin'의 합성어인 '알트코인Altcoin'이라 불리고 있다. 비트코인의 기술력을 대체하거나 개선하기 위해서 만들어진 알트코인은

시가총액 상위 암호자산

단위: 억 달러

순위	이름	시가총액	순위	이름	시가총액
1	비트코인(Bitcoin, BTC)	1,263.9	6	라이트코인(Litecoin, LTC)	66.6
2	이더리움(Ethereum, ETH)	557.2	7	카르다노(Cardano, ADA)	54.5
3	리플(Ripple, XRP)	236.5	8	스텔라루멘(Stellar, XLM)	51.7
4	비트코인 캐시 (Bitcoin Cash, BCH)	168.7	9	아이오타(IOTA, MIOTA)	43.7
5	이오스(Eos, EOS)	106.5	10	트론(Tron, TRX)	41.1

자료: Coinmarketcap.com(2018. 5. 31. 기준)
출처: 한국은행, 2018년 5월 31일 기준 전 세계 암호화폐 시가총액[자료=한국은행]

초기에는 그저 비트코인의 복제품이었으나, 점차 뚜렷한 차별성과 강점을 내세우면서 성장하고 있다. 현재 알트코인들은 완벽한 익명 거래를 제공하거나 소셜 미디어 사이트를 통해서 코인을 채굴할 수 있게 하고, 빠른 거래 속도를 강점으로 내세우기도 한다. 현재 암호화폐 시장에서 비트코인은 약 35%만을 차지하고, 알트코인이 65%를 차지하고 있어 알트코인에 대한 시장의 관심이 증가하고 있음을 알 수 있다.

암호화폐공개 현황과 열기

알트코인은 기술과 관련된 비즈니스 프로젝트나 콘셉트를 개발하는 데 필요한 자금을 암호화폐공개ICO, Initial Coin Offering를 통해 확보한다. ICO란 프로젝트에 필요한 돈을 유치하기 위해 전체 코인의 일부를 공개적으로 판매하는 것을 말하는데, 이는 주식시장의 주식 공모IPO와 비슷하지만 ICO는 투자자에게 주식이 아닌 토큰을 준다는 것이 가장 큰 차이점이다. 블록체인 전문 매체인 코인데스크Coindesk에 따르면 2018년 상반기 3개월 동안 ICO를 통해 조달한 금액이 63억 달러에 이르며, 이는 2017년 전체 자금 조달 금액의 118%에 달한다.

데이터를 보면 ICO는 앞으로 계속 더 늘어날 것으로 보인다. 한 예로, 현재 ICO에서 파생된 자금의 평균 금액과 모금 속도는 매우 높다. 2018년 1/4분기에 암호화폐공개를 통한 자금 조달 횟수는 2017년 전체 자금 조달 횟수의 59%를 기록하고 있다.

글로벌 회계 컨설팅 그룹인 PwC는 「암호화폐공개, 전략적 전망

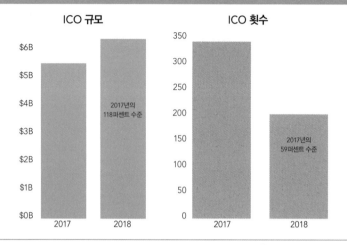

2017년과 2018년 상반기의 ICO 규모와 ICO 횟수

ICO 규모

$6B	
$5B	
$4B	2017년의
$3B	118퍼센트 수준
$2B	
$1B	
$0B	2017 2018

ICO 횟수

350	
300	
250	
200	
150	2017년의
100	59퍼센트 수준
50	
0	2017 2018

출처: 코인데스크, 2018. 4.

Initial Coin Offerings: a Strategic Perspective」 보고서(2018. 6)를 통해 ICO의 지속적인 증가와 인기를 조명했다. PwC 전략 부문 수장인 대니얼 다이머스Daniel Diemers는 2018년 ICO 활동이 상당히 증가하여 첫 5개월 동안 537건의 ICO가 실시되었으며 총 137억 달러가 유치됐다고 밝혔다. 다이머스 수석은 이는 2018년 이전의 모든 ICO를 합친 금액보다 큰 규모라고 강조하면서 전 세계 ICO 활동은 지속적인 확장과 실제적인 변화를 겪으면서 산업의 변화와 발전을 계속 따라갈 것이라고 전망했다. 또한 다이머스는 2017년 블록체인이 인기를 끈 이후 ICO 분야가 진화하고 성숙해졌다고 주장했다. 그는 ICO의 법적·투자 관계적 측면이 개선되어 ICO의 실패율은 줄고, 더 많은 프로젝트가 적절한 파트너와 투자자를 만나 성공할 것이라고 전망했다.

38 ··· 블록체인 비즈니스의 미래

퓨처 투데이 인스티튜트Future Today Institute의 설립자인 에이미 웹Amy Webb은 SXSWSouth by Southwest* 2018 콘퍼런스에 참석해 최근 부상하고 있는 기술 트렌드에 대한 전망을 제시한 바 있다. 그는 255개의 신흥 기술 동향과 20개 산업 분야의 20가지 약한 변화의 신호를 확인했으며, 이를 바탕으로 ICO는 새로운 IPO라고 선언하고 우버Uber의 회장부터 코닥Kodak에 이르기까지 자체 암호화폐를 발행하는 추세가 이어지는 등 암호화폐와 ICO가 '차세대의 빅 이슈The Next Big Thing'가 될 것이라고 전망했다.

⌐ ICO란 무엇인가

ICO는 'Initial Coin Offering'의 약자로서 암호화폐공개 또는 가상화폐공개라고 번역할 수 있으며, 블록체인 시스템 내의 채굴과 보상 메커니즘 아이디어를 구체화한 것이다. 기업이 기존 사업 또는 신新사업을 블록체인 시스템을 기반으로 구현하고, 구현된 체계(토큰 이코노미) 내에서 소비자(수요자)는 경제활동을 수행하는 대가로 코인을 수령하고 이를 다시 블록체인 경제 내에서 소비할 수 있게 하는 선순환 구조(블록체인 시스템)를 마련(구축)하기 위해 투자자금을 조달하는 것이다.

---

* SXSW는 미국의 텍사스 주 오스틴에서 매년 봄에 개최되는 일련의 영화, 인터랙티브, 음악, IT가 융복합된 페스티벌로, 해외에서는 이미 글로벌 핫 트렌드의 최전선에 있는 컨버전스 행사로 알려져 있다. IT 분야의 대표적인 행사인 CESConsumer Electronics Show, MWCMobile World Congress와는 달리 훨씬 더 젊고 역동적이다.

투자자는 반대급부로서 회사가 발행하는 코인을 수령하여 향후 코인 생태계(토큰 이코노미)에서 활용하거나 코인 거래소에 상장하여 시세 차익을 실현하고자 유동성을 확보하게 된다. 다시 말하면, ICO 는 회사가 새로운 암호화폐 혹은 암호토큰Crypto-token을 투자자에게 발행하며 이를 기존 유통 중인 암호화폐와 교환하는 크라우드펀딩crowd funding의 한 종류라 할 수 있다. ICO는 전 세계적으로 회사의 자금 모집을 활성화하는 새로운 대체 수단으로 활용되고 있지만, 무분별한

ICO와 IPO의 비교		
	ICO(Initial Coin Offering)	IPO(Initial Public Offering)
발행 대상	토큰 또는 코인	주식
수취	보통 암호화폐를 통해 자금 조달	현금으로 자금 조달
과정	재단에서 직접 자금 조달	증권사 개입 필요
투자자 보호	없음	증권사 또는 거래소를 통한 초기 스크리닝(Screening)
용이성	백서를 통한 홍보 성공이 중요	거래소의 요건 충족 필요
상장 여부	ICO 이후 상장	IPO와 동시에 상장
공시 내용	회사에 관한 내용	대부분 스타트업이므로 개발진 등 팀 구성원 정보만 공시되고 나머지 재무 정보 등에 대한 공시는 없음	회사 연혁, 사업의 내용, 재무 정보, 이사회 구성, 주주 구성, 임직원, 계열회사, 특수 관계자 등 회사의 모든 정보를 공시
	사업의 내용	구상하고 있는 블록체인, 토큰 이코노미에 대한 내용과 그것을 어떻게 실현할지에 대해 기술적인 내용 위주로 공시	산업 개황, 주요 제품(생산, 판매 방식 등), 경쟁사, 시장 전망 등 사업에 대해 다방면에서 분석하여 공시
	자금의 사용 목적	대부분 자금을 어떻게 사용할지는 공시하지 않고, 공시하더라도 자세하지 않은 경우가 많음	설비투자, 연구개발자금, 운영자금 등 자금의 사용처를 대분류, 세분류로 나누어 얼마를 사용하는지, 언제 사용하는지를 공시

출처: 딜로이트컨설팅(Deloitte Consulting), 한경닷컴 참고 KT경제경영연구소 재구성

ICO는 투기의 위험성을 가중시키기도 한다.

토큰과 코인

블록체인 네트워크에 참여하는 대가로 지불되는 토큰은 블록체인을 이해하는 데 중요하다. 토큰은 채굴 활동의 보상 또는 지분 증명의 수수료로 발행된다. 토큰은 네트워크 참여자들의 활동을 독려하는 블록체인 운용 메커니즘에서 중요한 역할을 담당한다. 블록체인 기술에서 토큰은 뗄래야 뗄 수 없는 것이다. 그렇다면 토큰이란 무엇일까? 백과사전을 검색해보면 토큰은 버스 요금이나 자동판매기 등에 사용하기 위해 상인, 회사 등에서 발행한 동전 모양의 주조물이라고 정의되어 있다. 또한 일반인들에게 토큰이 무엇이냐고 물어보면 과거에 버스를 탈 때 사용한 물건이라고 대답할 것이다. 버스 회수권은 토큰의 대표적인 종류 중 하나다. 그렇다면 토큰을 어떻게 정의 내려야 할까? 먼저 토큰을 정의하고 특징을 분류해보도록 하겠다.

토큰은 권리와 의무를 나타낸다. 토큰이 한번 발행되면, 가치를 가지게 된다. 토큰은 항상 발행자, 기질sub-strate, 의미를 나타내는 시스템, 가치, 사용될 방식 등의 성질들을 가진다. 토큰을 종류대로 분류해보면 어떤 토큰들은 박물관 입장권처럼 형태나 성질이 동일하다. 또 어떤 토큰들은 비행기 티켓처럼 토큰의 내용이 유일하며 증명 가능하다. 또한 토큰은 양도, 거래가 가능할 수도 있고 불가할 수도 있다. 양도 가능성과 대체 가능성 유무로 토큰은 분류된다.

토큰의 분류		
	양도 가능한 것	**양도 불가능한 것**
대체 가능한 것	현금, 버스표, 쿠폰, 암호화폐, 상품권, 포커 칩, 상품	헬스장 멤버십, 클럽 멤버십, 연결된 계정이 있는 앱
고유한 것	복권, 차 소유권, 집 키, 부동산 권리증서	운전면허증, 탑승권, 처방전, 투표권

출처: 해커눈(Hackernoon), 미디엄(Medium)

위 분류에 속하지만 토큰이 아닌 것도 있다. 토큰의 고유한 성질을 가지고 있지 않는 것이다. 예를 들어 스마트 계약에서 나온 비밀번호는 토큰이 아니다. 왜냐하면 이 비밀번호에는 토큰의 고유한 기질이 없기 때문이다. 그러나 종이에 적힌 암호는 토큰이 된다. 왜냐하면 대부분 토큰은 위조 방지책을 가지고 있기 때문이다. 블록체인상에서 널리 사용하는 토큰은 위에서 설명한 토큰의 고유한 성격과 특성을 가진 디지털화된 토큰이라 정의할 수 있다.

블록체인에서 토큰은 크게 세 가지로 분류할 수 있다. 먼저 지불형 토큰Payment Tokens은 재화나 서비스에 대한 지불 또는 송금 수단으로 활용되는 토큰이다. 이에 해당하는 대표적인 블록체인 토큰이 비트코인과 모네로Monero다. 지불형 토큰과 유사한 개념을 가진 백화점 상품권의 특성을 생각해보면 지불형 토큰의 특성을 쉽게 이해할 수 있다. 다음으로 기능형 토큰Utility Tokens은 블록체인 기반의 인프라 수단으로 앱이나 서비스로의 디지털 접근 권리를 부여하는 토큰이다. 이에 해당하는 토큰으로 스토리지Stroj 토큰과 메디MED 토큰이 있다. 기능형 토큰과 유사한 성격을 가지는 오프라인 토큰으로서 놀이동산 이용권의 특성을 고려하면 기능형 토큰을 좀 더 쉽게 이해할 수 있다. 마지막으로 자산형 토큰Asset Tokens은 부채나 자본과 같은 자산에 대한 발행인의 권리를 부여하는 토큰이다. 부동산 토큰이 자산형 토큰의 성격을 가지는 대표적인 사례다. 블록체인 밖에서는 주식, 채권, 파생상품 등이 자산형 토큰과 유사한 특성을 갖고 있다. 블록체인 토큰 중에서 위의 세 가지 분류에 속하지는 않지만 상호 배타적이지 않으며 복합적인 성격을 가지는 토큰 또한 존재한다.

현재 약 1,900개 종류의 암호화폐는 경제적 가치가 있는 코인(또는 토큰)으로 디지털 자산 성격이지만, 비트코인 등 일부를 제외하면 이더리움은 코인이면서 플랫폼이고, 리플은 코인이면서 프로토콜이고, 스팀*은 코인이면서 서비스이고, 이 밖에 인터페이스이자 애플리케이

구분	지불형 토큰 (Payment Tokens)	기능형 토큰 (Utility Tokens)	자산형 토큰 (Asset Tokens)
정의	재화나 서비스에 대한 지불 또는 송금 수단으로 활용되는 토큰	블록체인 기반의 인프라 수단으로 앱이나 서비스에 대한 디지털 접근권을 부여하는 토큰	부채나 자본과 같은 자산에 대한 발행인의 권리를 부여하는 토큰
유사 개념	화폐, 백화점 상품권 등	놀이동산 이용권 등	주식, 채권, 파생상품 등
대표 사례	비트코인, 모네로 등	스토리지 토큰, 메디 토큰 등	부동산 토큰 등

블록체인 토큰의 종류

출처: 스위스 금융시장감독청, 「ICO 가이드라인」, 2018. 2.

* 스팀(Steem)은 콘텐츠 생산자에 대해 보상해주는 '블록체인판 페이스북' 스팀잇(steemit)에서 활용되는 토큰

션으로서 증명, 인증, 지불 등 매우 다양한 기능을 갖는다. 따라서 암호화폐는 가치척도, 가치저장, 가치이전 등 기존 법정화폐의 기능 이외에 디지털 가치의 생산, 유통, 소비 과정에서 인증, 거래, 보상이라는 기능을 추가하여 확장된 개념으로 정립해야 할 것이다.[1]

블록체인과 암호화폐를 다루는 뉴스에서는 토큰과 코인을 자주 언급한다. 흔히 코인과 토큰을 유사한 개념이라 생각하여 혼용하지만, 엄밀히 분류하면 토큰과 코인은 다른 개념이다. 토큰과 코인을 분류하는 기준은 메인넷Mainnet의 유무다. 다시 말해 자체 플랫폼을 사용하느냐 다른 플랫폼을 기반으로 만든 것이냐에 따라 토큰과 코인을 구분할 수 있다. 토큰과 코인을 구분하는 기준이 되는 메인넷은 메인 네트워크Main Network의 약어로 기존에 존재하는 플랫폼에 종속되지 않고 독립적으로 블록체인 생태계를 구성할 수 있는 네트워크를 지칭한다.

토큰은 메인넷을 가지고 있지 않으며 스마트 계약을 포함하면서 블록체인을 기반으로 하는 플랫폼에서 파생된 코인을 말한다. 토큰은 주로 파생하는 블록체인 내부에서만 통용되며 기능성functionality 역할에 집중한다. 즉 토큰은 각각의 토큰의 목적과 기능에 따라 쓸모가 다르다. 토큰은 주식과 유사한 성질을 가지고 있다. 주식 투자자가 투자 금액에 상응하는 주식을 받는 것처럼 토큰 투자자 역시 이후에 투자 금액에 상응하는 코인을 받게 된다. 그리고 토큰 발행자가 자신의 토큰 공급량을 조절할 수 있고 이에 따라 보유자에게 혜택을 제공할 수 있다. 주식 또한 주식 발행량을 조절할 수 있으며 이에 따라 주식 가격이 달라진다는 점에서 유사하다. 현재 시중에 나와 있는 대부분 토큰들은 이더리움과 같은 메인 플랫폼 위에 자신의 토큰을 얹어 쉽게 발행할 수 있다.

코인은 독립된 블록체인 네트워크인 메인넷을 보유하며 댑dApp*을 가지고 있다. 댑은 탈중앙화된 애플리케이션으로 코인의 플랫폼 위에서 작동하는 개별 애플리케이션을 말한다. 코인은 자체로 결제 지불 수단이다. 코인은 자체 네트워크 내에서 지불payment 수단 역할을 하고 화폐 역할을 담당한다. 대표적인 코인으로 비트코인, 이더리움, 리플 등이 있다.

토큰에서 코인이 되기 위해서는 ICO를 통해 토큰을 판매한 후 독자적인 기술을 테스트넷으로 검증해 메인넷을 출범하는 과정을 거쳐야 한다. 메인넷은 독자적인 기술력이 있는 플랫폼이라서 이를 만들기 위해서는 많은 시간과 돈이 필요하다. 개발을 할 인력부터 인력을 뒷받침할 환경까지 기반이 갖추어져야 메인넷을 출범할 수 있다. 그렇기에 대부분 토큰들은 처음에 현존하는 메인 플랫폼 위에서 기존의 기술을 이용해 간단한 방법으로 토큰을 만들고, 이 토큰을 ICO를 통해 판매하여 투자 금액을 모은 후에 메인넷을 개발하는 과정을 거치게 된다. 위에 설명한 과정을 통해 토큰에서 코인으로 변경된 코인으로 대표적으로 이오스EOS와 드론TRX이 있다

* 'Decentralized Application'의 약어로 '탈중앙화된 프로그램'을 뜻한다. 블록체인상에서 운영되는 실제 서비스를 의미하며, 주로 오픈소스open source(무상으로 공개되는 소스 코드 또는 소프트웨어)로 개발한다.

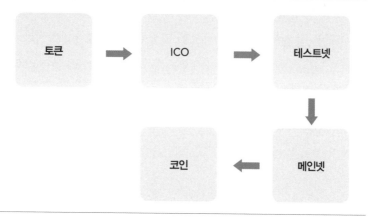

토큰의 코인화 과정

토큰 → ICO → 테스트넷 → 메인넷 → 코인

출처: 언론보도 기반 KT경제경영연구소 재구성

ICO 목적에 따른 ICO 분류

ICO는 그 목적에 따라 크게 세 가지 형태로 나눌 수 있다. 자금 조달을 위한 ICO와 알트코인 발행을 위한 ICO, 그리고 리버스Reverse ICO다.

먼저, 자금 조달을 위한 ICO는 블록체인과는 연관이 없는 별개의 상품이나 서비스를 제공 중이던 기업(스타트업 포함)이 기업 성장에 필요한 자금을 조달하기 위해 ICO를 진행하는 것을 말한다. 주식이 암호화폐로 바뀐 것뿐이지 그 목적은 IPO와 같다. 이 경우 회사는 투자자들이 암호화폐를 구매하면 (주식처럼) 회사 소유권의 일부를 얻거나, 회사가 운영 중인 서비스에서 암호화폐를 현금 대신 이용할 수 있도록 약속할 때가 많다.

다음으로, 알트코인 발행을 위한 ICO는 암호화폐의 핵심 기술인 블록체인의 단점을 개선하기 위해 진행하는 ICO를 말한다. 최초의 암호화폐인 비트코인의 블록체인은 느린 거래 처리 속도, 대규모 데이터 처리의 어려움, 블록체인에 담을 수 있는 데이터 종류의 부족함 등 많은 단점이 있다. 이러한 단점을 개선하고자 많은 차세대 블록체인 플랫폼이 개발되었고, 해당 블록체인이 제 기능을 하는지 확인하기 위해 알트코인을 발행한 상태다. 알트코인 발행을 위한 ICO는 주로 블록체인 기술 개발에 집중하는 스타트업이 자사 기술의 성과를 시장에 보여주기 위해 진행하는 경우가 많다.

마지막으로, 리버스 ICO는 상장되어 있는 기업이 ICO를 진행하는 것이다. 리버스 ICO의 목적은 일반 ICO와 다르다. 성장을 위한 자금을 확보하려는 것이 아니라, 기존 시장에서 이미 안정화된 서비스를 제공하고 있거나 상용화된 플랫폼을 보유한 기업이 블록체인 기술 기반의 암호화폐를 발행하는 것을 말한다. 신생 기업이 암호화폐를 발행하는 것이 ICO라면, 기존에 비즈니스를 하던 기업이 토큰을 발행해 기존 사업에 접목하는 것이 '리버스 ICO'인 셈이다. 주로 스타트업의 무대였던 ICO 시장에 기존에 쌓아왔던 기술·브랜드·신뢰도를 바탕으로 대규모 자금조달을 노리는 기존 기업들이 늘어나면서 '리버스 ICO'가 업계의 주목을 받기 시작했다.

리버스 ICO가 대중적으로 알려지게 된 계기는 전 세계 10억 명의 사용자를 거느린 모바일 메신저 '텔레그램'의 사례다. 텔레그램은 '그램'이라는 신규 암호화폐를 발행, ICO를 진행해 단기간에 17억 달러

(약 1조 9,000억 원)에 달하는 자금을 유치한 바 있다. 텔레그램이 개발하고 있는 서비스는 메신저에서 사용자들이 그램을 이용해 결제나 송금이 가능한 블록체인 시스템인 'TON'이다.[2]

일본의 최대 전자상거래 업체인 라쿠텐도 대표적인 사례 중 하나이다. 라쿠텐은 자사 마일리지 시스템인 라쿠텐 슈퍼 포인트*를 암호화폐인 라쿠텐 코인으로 전환한다. 라쿠텐 코인은 라쿠텐이 가치를 보증하면서 블록체인을 통해 투명하게 관리되는 것은 물론, 암호화폐인 만큼 환율, 환전 수수료 등의 제약으로부터 자유롭다는 장점도 가지고 있다. 라쿠텐은 이러한 암호화폐 발행을 위해 지난 2016년 블록체인 스타트업 '비트넷'을 인수하는 등 오랜 기간에 걸쳐 준비해왔다.

⌐ ICO의 진행 과정

ICO는 블록체인 생태계를 운영하고 확장시키는 데 중요한 역할을 한다. 앞서 설명한 자금 조달을 위한 ICO, 알트코인 발행을 위한 ICO, 그리고 리버스 ICO 등 대부분 ICO들은 앞으로 설명할 4단계 진행 과정을 따른다. 딜로이트컨설팅의 ICO 진행 과정 분류에 따르면 ICO는 예고Pre-announcement, 제안Offer, 마케팅 캠페인Marketingcampaign, 토큰 발행Token sale 네 단계로 구분할 수 있다. ICO의 진행 과정[3]을 살펴보도록 하자.

---

* 라쿠텐 슈퍼 포인트는 라쿠텐 이치바(인터넷 상거래 사이트), 라쿠텐 뱅크(인터넷 은행), 라쿠텐 모바일(알뜰폰 사업), 라쿠텐 카드(신용카드 서비스) 등 라쿠텐이 운영하는 서비스에서 현금처럼 이용할 수 있는 마일리지

1. 예고 Pre-announcement

첫 진행 과정은 전반적인 사업 취지 및 사업 계획, 사업 모델을 문서화하는 단계다. 이 단계에서는 주로 투자자 모집을 위해서 국내외 암호화폐 커뮤니티를 활용하여 홍보하며, 사업 개요와 목표 및 해당 프로젝트의 주요 사항과 특징을 상세히 기술한 보고서를 발간한다. 여기에 주요 팀 구성원들의 약력을 소개하기도 한다. 이를 통해 다양한 이해관계자들에게서 얻은 피드백을 반영하여 사업 모델을 수정하기도 한다. 마지막으로 최종 사업 모델을 상세하게 설명한 ICO 프로젝트를 제안, 발표한다.

2. 제안 Offer

둘째, 토큰 이코노미가 원활히 가동될 수 있는 경제구조를 설계하는 단계다. ICO에 필요한 조건들을 정의, 분석하고 해당 기업의 투자 목표를 설정한다. ICO의 기한을 설정하고 해당 기업이 발급할 토큰을 상세히 정의한다. 토큰을 선택한 후 선택한 토큰의 권리와 특징을 정리한다. 그리고 토큰 판매의 시작일을 발표하고 본격적인 토큰 마케팅

ICO 진행 과정

예고	제안	마케팅 캠페인	토큰 발행
전반적인 사업 취지 및 사업 계획, 사업 모델을 문서화	ICO에 필요한 조건들을 정의하고 해당 기업의 투자 목표 설정	설계된 토큰 이코노미 사업 구조를 홍보	ICO를 개시하고 토큰 발행을 통해 자금을 모집

출처: 딜로이트컨설팅 참고 KT경제경영연구소 재구성

활동에 돌입한다.

3. 마케팅 캠페인 MarketingCampaign

셋째는 설계된 토큰 이코노미의 사업 구조를 홍보하는 단계다. 성공적인 ICO를 위해서 전략적 마케팅 캠페인을 진행한다. 다양한 콘퍼런스, 로드쇼, 이벤트 등을 통해 해당 ICO에 대한 고객들의 관심을 높인다. 필요 시 마케팅 에이전시와 협력하여 캠페인을 진행한다. 보통 마케팅 캠페인은 1개월 이상 진행한다. 계획한 마케팅 활동이 끝나면 토큰 판매를 본격적으로 시작한다.

4. 토큰 발행 Token Sale

마지막으로 ICO를 본격적으로 개시하고 코인(토큰) 발행을 통해 자금을 모집하는 단계다. 이전 단계에서 계획한 ICO를 개시하고 토큰을 발행한다. 발행 회사의 전략에 맞추어 토큰을 발급하여 배분한다. ICO와 토큰의 성격에 따라 특정 플랫폼과 상품을 출시한 후 토큰을 판매하는 경우도 있다.

다양한 방법의 코인 공개

코인 공개는 가장 잘 알려진 ICO Initial Coin Offering를 비롯하여, 거래소에 직접 상장하는 IEO Initial Exchange Offering, 프로토콜 분기를 통한 IFO Initial Fork Offering, 무료 프로모션을 위한 IAO Initial Airdrop Offering 등이 존재한다.

ICO는 IPO와 같은 방식으로 가장 대중적이며 거대 자본을 조달할 수 있는 방법이며, 최초로 ICO를 진행한 코인은 2013년 마스터Master 코인으로 500만 달러 상당의 자금을 조달했다. IPO와는 달리 정부의 규제나 가이드가 무겁지 않아 자금 모금 후 잠적하는 등의 부작용이 많아 일부 국가에서 ICO가 제한되어 있다는 문제점이 있다.

IEO는 ICO를 거치지 않고 직접 거래소에 상장되는 프로젝트를 의미하며 ICO가 제한된 국가에서 많이 시행되고 있다. IEO는 소수가 다량의 코인을 보유하거나 다량의 코인을 보유한 소수가 가격을 조작할 수 있다는 문제점이 있다.

IFO는 기존 코인 프로토콜(비트코인 등)을 향상시키기 위해 포크(분기)*되는 프로젝트다. IFO를 이해하기 위해서는 먼저 하드포크Hard Fork를 이해해야 한다. 하드포크란 중대한 오류가 있거나 기존의 체인을 바탕으로 새로운 부분을 추가하여 더 효율화할 수 있을 때 실시한다. 하드포크를 실시하면 기존 체인을 유지하지 않고 새롭게 하드포크 된 체인만을 유지해야 하지만, 채굴자들이 기존의 체인에 남아 있어 기존 체인도 유지하면 기존 체인과 하드포크 된 체인 총 두 개의 같은 기반에서 나온 코인이 발생하게 된다. 대표적으로 비트코인 캐시를 시작으로 비트코인 캐시가 실제로 매우 높은 가치를 가진 후에는 비트코인 골드, 비트코인 다이아몬드, 비트코인 플래티넘과 같은 코인들이 나타났다. IFO가 기존의 문제점을 해결할 수 있다고 하지만 그렇

---

* 개발자들이 하나의 소프트웨어 소스 코드를 통째로 복사하여 독립적이고 새로운 소프트웨어를 개발하는 것.

지 않은 경우가 대부분이며 해당 메인 코인 가격 상승의 원인이 될 수 있다. 대부분 사기성 IFO는 포크 된 코인을 분배하여 대중이 교환을 시작하게 하고, 코인의 유동성 증가로 코인의 가치를 상승시킨 다음 보유 코인을 판매하는 과정을 따른다.

IAO는 특정 코인 소유자들에게 다른 코인을 제공하고 배포하는 프로젝트로, 일종의 프로모션 의도가 있는 경품 형식을 띤다. 크게 비트코인 캐시와 같이 하드포크로 인한 자동 에어드롭Airdrop*과 SNS 홍보를 수행함으로써 제공되는 에어드롭이 존재한다. IAO 참여 대가로 SNS 정보를 비롯한 개인 정보를 수집하는 등의 문제점이 대두되고 있다.

코인을 공개할 때는 각 블록체인 프로젝트의 특징과 국가별 규제 및 제도에 맞는 코인 공개 방법을 선택하여 시행하는 것이 바람직하다.

---

* 특정 암호화폐를 보유한 사람에게 비율대로 다른 암호화폐를 지급하는 것.

02
세상을 변화시키는
블록체인

왜 블록체인에 열광하는가?

블록체인은 미래를 바꿀 혁신 기술로 전 세계적인 관심을 받고 있다. 2016년 초 세계경제포럼World Economic Forum (다보스포럼)에서는 4차 산업혁명을 견인하는 7대 기반 기술 중 가장 핵심적인 기술로 블록체인을 선정했다. 세계경제포럼에 참가한 글로벌 전문가 및 경영진의 50% 이상이 2025년까지 블록체인 기반의 플랫폼이 전 세계 GDP의 약 10%를 차지할 것으로 전망했다. 또한 2016년 세계지식포럼World Knowledge Forum에서 글로벌 전문가들은 블록체인이 상용화되면 산업, 사회 전반에 혁신적 변화를 가져올 것이라 예상하기도 했다. 이처럼 블록체인은 향후 미래 경제의 핵심 축이 될 가능성이 매우 높다.

글로벌 리서치 기관들도 블록체인 관련 시장 규모 및 지출 규모가 꾸준히 성장할 것이라고 전망하고 있다. 글로벌 IT 컨설팅 기관인 가트너Gartner에 따르면 블록체인 유관 시장을 모두 포함하는 블록체인 비즈니스 규모는 2017년 40억 달러에서 2022년 500억 달러 규모에 이르는 것으로 추정된다. 가트너는 특히 연간성장률(Annual Growth Rate)을 제시하였는데, 블록체인은 초기 도입 이후 높아진 기대치와 함께 2020년 120%의 최고 성장률을 보이다가 일종의 거품이 사라지는 캐즘이 발생하여 2019~2021년 사이 블록체인 프로젝트의 80~90% 이상이 실패하고 2023년에는 27%의 낮은 성장률을 보일 것이라고 예상하였다. 그리고 이후 2024년에 들어서야 캐즘이 극복되고 블록체인의 실질적인 도입과 성장이 본격화될 것이라고 전망하였다.

또한, 글로벌 시장 리서치 기관인 IDC는 전 세계적으로 블록체인 관련 지출 규모가 2017년 9억 4,530만 달러에서 연평균 성장률 81.2%로 성장하여 2021년 약 97억 4,880만 달러 규모에 이를 것으로 전망(2018년 3월)하였다. 또 다른 시장 조사 기관인 마켓앤드마켓 Markets and Markets 자료(2018년 12월)에 따르면 블록체인 글로벌 시장 규모는 2018년 약 12억 달러에서 연평균 성장률 80.2%로 성장하여 2023년 약 233억 달러에 이를 것으로 전망되고 있다. 이들 시장 조사 기관들이 각기 다른 전망치를 제시하고 있지만, 이들 전망치의 연평균 성장률은 모두 60% 이상을 상회하고 있다. 그만큼 블록체인 관련 시장의 성장 가능성을 높게 평가하고 있는 것이다.

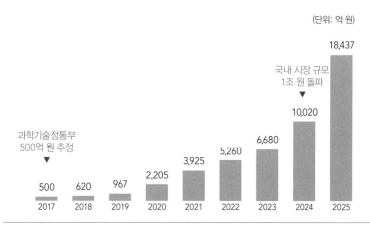

국내 블록체인 시장 규모 전망, 2017-2025

(단위: 억 원)

과학기술정보통신부
500억 원 추정
▼

국내 시장 규모
1조 원 돌파
▼

2017	2018	2019	2020	2021	2022	2023	2024	2025
500	620	967	2,205	3,925	5,260	6,680	10,020	18,437

출처: 과학기술정보통신부(2018. 6.), Gartner(2017. 3.)

블록체인이 가져올 경제적 효과에 힘입어 국내 블록체인 시장 규모 또한 지속적으로 증가할 것으로 보인다. 과학기술정보통신부가 2018년 6월 발표한 '블록체인 기술 발전 전략'에 의하면 암호화폐 분야를 제외한 2017년 국내 블록체인 서비스 및 장비 시장 규모는 약 500억 원 수준에 이른다. 이를 토대로 가트너가 발표한 2025년까지의 글로벌 블록체인 비즈니스 규모 연간 성장률을 적용하면, 국내 블록체인 서비스 및 장비 시장은 2019년에 1,000억 원을 달성하고 2025년에는 1.8조 원 시장으로 거듭날 전망이다.

블록체인에서 가장 주목해야 할 부분은 블록체인 기술이 신뢰를 구축한다는 것이다. 기존의 중앙 통제된 회계장부 시스템은 엄청난 신뢰 비용과 혁신 장애를 초래하고 있다. 기업들은 비싼 비용과 시간을

블록체인 도입에 따른 경제적 효과	
기관	주요 내용
IDC	– 블록체인 기술로 금융업계의 비용 절감 규모가 2022년 약 200억 달러에 달할 것이라 전망 ※ 기존 시스템 이용 시 글로벌 금융기업의 전산 비용은 연평균 4.6%씩 증가
가트너 (Gartner)	– 블록체인 관련 비즈니스 규모가 2022년이면 500억 달러 규모로 성장할 것으로 예상 ※ 디지털 비즈니스 혁신을 도모하는 208개 기업을 조사한 결과 52%가 블록체인이 자사 경영에 영향을 미칠 것이라 답변
맥킨지 (Mckinsey)	– 블록체인 기술을 금융 시스템에 활용하면 고객 데이터베이스 관리와 보안 등과 관련된 금융 비용 절감 효과가 연간 23조 원에 이를 것으로 예상
산탄데르 (Santander) 은행	– 블록체인 기술이 은행의 인프라 비용을 2022년까지 매년 15억 ~20억 달러 절감시킬 것으로 예상
베인앤드컴퍼니 (Bain&co.)	– 금융업계 종사자 80%가 블록체인이 2020년 내 도입될 것으로 예측[4]

출처: 국제무역연구원(2018. 4), 정보통신산업진흥원(2018. 4) 참고 KT경제경영연구소 재구성

들여 자사와 파트너사의 회계장부를 조정하는 업무를 수행하고 있고, 값비싼 중앙 통제된 회계장부를 사용한다면 사물 간 소액 금융거래가 빈번히 발생하는 IoTInternet of Things(사물인터넷)는 사실상 불가능해질 것이다. 또한 신뢰의 필요성 때문에 신뢰할 수 있는 중개 기관인 구글, 페이스북, 아마존과 같은 대기업이 규모의 경제와 네트워크 효과의 이점을 사실상 독점하고 있는 실정이다.

블록체인 기술이 신뢰 구축의 대안이 될 수 있다. 사회의 가치 교환은 거래자 간의 신뢰를 바탕으로 이루어지는데, 이러한 신뢰를 얻기 위해서는 거래 추적이 가능한 공통의 시스템이 필요하다. 블록체인

은 거래 이력 정보를 블록체인 네트워크 참가자 전원에게 분산하여 보관·유지하고 참가자들의 합의를 통해 거래 데이터의 정당성을 보증하기 때문에 무결성과 신뢰성을 제고한다.

블록체인을 통해 디지털 자산뿐만 아니라 유무형 자산의 가치를 디지털화함으로써 소프트웨어 기반 관리가 가능하고 더불어 경제활동도 가능해진다. 예를 들면 디지털 자산에 특정 속성을 부여할 수 있는데, 디지털 토큰을 사용하여 전기자동차 대여료를 지불할 수 있다. 토큰은 엔진을 활성화하거나 중단시킴으로써 스마트 계약서의 암호화된 조건을 따르게 된다. 이는 이미 사용한 서비스에 대해 요금을 지불하는 아날로그 방식의 토큰인 지폐나 동전과는 상당히 다르다. 이렇게 프로그래밍할 수 있는 자금과 스마트 계약은 개방적이고 국제적인 거래 관계를 형성할 수 있을 것이다.

블록체인의 오픈소스적 속성과 재미, 토큰의 가치 상승은 블록체인을 연구하는 컴퓨터 과학자들의 인력 풀을 확대시키고 있다. 공동 개발자들 간의 국제 네트워크가 형성되고, 오픈소스 네트워크에는 개발자들의 아이디어가 체계적으로 정리되고 실행될 것이며, 이것이 미래 분산형 경제의 기반이 될 것이다.

기반 기술로서 블록체인의 발전 방향

블록체인은 산업 전반에 영향을 미치는 기반 기술GPT, General Purpose Technology로 장기적인 관점에서 그 파급효과를 예의 주시해야 한다. 블록체인은 오랜 기간 다양한 영역으로 확장되는 확산성Pervasiveness, 시간이 지날수록 기술이 나아지고 비용을 낮출 수 있는 개선성Improvement, 새로운 상품 및 프로세스 개발을 용이하게 하는 혁신 촉진성Innovation Spawning 등 기반 기술의 특징을 두루 갖추고 있다.

블록체인은 더 낮은 비용과 솔루션으로 전통적인 비즈니스 모델을 공격하고 기존의 기업들을 빠르게 추월할 수 있게 만들어주는 '파괴적인disruptive 기술'이 아니라 '기반foundational 기술'이다. 광범위한 블록체인 기반으로 차세대 기업들은 비즈니스 가치를 창출하고 획득하는 방법을 근본적으로 바꾸는 참신하고 혁신적인 적용물들을 개발하고 있다. 블록체인이 경제적 사회적 기반 시설로 스며들기까지는 수십 년의 세월이 걸릴 것이다. TCP/IP(인터넷 네트워크의 핵심 프로토콜)가 단일 용도, 제한적 용도, 대체 그리고 혁신에 이르는 모든 단계를 거쳐 경제구조를 바꿔놓기까지 30년이 넘게 걸렸다. 네트워크 기술이 비즈니스에 도입될 때의 과정을 블록체인이 그대로 따른다면, 블록체인 혁신 기술도 단일 용도 프로그램을 기반으로 제한적 용도의 프라이빗 네트워크를 만들어낼 것이다. 프라이빗 블록체인을 기반으로 한 개발은 상당 부분 금융 서비스 분야에서 선도적으로 이루어지고 있다. 앞으로는 다양한 산업 분야에서 각기 다른 목적을 수행하는 프라이빗 블록체인이 급증할 것이다. 수십 년의 세월이 흐른 뒤 블록체인 기술은 지속적으로 향상되어 혁신을 이끌어내는 기반 기술로 자리 잡을 것으로 기대된다.

웹 중심에서 블록체인 중심으로 시장 재편

오픈소스를 기반으로 탈중앙화된 프로토콜을 개발하는 블록체인의 특성은 웹(Web) 기반의 인프라를 재구성할 것이다. 웹 1.0과 2.0을 거쳐 TCP/IP, HTTP, SMTP와 같은 프로토콜을 바탕으로 구글, 페이스북과 같은 애플리케이션이 만들어졌다. 이들의 비즈니스 모델은 독자적이며 중앙화된 데이터를 구축하고 이를 바탕으로 고객들에게 직접적으로 서비스 사용료와 수수료를 요구하거나 광고료를 수취하는 것이다. 이들의 데이터베이스는 공개되어 있지 않고 소유권이 있다. 반면에 블록체인은 오픈소스 기반의 분산화된 데이터베이스를 통해 누구나 데이터에 접근이 가능하며 자유롭게 정보를 공유할 수 있게 할 뿐만 아니라, 모두가 소프트웨어를 내려받아 노드(Node, 네트워크에서 연결 포인트 혹은 데이터 전송의 종점 혹은 재분배점)가 되고 데이터를 복제하여 사용할 수 있게 한다.[5]

플레이스홀더벤처스Placeholder VC와 유니온스퀘어벤처스Union Square Ventures의 조엘 모네그로Joel Monegro는 블록체인이 기존 웹 기반의 얇은 프로토콜Thin Protocol과 달리 두터운 프로토콜Fat Protocol의 모습을 보인다고 주장하였다. 기존 웹에서는 프로토콜 기반의 애플리케이션 서비스, 예를 들면 구글, 페이스북 등에서 가치가 창출됐다. 프로토콜 개발을 통해 창출된 가치가 애플리케이션 서비스에서 창출한 가치보다 수익이 낮았던 이유는 정보가 애플리케이션 층에 갇혀 있었기 때문이다. 그러나 향후 몇 년간 블록체인은 프로토콜을 분산된 형태로 재구축할 것이며, 이를 중심으로 기술 개발 및 가치 창출이 이루어질 것이다.

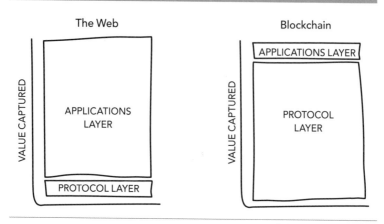

출처: 조엘 모네그로의 블로그

현재 웹상의 시장가치를 두고 보면, 프로토콜이 차지하는 비중은 아주 낮다. 그러나 블록체인에서는 프로토콜에 해당하는 비트코인, 이더리움, 리플 등이 전체 가치의 97%를 차지하고 애플리케이션은 오직 3%만을 차지하고 있다. 실제로 자료에 따르면 2017년 한 해 동안 프로토콜/코어에 해당하는 인프라에 가장 많은 투자가 이루어졌고, 인프라에 해당하는 프로젝트 자본조달 금액은 10억 달러에 달했다.

향후 몇 년간 블록체인의 운명은 프로토콜 개발상의 많은 문제들을 누가, 얼마나 효과적으로, 얼마나 일찍, 어떻게 해결하느냐에 달려 있다. 누군가는 그 문제들을 해결할 것이고, 그 문제를 가장 잘 해결하는 자들이 프로토콜 전쟁에서 살아남게 될 것이다. 결국 현재 웹 기반의 인프라 전체가 블록체인 기반으로 재편될 것으로 보인다.

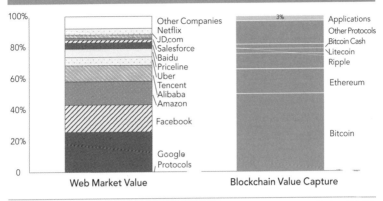

⌐ 블록체인이 세상을 바꾼다

2018년 발표된 유엔난민기구 통계에 따르면 2000년 세계 1,000만 명 수준이던 난민 수는 2017년 2,100만 명을 돌파했다고 한다. 그 중 유럽은 특히 문제가 심각하다. 최근 EU 통계 자료에 따르면 2017년 말 유럽의 총 난민 수는 600만 명이 넘었다고 한다. 전 세계 난민의 25% 이상이 유럽에 머무는 것이다. 전문가들은 난민 문제가 유럽의 심각한 문제라고 주장한다. 난민을 수용하는 국가와 국민들뿐만 아니라 난민 당사자들도 새로운 국가에서 경제적 문제와 신원 문제로 큰 어려움에 봉착해 있다. 처음 난민 수용소에 입소했을 때 대부분 난민들은 UN 산하단체인 유엔세계식량계획WFP 의 주도하에 인도적 지원을 받는다. 인도적 지원은 난민들의 생존과 이익에 직결된 문제이기에 몇몇 난민들은 시스템의 허술함을 악용하여 이중 지원을 받기도 했다. 관

리자의 관리 태만을 탓할 수 있겠지만 시스템의 부재가 더 큰 문제라
할 수 있다.

전 세계적으로 대두되고 있는 난민 문제를 해결하기 위한 대안
으로 블록체인 기술이 활용되기 시작했다.《MIT 테크놀로지 리뷰MIT
Technology Review》의 보도에 따르면 현재 약 7만 5,000명의 시리아 난민을
수용하고 있는 요르단 난민 캠프는 2017년부터 10만 명 이상의 시리
아 난민들에게 유엔세계식량계획의 난민 지원을 제공하는 '빌딩 블
록스Building Blocks'를 도입했다고 한다. 빌딩 블록스 프로그램은 난민들의
홍채 인식을 통해 유엔 데이터베이스에 기록된 신원을 확인할 수 있도
록 하는 것이다. 유엔세계식량계획에서 운영하는 이더리움 블록체인
기반 네트워크에 난민들이 계좌를 개설해 유엔세계식량계획에서 제
공하는 재정 지원을 제공받는 것이다.[6]

2009년부터 직접적인 식량 지원 대신 식비 제공 지원으로 난민 지
원 정책이 바뀐 유엔세계식량계획은 바뀐 정책에 적응하는 과정에서

난민들을 위한 빌딩 블록스 프로젝트	빌딩 블록스를 통한 신원 확인

출처: 유엔세계식량계획　　　　　　　출처: 《중앙시사매거진》

많은 어려움을 겪었다. 난민들에게 자금을 지원하려면 현지 은행과 협업해야 하기 때문에 현지 금융 시스템이 발달하지 않은 일부 개발도상국에서는 특히 문제가 됐다. 그리고 국경 간 자금 이동은 과도한 수수료를 동반해 비효율적인 부분이 많았다. 하지만 블록체인 프로그램을 도입함으로써 기존 이체 수수료의 98% 가량을 절약할 수 있었다. 빌딩 블록스 프로그램의 의의는 단순한 재정적 지원이 아니다. 신원 확인이 어려워진 난민들에게 신원 확인을 가능하게 해줄 뿐만 아니라 신원 확인을 통한 신분 회복을 효율적으로 할 수 있게 도와준다. 블록체인을 기반으로 한 빌딩 블록스 프로그램은 신분 확인을 통해서 난민들이 새로운 곳에서 다시금 경제적, 법적 시스템 안에서 안정적인 삶을 살 수 있도록 해주는 혁신적인 아이디어다.

요르단 난민 수용소에서만 난민들을 위한 블록체인 기술이 활용되고 있는 것은 아니다. 이러한 블록체인 기반의 난민 지원 시스템은 다양한 형태로 새로운 국가에 정착한 난민들을 돕고 있다. 다른 여러 유럽 국가들처럼 많은 난민을 받아들인 핀란드는 블록체인 기술을 이용하여 난민들이 더 일찍 자립할 수 있도록 유도하고 있다. 지난 2년 간 핀란드 정부는 은행 계좌가 없는 난민에게 현금 대신 선불카드를 지급했는데, 현재 이 카드를 소유한 난민은 수천 명에 달한다. 헬싱키의 스타트업 모니MONI가 개발한 이 카드는 비트코인에 쓰이는 블록체인 기술을 활용하여 난민들의 신분을 디지털상에서 생성하고 안전하게 저장한 다음 필요할 때 그 신분을 확인시켜 준다.[7] 블록체인 기술은 중간 역할을 하는 기업과 조직 없이도 사용자들끼리 직접적으로 거래할 수 있도록 도와주기에 기존 제도권 금융 시스템 활용이 어려운 난민들에게 적합한 해결책이었다.

모니가 개발한 블록체인 솔루션의 밑바탕이 되는 기술은 모든 암호화폐 거래 기록을 영구적으로 저장하는 소프트웨어 프로토콜이다. 누구나 비트코인 소프트웨어를 다운받기만 하면 '블록체인'에 접근할 수 있다. 전 세계의 수많은 컴퓨터들이 이 소프트웨어를 실행함으로써 블록체인을 유지하고, 새로운 거래를 확인한다. 블록체인은 현대적 금융 서비스에 접근하기 어려운 사람들에게 새로운 금융 기회를 열어준다. 기존의 금융 기업이 거래에 관여할 필요를 없애는 것 외에도 블록체인은 훼손 없이 어디에서나 접근할 수 있는 디지털 신원 확인 수단을 만들고 안전하게 보관할 수 있게 해준다. 모니 계좌는 은행 계좌와 같은 기능을 한다. 사용자는 물건을 사고, 세금을 내거나 고용주에게 월급을 받는 데에도 이 계좌를 사용할 수 있다. 모든 거래는 사실상 손상 불가능한 공공 데이터베이스에 기록돼 세계의 컴퓨터 네트워크에 분산 저장된다. 은행 계좌가 없는 난민들이 계좌를 열고 직업을 얻기 어려운 이유 중 대부분은 신원 검증이 어렵기 때문인데, 이 기술이 난민들을 돕고 있다.

블록체인은 금융을 넘어 사회 전반을 변화시키고 있다. 특히 우리 삶에 밀접한 식품 유통 과정에도 변화를 일으키고 있다. 2018년 여름, 국내의 지방도시에서 학생들이 단체로 제공된 케이크를 먹고 식중독에 걸리는 사태가 발생했다. 조사당국은 몇 주 동안 식중독 균이 유통 채널 어디에서 유입되었는지 밝혀내기 위해 역학조사를 했는데, 그 원

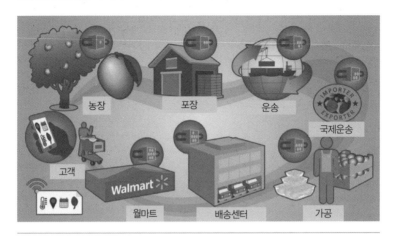

월마트와 IBM이 개발한 블록체인 기반 식품 유통 시스템

출처: IBM

인 경로를 찾는 데 큰 어려움을 겪었다. 이러한 상황에서 미국의 다국적 소매 유통 업체 월마트가 블록체인 기술을 활용해 식탁 위 안전 수호에 나섰다. 먹거리 안전을 주도해 콜드체인(저온 유통 시스템) 시장에 새로운 변화를 일으키고 있다.[8] 월마트는 블록체인 사업에서 큰 명성을 쌓은 IBM과 파트너십을 맺고 식품 전체의 공급 가치 사슬에 블록체인을 도입하고 있다.

　월마트는 공급자가 소비자에게 식품을 전달하는 과정의 각 단계마다 먹거리의 원산지 정보와 배치 번호, 공장 및 가공 데이터, 운송 세부 사항 등 관련 정보를 블록체인에 실시간 기록함으로써 유통 과정을 낱낱이 파악할 수 있게 했다. 만약 케이크 유통 채널에도 블록체인을 바탕으로 한 유통 관리 시스템을 도입했다면 케이크 생산, 유통 과정에서 어떤 일이 있었는지 실시간으로 파악할 수 있었을 것이다.
즉 블록체인, 다시 말해 분산화된 거래장부의 불가역성과 투명성을
활용하면 유통 가치 사슬을 더 효율적이고 투명하게 관리할 수 있다.

03

블록체인의 현주소

과도기에 진입한 블록체인

암호화폐 투자 열풍과 함께 블록체인에 대한 관심이 집중되면서, 블록체인이 모든 것을 가능하게 하는 4차 산업혁명의 만능도구처럼 포장되고 있다. 초연결사회, 집단지성 등 새로운 키워드를 창시한 경영 컨설턴트인 돈 탭스콧Don Tapscott은 블록체인에 대해 "인터넷이 지난 30년을 지배해온 것처럼 앞으로는 블록체인이 우리 미래를 30년 이상 지배할 것이다. 블록체인은 제2의 인터넷 인프라로, 인공지능AI을 뛰어넘는 위대한 기술이 될 것이다"라고 언급하기도 했다.

블록체인의 기록은 중앙 기관에 의해 유지되는 것이 아니라 시스템의 모든 유저들에게로 복사되고, 한번 입력되면 변경할 수 없다. 블록체인에 찬성하는 사람들은 이러한 특성을 이용해 은행 결제를 간소화하고, 의약품의 출처를 보장하는 것부터 재산권을 지키고 난민들에게 위조 불가능한 신원을 제공하는 등 모든 종류의 문제를 해결할 수 있다고 믿는다.

하지만 이러한 블록체인에 대한 기대는 어느 정도 부풀려져 있는 부분이 있다. 대부분 암호화폐 투기자들이 만든 것으로, 블록체인을 둘러싼 흥분에 부채질을 해서 그들이 가진 암호화폐 지분 가치를 올리고자 하는 의도가 포함되어 있다. 가트너는 2018년까지 이름에 '블록체인'이 있는 프로젝트의 85%가 실제로는 블록체인에 기반하지 않은 서비스를 제공할 것이라고 보고했다. 생명공학 회사 바이옵틱스Bioptix는 2017년 10월 회사명을 라이엇 블록체인Riot Blockchain으로 변경한 후 별 이유 없이 3개월 만에 주가가 여섯 배나 급등했다. 미국 음료회사 롱아일랜드아이스티Long Island Iced Tea는 블록체인 사업에 집중 투자하겠다며 사명을 '롱블록체인Long Blockchain'으로 바꾼 후 주가가 최대 500% 폭등했고 자산가치는 100억 원이 상승했다. 전 세계적으로 블록체인과 암호화폐에 대한 관심이 뜨거워지자 기업들이 호재를 노리고 관련 사업에 진출하겠다고 나서면서 최근 이러한 사례들이 부쩍 빈번해지고 있다.

가트너의 이머징 기술 하이프 사이클Hype Cycle에 따르면 블록체인 기술은 초반 부풀려진 기대의 정점을 찍은 뒤 빠르게 유행이 사라지고 시장의 관심이 떨어지는 단계Trough of Disillusionment 초입에 위치하고 있다. 초반의 흥분이 몰려오는 시기를 지나, 이 시기에는 현실적인 기술의 한

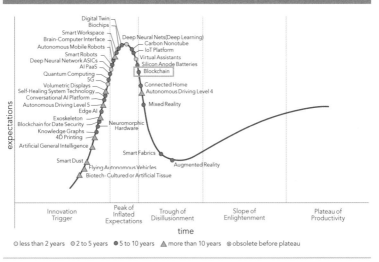

이머징 기술의 하이프 사이클, 2018

expectations / time

Digital Twin
Biochips
Smart Workspace
Brain-Computer Interface
Autonomous Mobile Robots
Smart Robots
Deep Neural Network ASICs
AI PaaS
Quantum Computing
5G
Volumetric Displays
Self-Healing System Technology
Conversational AI Platform
Autonomous Driving Level 5
Edge AI
Exoskeleton
Blockchain for Date Security
Knowledge Graphs
4D Printing
Artificial General Intelligence
Smart Dust
Flying Autonomous Vehicles
Biotech-Cultured or Artificial Tissue

Deep Neural Nets(Deep Learning)
Carbon Nonotube
IoT Platform
Virtual Assistants
Silicon Anode Batteries
Blockchain
Connected Home
Autonomous Driving Level 4
Mixed Reality
Neuromorphic Hardware
Smart Fabrics
Augmented Reality

Innovation Trigger | Peak of Inflated Expectations | Trough of Disillusionment | Slope of Enlightenment | Plateau of Productivity

time

○ less than 2 years ◎ 2 to 5 years ● 5 to 10 years ▲ more than 10 years ⊗ obsolete before plateau

출처: 가트너, 2018. 8.

계가 더욱 명확해진다.

글로벌 시장조사 기관인 딜로이트컨설팅은 「블록체인 기술의 진화Evolution of Blockchain technology」(2017. 10)라는 보고서를 통해 현재 깃허브GitHub(오픈소스 개발자 사이트)에 올라와 있는 블록체인 프로젝트 8만 6,000개 중에 약 8%만이 관리 중이며, 이 중 5%만 살아남을 것이라고 전망했다. 블록체인에 문제가 있어서가 아니라 초기의 개념 증명 프로젝트는 대부분 실패하고 분명한 해결책이 나올 때까지 실패를 반복할 수밖에 없다는 것이다. 실제로 최근 블록체인과 관련하여 오해와 진실을 다룬 언론 보도가 자주 등장하고 있어 블록체인에 대한 전망이 장밋빛에서 중립적으로 변화하고 있음을 알 수 있다.

실제로 포레스터리서치Forrester research에 따르면 2018년 기업들은 블록체인이라는 용어보다 분산원장Distributed Ledger 기술이라는 단어를 더 선호하기 시작했다. 이러한 용어 변경이 2019년에는 더욱 두드러질 것으로 보이는데, 이는 크게 두 가지 중요한 이유에서다. 첫째, 많은 의사결정권자들에게 블록체인이라는 용어는 무법천지의 서부 개척과 같은 암호화폐나 ICO와 너무 많이 연관되어 있다. 둘째, 구조적으로 현재 실행 중이거나 개발 중인 네트워크들은 많은 사람이 블록체인의 주요 구성 요소라고 간주하는 주요 특징들이 부족하다. 더 중립적인 용어를 채택함으로써(많은 방면에서 더 정확한 용어 설정), 기술팀은 그 기술이 블록체인인지 아닌지 논쟁하는 데 소요되는 시간 낭비를 피할 수 있다. 용어의 변화는 더욱 현실적인 프로젝트 접근 방식과 함께 진행될 것이다. 즉 기술보다는 비즈니스 문제 또는 기회로부터 시작하는 프로젝트 진행 방식이 채택될 것이다.

최근《이코노미스트》는 '분기별 기술Technology quarterly'(2018. 9)을 통해 현시점에서 비트코인 및 암호화폐에 대한 가치 평가와 블록체인에 대한 과대 포장 등 블록체인 기술을 객관적인 시점에서 냉철하게 판단하는 기사를 발간했다. 2015년 블록체인을 "신뢰 머신The trust machine"이라 소개하며 블록체인의 무한한 잠재력을 역설했던《이코노미스트》가 3년 만에 암호화폐와 블록체인을 재평가하며 입장에 변화를 보인 것이다.《이코노미스트》는 기사를 통해 비트코인은 화폐로서 실패했으나 실험적인 단계에 있는 블록체인은 여전히 가능성이 있으므로 인내심을 가지고 프로젝트를 진행해야 함을 강조했다.

블록체인의 속성 바로 알기

블록체인의 근본적인 개념에 대한 다양한 정의와 과장된 해석이 블록체인에 대한 오해를 불러일으키고 있다. 주요 보고서와 언론들은 블록체인의 불가역성, 보안성·안정성, 무결성 등에 대한 맹목적인 믿음에서 오해가 비롯된다고 지적하고 있다. 다음에서 설명하는 블록체인 속성에 관한 네 가지 오해는 맥킨지, MIT 테크놀로지 리뷰 등 유명 해외 연구기관 및 언론에서 언급한 내용을 정리하여, 대중이 블록체인 속성을 올바르게 이해하도록 하고자 했다.

블록체인의 속성에 관한 네 가지 오해		
오해	진실	
1 블록체인은 변경이 불가능하다	◆ 블록체인 데이터 구조는 추가만 가능하고 삭제는 불가	◆ 네트워크 컴퓨팅 파워의 51% 이상이면 블록체인 변경이 가능하고 모든 블록체인 거래 수정 가능
2 블록체인은 분산화 되어 있는 개방화된 시스템이다	◆ 원장 지배권을 갖고 있는 기존 기관들은 명확한 운영 주체가 존재하는 프라이빗 블록체인 도입 중	◆ 리더십 없는 순수 개방형 블록체인의 한계가 계속 불거지면서 기존 블록체인 에서 분리해 나가려는 움직임 많음
3 블록체인은 100% 안전하다	◆ 블록체인은 기록자와 기록 내용의 제한이 없기 때문에 거짓 기록이 가능하여 사기 위험에 노출	◆ 블록체인 보안 문제 및 해 킹은 블록체인 자체보다는 응용 단계, 실제 사용 단계 에서 발생
4 블록체인은 무결성을 보장한다	◆ 블록체인이 사기를 방지하 고 실물과 디지털 재화의 출처를 분명히 하지만 블록 체인상에 있다고 진실은 아님	◆ 블록체인 자체가 제품의 출 처를 보장하는 것은 아니고 출처에 대한 증명은 따로 분리하여 고려해야 함

출처: 언론보도 기반 KT경제경영연구소 정리, 2018.

[오해 1] 블록체인은 변경이 불가능하다

거래에 참여하는 모든 사용자가 장부를 공유 및 인증하므로 거래 데이터의 위·변조가 불가능하다는 것이다. 그러나 블록체인을 변경할 수 있는 두 가지 방법이 존재한다.

"블록체인에서 '절대 변경할 수 없다'는 불가역성(immutable)이라는 용어는 기술적으로 불가능하다."

– 포레스터리서치 수석 애널리스트 마사 베넷(Martha Bennet, 2018. 2. 19.)

첫째, 체인 전체를 다시 계산하거나 변경하고자 하는 지점 전의 포인트부터 다시 계산(비트코인 초기에는 이것이 가능했음)할 경우 블록체인 변경이 가능하다. 예를 들면 가장 최근에 생성된 블록은 교체될 확률이 높다. 대부분 블록체인에서는 가장 긴 체인을 선택하는 전략*을 취하기 때문에 여러 개의 블록이 동시에 채굴이 완료되어 경쟁하는 상황이 발생하면 가장 긴 체인에 새로 발굴된 블록이 연결되고 선택되지 않은 체인은 버려진다. 이때 선택되지 않은 체인에 연결된 블록 내의 최근 트랜잭션들은 다른 블록에 포함되거나 보류 트랜잭션 풀Pool에 저장된다. 이렇게 가장 긴 체인을 선택하는 전략은 '51% 공격'을 통

---

* 블록체인에서 작업 증명 알고리즘Proof-of-work은 더 많은 일을 한 사용자가 네트워크에 더 많은 기여를 했기 때문에 신뢰할 수 있는 사용자라는 전제로 시작된다. 만약 네트워크 속도나 오류로 인해 메인 체인의 분기가 일어나면 더욱더 많은 일을 한 사용자(더 긴 체인)가 네트워크 기여도가 높다고 평가하여 새로운 블록들이 연결된다. 선택되지 않은 다른 블록들은 스테일 블록Stale block 또는 고아 블록이 된다.

해 블록체인 변경을 가능하게 한다. 51% 공격은 블록체인에 참여하는 51% 이상의 노드가 동시에 블록체인 거래 내역을 조작하는 행위를 말한다. 전체 네트워크의 자원을 독보적으로 많이 가지고 있는 사용자 혹은 그룹이 남들보다 빠르게 뒤에 이어질 블록까지 생성하여 자신이 만드는 블록이 메인 체인으로 인정받게 하고 나머지 블록들은 고아 블록Orphan Blocks으로 만들어버리는 것이다.

> "네트워크 컴퓨팅 파워의 50% 이상이면 블록체인 변경이 가능하고
> 모든 블록체인 거래를 다시 수정하고 기록하는 것이 가능하다."
>
> – 맥킨지, 2018. 6.

둘째, 비트코인의 노드를 운영하고 있는 참여자들이 동의하면 새로운 버전의 소프트웨어를 다운받아 실행할 수 있는 '체인 포크chain fork'를 통해 변경이 가능한데, 이는 프라이빗 블록체인에서 더 쉽다.

일례로 2016년 6월 이더리움재단이 '분산형 자율조직'을 개발하기 위한 다오DAO 토큰을 발행한 후 출범 3주 만에 해킹 공격으로 640억 원에 달하는 360만 개의 이더리움이 인출되었고, 이더리움재단은 해킹된 이더리움을 무효화하는 하드포크(업데이트)**를 단행(2016. 7. 20)한 사례가 있다.

** 하드포크Hard fork란 기존에 이어져 오던 블록체인에 새로운 블록을 연결하지 않고 새로운 블록체인을 만드는 것이다. 반면 소프트포크Soft fork란 기존의 규칙과 새로운 규칙(변경된 합의 사항)이 적용되어 만들어진 모든 블록이 기존 블록체인에 계속 적용되어 블록이 생성되는 것을 말한다.

또한 비트코인 거래를 변경 불가능한 것으로 만들었던 암호화 기술이 몇몇 벤더들 때문에 약해지고 있다. 한 가지 이유는 유럽의 개인 정보 보호법 때문이다. 이 법은 개인들에게 그들의 개인 정보를 회사 서버에서 지우도록 요구할 수 있는 권리를 부여했고, 회사가 이를 지키지 않으면 많은 과징금을 부과한다. 비슷한 규정이 미국 의료 정보에도 적용된다. 하지만 일반적으로 블록체인에 입력된 기록은 한번 만들어지면 변경될 수 없다. 이에 액센츄어Accenture는 변경할 수 있는 블록체인을 개발해서, 내용이 변경됐다는 디지털 '흔적'을 남기고 개인 블록의 내용을 수정할 수 있게 했다.

[오해 2] 블록체인은 분산화되어 있는 개방화된 시스템이다

사실 비트코인이나 이더리움은 일반인들의 생각처럼 분산되어 있지 않다. 비트코인은 채굴량 기준 상위 4곳이 주당 평균 채굴 용량의 53% 이상을 차지하고, 이더리움은 채굴자 3명이 61%를 차지하고 있다.

리더십이 없는 순수 개방형 블록체인의 한계가 계속해서 불거지고, 이 때문에 기존 블록체인에서 분리해 나가려는 움직임도 많아지고 있다. 이더리움이나 이오스 등 순수 개방형을 지향하는 차세대 블록체인도 내부적으로 계속 지배구조를 둘러싼 문제로 분열되고 있어 완전한 탈중앙화 플랫폼의 등장은 현실적으로 요원한 상황이다.

그리고 원장 지배권을 갖고 있는 기존 기관들은 명확한 운영 주체가 존재하는 프라이빗 블록체인 도입을 진행 중이다. 기존의 제3자 기관이 거의 독점적으로 유지, 보유하고 있는 원장은 그 기관에 매우 중요하고 가치 있는 정보다. 이 기관들이 블록체인을 도입하여 원장을 불특정 블록체인 참여자들과 공유할 유인이 없기 때문에 완전한 지배권을 갖는 프라이빗 블록체인 도입을 추진하고 있는 것이다.

[오해 3] 블록체인은 100% 안전하다

이는 거래 장부를 분산 저장하므로 모든 거래자의 컴퓨터를 해킹하지 않는 이상 현실적으로 해킹이 불가능하다는 것을 의미한다. 그러나 정교하게 설계된 블록체인도 전문 해커 공격 시 보안 해제가 가능하다. 이기적 채굴Selfish mining과 일식 공격Eclipse attack을 예로 들 수 있다. 이기적 채굴은 이기적 채굴자가 채굴한 블록을 전파시키지 않고 있다가 최대한 늦게 내보내는 채굴 전략으로, 전파시키지 않는 동안 다음 블록 해시를 미리 풀어봄으로써 상대를 속이고 채굴 확률을 높일 수 있다. 일식 공격은 공격자가 허위 전송 내역을 담은 블록을 마치 다수에게 확인받은 것처럼 타겟 노드에 전파시켜, 이중 지불 공격*을 가능하게 하는 방법이다.

최근 암호화폐 해킹은 주로 블록체인이 실세계와 연결되는 곳에서 발생하고 있다. 암호화폐를 보유한 사람이 지출 시 요구되는 개인 암호 키를 암호화폐 거래소가 보유한 온라인 월렛에 저장하여 해킹되는 핫 월렛Hot Wallet 침입 사례가 대표적이다. (대다수 거래소는 인터넷에 연결

---

* 이중 지불 공격: 100만 원 잔고에서 100만 원을 꺼내 썼을 때 0원으로 되기 전에 100만 원을 또 쓰는 시간 차 공격.

되지 않은 콜드 스토리지Cold Storage에 지갑을 저장한다고 주장하고 있다.) 실제로 일본 최대 암호화폐 거래소 코인체크Coincheck에서 580억 엔(약 5700억 원) 상당의 암호화폐 NEM 코인이 도난당하는 해킹 사건이 2018년 1월 발생했다. 거래소 관계자는 자금이 단일 서명 핫 월렛에 저장되어 상대적으로 보안이 취약한 환경을 구성하고 있었음을 밝혔다. 이는 지난 2009년 비트코인 등 암호화폐가 등장한 이래 사상 최대 규모의 해킹 사건이다.

또한 검증되지 않은 알고리즘 사용 등 소프트웨어 취약성으로 인한 해킹도 발생한다. 2016년 블록체인 기술을 도입한 벤처 캐피털 다오The Dao는 코드 문제로 6,000달러 가량의 디지털 화폐 이더를 도난당하기도 했다.

> "현재까지 블록체인 네트워크가 해킹당한 적은 없으며, 이는 미래에도
> 마찬가지일 것이다. 블록체인 같은 기술은 해킹으로 깨지지 않는다.
> 그보다는 소프트웨어상의 취약점으로 인해 깨질 확률이 더 높다."
> – 암호화 및 보안 전문가인 브루스 슈나이어(Bruce Schneier)

암호화된 자산 거래에 참여하는 개인과 중개 기관의 보안성은 또 별개 문제다. 디지털 지갑 개인 키의 유출이나 해킹에 의한 도난은 블록체인의 구조로 방지할 수 없다. 게다가 개인 투자자와 중개 기관 간의 거래는 대부분 블록체인상에서 이루어지지 않고 있다. 블록체인 자체보다는 응용 단계, 사용자 수준이 블록체인의 안전한 구현을 악

화시키고 있다. 가장 큰 침해는 잘못 설계된 응용프로그램과 미숙련된 사용자 대상 피싱 공격, 종단 기기(병원의 영상 의학 기기, 전자 그리드의 스마트 센서 등)의 수리되지 않은 펌웨어 등을 예로 들 수 있다.

[오해 4] 블록체인은 무결성을 보장한다(블록체인은 '신뢰 머신'이다)

블록체인이 사기를 방지하고 실질적 제품이나 디지털 재화의 출처를 분명히 한다고 하지만, 블록체인상에 있다고 해서 그것이 진실은 아니다. 블록체인은 기록자와 기록 내용의 제한이 없기 때문에 기록하지 말아야 할 것까지 기록이 가능하여 사기 위험에 노출되어 있다. 예를 들면 소유주가 부동산에 내놓은 토지가 아닌데도 매물로 등재가 가능하다. 블록체인에 쓰레기를 넣으면 암호화된 쓰레기를 보관하게 될 뿐이다. 즉 블록체인 자체가 제품의 출처를 보장하는 것은 아니고 출처에 대한 증명은 따로 분리하여 고려해야 한다. 블록체인 기술 자체는 외부에서 입력된 데이터가 진실된지를 스스로 평가할 수 없으며, 대신 데이터가 입력된 후부터 트랜잭션에 대한 진실은 보장할 수 있다는 것이다.

> "블록체인 기반 트랜잭션은 변경하기가 어렵기 때문에 블록체인이 사기를 방지한다는 주장은 어느 정도 정당하다. 하지만 그렇다고 해서 블록체인을 포함해 그 어떤 기술이라도 사기를 근원적으로 억제하는 수단이 될 수는 없다."
>
> – 포레스터리서치 수석 애널리스트 마사 베넷(CIO, 2018. 2. 19.)

블록체인 마케팅의 현실

일부에서는 블록체인을 마치 모든 것을 해결할 수 있는 만능 플랫폼으로 과장하여 설명하고 있다. 현재 거론되는 계획과 프로젝트 중에는 오로지 관심을 끌 목적으로 블록체인이라는 용어를 사용하는 경우가 허다하다. 최근 포레스트리서치는 2019년 전망 보고서를 통해 마케팅 과대광고, 이른바 '블록체인 세탁Blockchain-washing'으로 야기된 분산원장 기술에 대한 반발이 나타나고, 과잉 기대로 인해 실망을 겪게 되는 실제 위험에 직면하게 될 것이라고 경고하기도 했다. 이에 현재 대중에게 잘못 알려진 블록체인에 대한 진실을 짚어볼 필요가 있다.

[과장 1] 블록체인은 비트코인이다

비트코인이 많이 알려져 블록체인과 비트코인을 오해하는 사람이 많다. 블록체인을 처음 제안한 사토시는 자신의 제안을 구현한 최초의 블록체인 관리 프로그램 '비트코인 코어Bitcoin Core'를 제작했다. 비트코인 코어는 암호화폐인 비트코인을 생성하고 비트코인 거래를 블록체인 형태로 기록하도록 설계됐다. 블록체인 기록을 검증한 대가로 주어지는 보상이 바로 비트코인이다. 비트코인은 블록체인을 활용한 하나의 암호화폐일 뿐 블록체인 기술은 다른 응용 서비스에도 활용 가능하다. 비트코인 코어는 오픈소스로 공개돼 있어 누구나 소스 코드를 내려받아 새로운 코인을 생성하고 기록하는 블록체인을 만들 수 있다.

블록체인의 7가지 과장된 마케팅 문구

	과장	진실	
1	블록체인은 비트코인이다	◆ 비트코인은 블록체인을 활용한 암호화폐 중 하나일 뿐	◆ 블록체인 기술은 다른 응용 서비스에도 활용되고 있음
2	블록체인은 무료다	◆ 블록체인은 싸지도 운영이 효율적이지도 않음	◆ 블록체인의 각 블록이 생성 되기 위해서는 높은 컴퓨팅 파워 필요
3	블록체인은 오직 하나다	◆ 세상에는 엄청나게 다양한 블록체인의 형태가 존재	◆ 각 블록체인의 장점과 단점 이 달라 사용자의 현명한 판단이 필요
4	블록체인은 기존 데이터베이스보다 낫다	◆ 기존 데이터베이스의 성능 이 블록체인보다 우수한 경 우가 자주 발생	◆ 블록체인은 신뢰도가 낮은 환경, 특히 참여자 간 직접 거래가 어렵거나 중개 기관 이 부재한 경우에 가치를 발휘
5	블록체인이 모든 문제를 해결할 것이다	◆ 블록체인이 장부 조작 감소,거래속도 향상, 비용절감에 혁신적이나, 온라인 사기 위험을 제거하지 못하고 기밀 유지도 어려움	◆ 현재의 블록체인은 성숙기 가 아니기 때문에 대부분의 경우에 비효율적이고 문제 를 해결하지도 못함
6	블록체인은 은행 업무에 혁명을 가져올 것이다	◆ 블록체인의 은행업무 도입 에 따른 비용절감 효과는 복잡한 프로세스를 자동화, 단순화, 재설계함으로써 절 감 되는 것	◆ 많은 은행들이 참여하고 있 는 R3컨소시엄은 블록체인 이 더 나은 보안과 효율성 을 위해 필요한가에 대한 답은 아니라고 판단
7	스마트 계약은 일반 계 약과 같은 법적 효력을 갖는다	◆ 스마트 계약은 자동적으로 특정 업무가 수행되게끔 작 동하는 코드일 뿐 법적 효 력을 갖는 계약은 아님	◆ 스마트 계약과 별도로 법적 효력을 갖는 표준 계약서를 보유해야 함

출처: 언론보도 기반 KT경제경영연구소 정리, 2018.

[과장 2] 블록체인은 무료다

블록체인은 싸지도 운용이 효율적이지도 않다. 제3자 기관을 거치지 않아 수수료 등 제반 비용이 들지 않고 거래 당사자 간 P2P 처리로 효율적이라지만, 이는 비용이 없어진 것이 아니라 참여자에게 분산된 것이다. 블록체인은 기존에 제3자 기관이 집중해 담당하던 거래처리 및 원장 관리를 위한 자원을 전 세계의 네트워크 참여자들에게 '크라우드소싱crowdsourcing'한 것이다. 사실 각 블록을 생성하기 위해서는 엄청난 컴퓨팅 파워가 필요하고 거래량이 증가할수록 발생하는 에너지 비용은 무시할 수 없다.

> "하나의 비트코인 채굴에 필요한 계산량은 대략
> 25,000,000,000,000,000,000/초(초당 2,500만 테라해시)"
> —아일랜드 메이누스 대학 네트워크 시스템 모델링 전문가
> 데이비드 맬런David Mallon

> "비트코인 네트워크가 매년 쓰는 최소 전력은 2.55기가와트로, 이는
> 아일랜드가 쓰는 연평균 전력량과 맞먹는 수치다. 비트코인 가격이
> 상승해 거래량이 크게 늘면 비트코인으로 인한 전기 소모량이
> 머지않은 미래에 전 세계 전기 생산량의 5%에 달할 수도 있다."
> —국제 학술지 《줄Joule》 최신호, 알렉스 드 브리스Alex de Vries

채굴 경쟁에 소요되는 컴퓨터 연산 능력 및 전력, 적잖은 크기의 원장 파일을 수많은 노드들이 동시에 저장하고 있어야 한다는 점, 원장의 승인 및 업데이트 과정에서 발생하는 데이터 트래픽 등의 문제를

고려하면 하나의 블록체인 시스템을 유지하기 위해 동원되는 자원의 합은 제3자 기관이 존재하는 기존 시스템에서 소요되는 자원의 합보다 클 가능성이 높다.

블록체인 적용 시 수반되는 유치 비용, 라이센싱, 구현 비용 등 잠재적 비용도 고려해야 하고, 누가 이것을 지불할 것인지도 문제다. 시스템 유지를 위한 인재 채용이나 아웃소싱 비용은 엄청날 것이고, 내부에서 이러한 능력을 가진 사원(블록체인의 본질적인 복잡성을 모두 이해하고 있는)을 찾기는 더 어려운 실정이다.

[과장 3] 블록체인은 오직 하나다

블록체인은 하나가 아니라 다양한 형태로 무수히 존재할 수 있다. 세상에는 엄청나게 다양한 블록체인의 형태가 존재한다. 또한 사용자가 원하는 블록체인을 생성할 수 있는 블록체인 플랫폼도 다수 존재하므로 블록체인은 얼마든지 늘어날 수 있다.

"현재 기준으로 1,736개의 코인이 존재하고, IOTA를 제외하고 모두 자체 블록체인을 가지고 있다. 이들은 누구나 접근이 가능한 퍼블릭 블록체인이다."

-코인마켓캡닷컴, 2018. 8. 6.

[과장 4] 블록체인은 기존 데이터베이스보다 낫다

블록체인을 적용하기만 하면 거래 속도가 향상되는 것은 아니다. 대부분 퍼블릭 블록체인은 기존 금융 시스템보다 초당 처리하는 거래 건수가 적고, 프라이빗은 조금 더 빠를 수도 있겠지만 기업 데이터베이스가 처리하는 것보다는 대부분 더 느리다. 스마트 계약이 다단계의 복잡한 거래들의 속도를 향상시킨다고 하지만, 사실 스마트 계약보다는 블록체인의 투명성, 불가역성, 추적 가능성 등 근본적인 특성을 사용하는 새로운 프로세스 때문에 시스템이 향상된다. 예를 들면, 부동산, 지식재산 이동, 금융거래 등 변화 발생 시 사일로Silo 시스템상에서 수많은 파티에 의해 검증이 필요하여 시간이 많이 걸리는 경우에만 효과를 발휘할 수 있다.

많은 블록체인 플랫폼에서 확장성Scalability은 큰 이슈다. 블록체인의 에너지 비용, 저장 공간, 초기 기술의 불확실성 때문에 블록체인은 확장성이 낮은 솔루션으로 전락할 가능성이 있다. 비트코인은 엄청난 에너지를 요구하고, 지분 증명 합의 방식은 블록체인이 커지면서 확장성에 문제가 발생하고 있다. 거래량이 증가할수록 저장 공간, 컴퓨팅 파워 등의 제약이 증폭되고 있는 것이다. 대체 합의 알고리즘을 가진 프라이빗 블록체인이 대안이 될 수도 있겠으나, 이는 신뢰나 투명성에 영향을 미치고 블록체인의 본질적인 특성을 감소시킬 수 있다.

또한 블록체인과 파편화된 플랫폼에서는 특정 플랫폼에 대한 지원(유지 보수 등)이 미래에도 지속된다는 보장이 없다. 실제로 중앙화된 데이터베이스인 오라클Oracle이나 마이크로소프트는 블록체인보다 유지 보수 리스크가 낮다.

[과장 5] 블록체인이 모든 문제를 해결할 것이다

지금은 블록체인의 성숙기가 아니라서 장부를 유지하는 데 서툴고 비효율적일 수밖에 없다. 그리고 대부분의 경우에 블록체인은 해결책이 아니다. 블록체인이 장부 변경 등의 사기 행각 감소, 거래 속도 향상, 거래 수수료 등 비용 절감에 혁신적이지만, 온라인 사기 위험을 제거하지 못하고 기밀 유지에 관한 문제도 존재한다.

현재 블록체인의 기술적 성숙도는 윈도 운영체제에 비유하자면 윈도 95/98 버전으로, 아직은 초기 수준이다. 개발자들은 퍼블릭 블록체인상에서 발생하는 확장성, 프라이버시, 저장 공간 문제 등 블록체인 기술의 한계를 극복하기 위해 다양한 개선책을 개발하고 있다.

"현재 이더리움의 기술적 완성도는 30% 내외 수준이다."
– 이더리움의 개발자 비탈릭 부테린(2018년 4월 인터뷰)

또한 블록체인 기술자와 산업 종사자 간 커뮤니케이션 부족으로 산업 내 도입이 어려운 점도 있다. 블록체인과 암호화폐는 매우 복잡하기 때문에 비전문가들은 기술 용어 때문에 혼란스러워하고, 블록체인 옹호론자는 기술의 잠재력에 도취되어 적용 산업의 세부 내용을 쉽게 간과한다. 실제로 스타트업 우조뮤직Ujo Music은 블록체인을 활용해 아티스트에게 수익을 지급하려 했으나 음악가는 기술을 이해하지 못하고 기술자는 음악산업을 이해하지 못해 실패했다.

[과장 6] 블록체인은 은행 업무를 혁신할 것이다

블록체인 도입으로 은행의 업무 비용을 엄청나게 절감할 수 있다고 다양한 기관에서 발표한 바 있다. 그러나 그것은 블록체인 도입 효과가 아니라 복잡한 절차를 자동화, 단순화, 재설계함으로써 절감되는 것이다.

> "기업이나 은행이 온전히 통제할 수도 없는 분산원장을 도입할 이유가 없다. 현재의 핀테크가 블록체인이 해결하려는 모든 문제를 훨씬 더 나은 결과로 이미 해결하고 있다. 금융 서비스의 진정한 혁명은 핀테크이며, 핀테크는 블록체인 또는 암호화폐와는 아무런 관계도 없다."
>
> – 뉴욕대학교 스턴 경영대학원 교수 누리엘 루비니

많은 은행들이 참여하고 있는 R3 컨소시엄*은 블록체인이 더 나은 보안과 효율성을 위해 필요한 것은 아니라고 판단했다. 블록체인 기술을 활용하면 3일 걸리는 증권 거래를 실시간으로 해결할 수 있다는 주장 역시 증권 거래 제도를 잘못 이해한 데서 비롯된 것이다. 지금의

---

* R3 컨소시엄: 세계 최대 금융 블록체인 컨소시엄. 지난 2016년 오픈소스 블록체인 플랫폼인 '코다Corda'를 고안해 금융사들 간 블록체인을 활용한 거래를 지원하고 있다.

시스템으로도 실시간 거래와 정산이 가능하다. 다만 3일의 수도결제[**]라는 제도를 도입해 운용하기 때문에 거래와 정산에 3일이 소요될 뿐이다.

세계 은행들의 국제 송금 업무를 담당하는 SWIFT[***]가 국경 간 지급 처리에 블록체인 기술을 테스트한 결과, 블록체인 기술이 잠재력은 있지만 아직 상용화하기에는 부족하다는 견해를 내놓았다. 은행들이 기밀 정보 유출을 피하려면 528개의 하위 원장을 생성해야 하기 때문에 비효율적이라는 것이다.

> "SWIFT의 은행 전체에 블록체인 기술을 도입하면 10만 개의 하위
> 원장들이 생성될 것으로 예상된다. 이를 유지·변경하는 작업은 매우
> 어려워질 수밖에 없다."
>
> – SWIFT 데미안 방데르베켄Damien Vanderveken 수석

[과장 7] 스마트 계약은 일반 계약과 같은 법적 효력을 갖는다

스마트 계약은 자동적으로 특정 업무가 수행되게끔 작동하는 코드일 뿐, 법적인 효력이 있는 계약은 아니다. 알고리즘에 의한 계약이라서 계약 불이행 시 피해에 대해 법적인 보호를 받기 어렵다. 즉 스마

[**] 수도결제: 거래소 시장에서 매매 거래된 주식 또는 채권이 증권거래소가 지정한 결제 기구를 통해서 매수 측은 대금을, 매도 측은 증권을 수수하는 것. 당일결제 거래는 매매계약을 체결한 당일, 보통거래는 3일째 되는 날에 수도결제가 진행된다.

[***] SWIFT는 은행 상호 간 지급 및 송금 업무를 위한 데이터 통신 교환을 목적으로 하는 비영리 조직으로 브뤼셀에 위치. 현재 200개 이상 국가의 1만 1,000여 개 금융기관이 가입해 있다.

블록체인과 암호화폐의 기초가 되는 6가지 기술

블록체인과 암호화폐는 단일 기술이 아닌 6개 개념에 기초한 복합 기술

1. 타임스탬핑(Linked timestamping): 각 블록이 시간순/순차적으로 연결하는 것을 확보
2. 디지털 화폐(Digital Cash): 채굴에 따른 보상으로 지급되는 암호화폐
3. 작업증명(Proof of Work): 블록을 얻기 위해 일정 연산을 수행하고 보상을 받는 방식
4. 비잔틴 장애 허용: 문제가 발생하더라도 잘못된 메시지는 잘못된 채로 둔 채 계속 작동할 수 있도록 설계
5. 공개 키 아이디(Public keys as identities): 암호화 가능한 공개 키 생성으로 보안성 확보
6. 스마트 계약(Smart Contracts): 특정 조건 만족 시 자동으로 수행

출처: Arvind Narayanan & Jeremy Clark, "Bitcoin's Academic Pedigree", 2017.

트 계약과는 별도로 법적 효력을 갖는 표준적인 계약서를 보유해야 한다. 스마트 계약이 법적인 효력을 갖기 위해서는 전자 문서 및 전자 거래 기본법, 민법, 상법 등과 같은 기반 법률이 필요하다. 뿐만 아니라 스마트 계약의 소스 코드 내용을 문서로 공개하고, 소스 코드와 공개 문서를 거래 상대방에게 제공, 거래 상대방의 승낙 등의 추가적인 절차 또한 필요하다.

블록체인 기술의 개선과 진화

현재 블록체인 기술은 단일 기술이 아닌 6개 기술에 기반한 복합 기술적 특징을 가지고 있어 복수의 한계점을 지니고 있으며, 현재도 수많은 개발자들이 다양한 기술 개발을 통해 개선책을 마련하는 중이다.

	개선점	내용
블록체인 기술의 지속적인 개선과 진화		
1	트랜잭션 제한으로 확장성에 한계	◆ 모든 참여자의 탈중앙화 합의 메커니즘은 규모의 경제 논리와 충돌
2	퍼블릭 블록체인상의 모든 정보는 프라이버시 문제 존재	◆ 퍼블릭 블록체인에 기록된 거래 내역은 익명화될 뿐 추가적인 정보와의 결합으로 추적될 가능성이 있음
3	늘어나는 데이터 저장을 위한 공간 확보 및 비용 발생	◆ 퍼블릭 블록체인에 데이터를 저장함으로써 모든 노드(참여자)가 점점 더 많아지는 데이터를 저장할 공간이 필요하며 이는 곧 비용으로 연결됨
4	지속 불가능한 PoW 합의 메커니즘	◆ 블록체인에서 가장 대중적으로 쓰이는 합의 프로토콜인 PoW(Proof-of-Work)는 ① 비교 우위에있는 GPU/CPU를 갖춘 특정 하드웨어에 유리, ② 채굴의 거대화로 인한 중앙화, ③ 에너지 낭비 등의 이슈가 발생
5	업데이트, 표준 결정 등 아무도 책임지지 않는 거버넌스 문제	◆ 퍼블릭 블록체인의 분산화된 시스템의 안정된 유지를 위한 거버넌스와 표준을 담당하는 주체 부재
6	양자 컴퓨터 등장에 따른 위협	◆ 가장 대중적인 공개 키 암호화 알고리즘은 양자 컴퓨터에 의해 충분히 위협이 될 수 있으며 이는 곧 퍼블릭 블록체인의 위협으로 연결될 수 있음

출처: Preethi Kasireddy, "Fundamental challenges with public blockchains", 2017. 12 기반 재구성

[개선 1] 트랜잭션 제한으로 확장성에 한계 존재

퍼블릭 블록체인은 처리할 수 있는 트랜잭션 수가 제한되므로 확장성에 한계가 발생한다. 퍼블릭 블록체인은 중앙화된 관리자가 없는 대신 모든 노드(참여자)가 트랜잭션을 처리하고 전체 원장을 유지함으로써 시스템을 유지한다. 퍼블릭 블록체인의 메커니즘은 보안 보장, 정치 중립성, 검열 불필요 등의 이점을 제공하지만, 모든 노드(참여자)의 합의가 필요하므로 단위 시간당 처리할 수 있는 트랜잭션의 수가 제한될 수밖에 없다. 이로 인해 퍼블릭 블록체인의 규모 확장성과 트랜잭션 처리 속도 간의 트레이드오프Trade-off가 발생한다.

[개선 2] 퍼블릭 블록체인상의 모든 정보는 프라이버시 문제 존재

퍼블릭 블록체인 내 계정 주소(지갑 주소)가 누군가에 의해 실제 사용자와 연결되는 순간 프라이버시 문제가 발생할 가능성이 있다. 퍼블릭 블록체인 내 트랜잭션은 공개원장에 기록되며 숫자와 문자로 구성된 계정 주소(지갑 주소)와 연결된다. 이 주소에 실제 사용자의 ID가 연결되어 있지 않으면 추적할 수 없는 것처럼 보인다.

하지만 가맹점 웹사이트(인터넷 쇼핑몰 등)의 웹 트래커web trackers와 쿠키cookies 정보를 이용하면 모든 사람이 쉽게 계정 주소(지갑 주소)와 실제 사용자의 ID를 연결할 수 있다. 실제로 2013년 10월 미국 FBI는 비트코인을 결제 수단으로 마약류가 거래되던 인터넷 사이트인 실크로드를 폐쇄하며 실크로드가 보유한 약 3만 개의 비트코인을 압수함과 동시에 운영자인 로스 울브리히트Ross Ulbricht의 노트북에 남아 있던

비트코인 전자 지갑 주소와 QR 코드

출처: Organic Media Lab

약 14만 개의 비트코인 또한 추적 끝에 압수했다. 이에 전자 의료 기록, 신원 확인 데이터, 자격 증명 관리, 재무 문서와 같은 중요한 정보를 퍼블릭 블록체인상에 저장하는 것은 큰 위험이 될 수 있다.

[개선 3] 늘어나는 데이터 저장을 위한 공간 확보 및 비용 발생

퍼블릭 블록체인에 데이터를 저장함으로써 모든 노드(참여자)가 점점 더 많아지는 데이터를 저장할 공간이 필요하며, 이는 곧 비용으로 연결된다. 퍼블릭 블록체인에 데이터를 저장하는 것은 네트워크 전체 노드에 저장되고, 블록체인 데이터가 추가되고 변경되지 않음과 동시에 무기한으로 저장됨을 의미한다. 이에 따라 시간이 갈수록 모든 노드(참여자)는 증가하는 블록체인을 저장하기 위해 더 많은 저장 공간이 필요해진다.

[개선 4] 지속 불가능한 PoW 합의 메커니즘

퍼블릭 블록체인에 사용되는 합의 메커니즘은 타인에 대한 신뢰 없이도 거래할 수 있다는 이점이 있다. 그러나 가장 대중적으로 쓰이는 합의 프로토콜인 PoWProof-of-Work는 ① 특정 하드웨어에 유리, ② 마이닝 풀*로 인한 중앙화, ③ 에너지 낭비 등의 문제가 발생한다.

① 특정 하드웨어에 유리: ASICApplication-Specific Integrated Circuit은 특정 목적을 위해 설계한 직접 회로로, 주문형 반도체라고도 불린다. 2013년 비트코인 채굴 전용 ASIC가 만들어진 이후 효율성이 10~50배 향상되어 일반 컴퓨터로 인한 채굴은 무의미해졌다. 이는 모든 사람이 네트워크에 참여할 수 있도록 하는 블록체인의 분산된 성격에 위배된다.

② 마이닝 풀로 인한 중앙화: 현재 상위 5개 마이닝 풀의 비트코인 총 해시 비율은 전체 70%에 가깝다. 이로 인해 마이닝 풀에 가입하지 않은 개인 채굴자가 블록을 생산해서 보상을 얻을 기회는 상당히 낮다.

③ 에너지 낭비: 채굴자들이 PoW의 계산을 실행하기 위해 엄청난 양의 컴퓨팅 파워를 소비하나, 불행하게도 이 계산 작업의

---

* 마이닝 풀(mining pool)이란 비트코인, 이더리움 등 암호화폐를 채굴하기 위해 여러 대의 채굴기를 연결하여 마치 한 대의 슈퍼컴퓨터처럼 작동하도록 만든 네트워크를 말한다. 채굴 풀 또는 채굴 조합이라고도 한다. 전 세계 채굴업체들이 채굴 성공률을 높이기 위해 자발적으로 결성한 채굴 조합이다

사회적 가치는 제로다. 디지코노미스트Digiconomist의 '비트코인 에너지 소비 지수Bitcoin Energy Consumption Index'에 따르면 비트코인의 현재 연간 전기 소비량은 29.05테라와트로 전 세계 전기 소비량의 0.13%를 차지하고 있다.

[개선 5] 업데이트, 표준 결정 등 아무도 책임지지 않는 거버넌스 문제

현재 퍼블릭 블록체인은 분산화된 시스템의 안정된 유지를 위한 거버넌스와 표준을 담당하는 주체가 부재하다. 퍼블릭 블록체인은 신뢰가 불필요한 개방된 시스템을 제공하나, 이로 인해 프로토콜에 대한 안전한 업그레이드가 보장되지 않으며 표준 설정 및 유지가 보장되지 않는다. 블록체인이 분산화된 상태로 유지되길 원하지만 새로운 표준, 기능 및 업그레이드를 담당하는 개발자와는 다른 생태계의 안정된 유지를 위한 조직이 필요하다. 예를 들면, 이더리움은 개발자와는 별개로 생태계 유지를 위한 이더리움재단이 존재한다.

"블록체인이 광범위하게 쓰이기까지는 일반적인 공통 기준을 수립하기 어려워 3~5년은 걸릴 것이다."

　　　　- 맥킨지, "Blockchain beyond the hype: What is the strategic

business value?", 2018. 6.

[개선 6] 양자 컴퓨터 등장에 따른 위협

양자 컴퓨터는 양자역학 원리를 이용한 병렬 연산 방식으로 이진 법 신호로만 작동하는 기존 컴퓨터의 한계를 넘어 훨씬 빠르고 정확한 연산 처리가 가능할 것이라는 기대를 받고 있다. 양자 컴퓨터의 이러한 혁신적인 계산 능력과 전산 처리 속도가 블록체인의 암호화 기능을 위협할 수 있다는 우려가 제기되고 있다.

가장 대중적인 공개 키 암호화 알고리즘Public-key algorithms은 양자 컴퓨터의 위협을 받을 가능성이 충분하며, 이는 곧 퍼블릭 블록체인의 위협으로 연결될 수 있다.

그 외 비트코인과 블록체인 관련 논란의 쟁점들

비트코인이 기존 화폐를 대체할 수 있을 것인지 아닌지는 지금까지도 계속되고 있는, 하지만 결론이 쉽게 나지 않는 중요한 논란이다. 원래 비트코인은 정부나 은행의 간섭 없이 거래할 수 있는 온라인 버전의 현금을 만들고자 했던 무정부주의 기술 프로젝트로 탄생했다. 사실 비트코인은 '화폐'라기보다는 '자산'에 가깝다. 비트코인은 상품·서비스 구매 수단이 아닌 주식·채권과 같이 트레이딩trading을 위한 수단인 것이다. 실제로 비트코인은 사법 당국을 피하고 싶거나(마약 구입, 자금 세탁, 자본 통제 회피 등) 인플레이션이 만연한 곳에서 기존 통화 체제에 대한 보완 수단으로 사용되고 있는 실정이다.

사실 암호화폐가 통화 공급이 중앙은행의 통제를 받는 '명목화폐 체제'를 대체하는 것은 불가능하다. 암호화폐 체제에서는 정부가 통화 공급을 조작할 수 없고 시장의 경쟁에 따라 이용 화폐가 결정된다. 비트코인이 주도적 통화가 되면 경제 변동성과 충격이 더욱 커질 것이다. 비트코인 통화 체제에서는 공급량 제한으로 경제 위기 시 유동성 공급에 차질이 생긴다.

비트코인은 극심한 가치 변동성, 사용처 부족, 보안성 결여, 공급량

- 기존 화폐 체제에서는 중앙은행이 돈을 찍어내 시중은행과 정부에 돈을 빌려주면서 경제 불황이나 금융 위기 시 유동성을 공급함.

비트코인 통화 체제

- 비트코인 통화 체제에서는 비트코인 공급량이 2,100만 개로 한정되고 중앙은행의 비트코인 보유량도 한정되어 경제 불황이나 금융 위기 시 유동성을 공급하기 어려움.

출처: MIT Technology Review(2018. 5/6호) 참고 KT경제경영연구소 재구성

제한, 확장성 문제 등 때문에 화폐의 조건*을 모두 만족하지 못하고, 10년간 개발에도 시중 화폐가 되지 못하고 실패했다. 실제로 온라인 결제 플랫폼인 스트라이프Stripe는 비트코인의 가격 변동성과 채굴 수수료 상승 등을 이유로 비트코인을 이용한 결제를 전면 중단했다.

비트코인 가격은 2016년 900달러에서 1년 후 1만 6,000달러까지 오른 후 최근에는 가격이 4,000달러까지 떨어졌다. 이러한 극단적인 가격 변동성으로 인해 사람들은 암호화폐를 재화와 서비스의 교환수단으로 사용하지 않으려 한다. 소수의 상점들만이 비트코인을 취급하기 때문에 사용처는 찾아보기 힘들다. 또한 한 통계 자료에 따르면 대형 암호화폐 개발업체 중 14%는 보안에 문제점을 드러냈다.

비트코인의 핵심적인 특징 가운데 하나는 공급량이 2,100만 개로 한정되어 있다는 것이다. 암호화폐가 실질 통화를 대체하려면 쓰기 쉬워야 하고 공급 제한이 없어야 한다. 예를 들어 스위스프랑의 공급량은 엄청나다. 스위스프랑은 다른 어떤 통화보다 오래된 지속성을 가지고 있다. 또한 비트코인은 분당 거래 처리 건수가 420건에 불과하여 경제에서 필요한 거래 수를 감당할 만한 확장성이 없다. 마지막으로 주목해야 하는 사실은, 소수가 전 세계 비트코인의 상당량을 통제하고 있다는 사실이다. 그러면 가격이 조작될 여지가 있고 비트코인이 실제 통화가 되기 위해 필요한 보편성을 갖추기 그만큼 어려워진다.

또 하나 블록체인에서 자주 언급되고 있는 쟁점 중 하나는 TPS 수

---

* 화폐의 3가지 본질적 조건은 교환의 매개(medium of exchange), 가치척도(unit of account), 가치저장(store of value)이다.

출처: https://quarkchain.io

치에 대한 과도한 맹신이다. 현재 추진 중인 많은 블록체인 프로젝트에서는 높은 TPS_{Transaction Per Second}(초당 거래량) 수치를 블록체인 성능으로 포장해 홍보하는 경우가 종종 있다. 예를들어 중국 상하이와 미국 실리콘밸리의 개발진이 만든 블록체인인 쿼크체인은 이중 블록체인과 샤딩**을 통해 초당 수백만TPS를 가능하게 하는 고용량 블록체인으로 소개되고 있다. 이 밖에도 AELF(100만TPS), IOST(10만TPS), 질리카 _{Zilliqa}(수천TPS) 등 빠른 처리 속도를 장점으로 내세운 블록체인이 속속 등장하고 있다. 하지만 문제는 대부분 TPS 하나로 모든 것이 해결된다는 식의 과대 홍보로 투자자들을 현혹하고 있다는 것이다.

TPS가 블록체인 성능을 가늠하는 주요 기준이기는 하지만 절대 지표는 아니다. 블록체인 속도는 TPS, 블록 생성 시간, 확정(컨펌) 시간의 3요소로 결정된다. 여기서 블록체인 속도란 '내 행동이 블록체인에

** 샤딩(Sharding)은 각 트랜잭션을 확인하고 처리하는 데 모든 노드가 검증하는 것이 아니라 일부 노드만 사용해 많은 트랜잭션을 동시에 병렬로 처리하는 방식이다. 간단히 말해 데이터를 쪼개 일부 노드에 저장했다가 주기적으로 합치는 기술이다. 쪼갠 데이터는 샤드(Shard)라고 부른다.

TPS(초당 트랜잭션 수)	블록 생성 시간	확정 시간
초당 처리되고 저장되는 트랜잭션의 수	블록이 생성되는 데 걸리는 시간 (네트워크의 Latency에 해당)	내 트랜잭션이 최신 블록(메이 저 포크)에 들어 있다는 것을 보증해주는 시간
↓ 회사 업무에 비유하면 ↓		
거래원장을 받아서 처리하는 직원의 업무 속도	거래원장이 담긴 박스를 봉인하는 시간	결재 라인을 따라 계속 도장을 찍어가는 시간
속도가 빠른 직원은 같은 시간에 더 많은 원장을 처리	박스당 걸리는 시간은 대개 일정	거래소마다 컨펌 수가 다름

출처: EOS 블록체인의 속도에 관한 글(Bit 셀럽 블로그) 참고; KT경제경영연구소 재구성, 2018.

저장되기까지의 시간'을 의미한다. 특히 블록 생성 시간과 확정 시간은 블록체인에만 존재하는 독특한 요소로, TPS가 아무리 높아도 블록 생성 시간이 길면 블록체인 처리 속도는 늦어질 수밖에 없다. 즉 고성능 블록체인이라면 TPS뿐만 아니라 블록 생성 시간도 짧아야 한다.

블록체인의 트랜잭션은 거래 개념보다는 전송에 더 가깝다. 블록체인을 우체국에 비유하면, 우체국(블록체인)은 사용자가 요청하는 우편Transaction을 목적지(블록체인 노드들)까지 전송해야 한다. 사용자는 우체국을 통해 스팸 우편을 보낼 수도 있고, 거액의 수표를 보낼 수도 있으며, 작은 우편을 보낼 수도 있고, 무게가 나가는 냉장고를 보낼 수도 있다. 각 트랜잭션의 가치와 크기는 다를 수 있지만, 블록체인은 이 모든 거래를 각 한 개의 트랜잭션(전송 내역)으로 취급하고, 속도의 높고 낮음은 전송량에 따라 좌우된다. TPS는 소프트웨어의 설계, 하드웨어 및 네트워크 성능, 트랜잭션 종류에 따라 속도 차이가 발생한다. 예를 들어, 스마트 계약 트랜잭션은 단순 송금 대비 더 많은 연산을 요구하므로 TPS가 낮다. 그리고 같은 기능을 수행하는 계약이라도 실제 코드 구현에 따라 TPS의 차이가 발생한다.

비트코인은 4~7TPS, 이더리움은 약 15~20TPS, EOS는 1,000TPS 정도까지 개선됐다고는 하지만, 비자카드의 비자넷 1만 TPS와 비교하면 아직 속도의 한계가 존재한다. 은행권의 송금용으로 개발된 리플도 현재 1,500TPS 수준이다. 물론 비자넷의 클라이언트-서버 방식과 블록체인 방식의 TPS를 단순 비교하는 것은 불가하다.

최근 등장하는 블록체인은 '수백만 TPS 가능'이라고 홍보하며 수치 높이기에 급급하다. 쿼크체인은 샤딩(쪼개기)을 통해 100만TPS가 가능하다고 홍보했으나 실제는 2,200TPS 수준에 불과했다.

TPS가 높다고 무조건 빠른 블록체인은 아니다. TPS는 단지 참고지표일 뿐이다. TPS가 아무리 높아도 블록 생성 시간이 10분이면 트랜잭션 저장 시간은 최소 5분이 소요된다. 최근에는 거래소들이 보안성 강화를 이유로 컨펌 수를 높이면서 거래 속도는 더욱 늦어지고 있다.

블록 생성 시간*은 블록체인 속도에 매우 큰 영향을 미치는 요소로, 확장성을 위해 극복해야 할 과제다. 이는 트랜잭션이 처리되어 저장되는 데 걸리는 최소 대기시간에 영향을 미친다. 블록체인의 탈중앙화라는 장점을 취하기 위해 지불하는 일종의 성능 비용이라고 할

---

* 블록 생성 시간 = 평균 대기시간 / 2.

수 있다. 특히 트랜잭션 자체가 많지 않은 상황에서는 TPS가 의미가 없어 생성 시간이 더 중요하다. 블록체인이 상용 스케일의 컴퓨팅 플랫폼으로 거듭나려면 반드시 극복해야 한다.

확정 시간*은 내 트랜잭션이 메이저 포크에 들어 있다는 것을 확신하기까지의 대기시간이다. 블록체인 포크(블록체인의 분기)의 가능성은 언제나 존재하므로 내 트랜잭션이 최신 블록체인에 포함됐다고 해서 반드시 메이저 포크에 들어 있다는 보증은 없다. 사실 확정이라는 개념은 실존하지 않고 확률적으로 판단하는 것이므로 컨펌 수 N도 매번 다르다.

포크로 인한 거래 무효화는 심각한 문제이므로, 무조건 시간을 줄이는 것이 좋은 것은 아니다.

예를 들어 슈퍼마켓에서 천 원짜리 아이스크림을 사는 일에는 2컨펌 정도만 기다려도 되겠지만, 수천만 원짜리 자동차나 주택 거래에는 하루 이상의 컨펌이 요구될 수도 있다.

이더리움은 캐스퍼 알고리즘을 통해 일정 수의 블록마다 최종 확정성을 부여하여 일정 시간만 기다려도 100% 확정이 되도록 할 계획이다.**

결론적으로 TPS도 중요하지만 블록체인의 다른 요소까지 종합적으로 검토할 필요가 있다. 블록체인이 초당 얼마나 많은 양의 트랜잭션을 처리하는지도 중요하지만 각 거래의 완결성Finality, 블록이 생성되

---

* 확정시간 = N(신뢰도) × 블록 생성 시간.
** 최종 확정성이 없다면 무한대로 기다려도 산술적으로 신뢰도 100%에 도달할 수 없다.

는 주기, 블록 크기에 따른 처리량 변동 여부, 탈중앙성을 보여주는 노드의 수, 합의 알고리즘의 효율성, 병렬Parallel 확장성이 포함되었는지 등 블록체인의 성능을 고려할 때는 수많은 요소를 참고해야 한다.

2장

블록체인,
비즈니스로서 가능성

01

블록체인,
최적화 비즈니스 찾기

블록체인 비즈니스 발굴

블록체인이 과대평가됐다는 것이 그것이 쓸모없다는 의미는 아니다. 많은 스타트업이 비트코인의 기반 기술인 블록체인 기술의 장점을 활용하기를 희망한다. 블록체인은 본질적으로 많은 사용자에게 배포되도록 고안된 데이터베이스 시스템으로 변경이 불가하고, 중앙의 감독 없이도 작동하며, 사용자들 상호 간에 신뢰를 구축할 수 있도록 설계됐다. 이러한 속성들은 새로운 비즈니스에 다양하게 응용될 수 있으며, 그것은 오늘날 많은 기업이 추구하는 바다.

예를 들어, 블록체인의 비가역성과 분산화는 공급망을 활성화시키는 데 가장 최적화된 기술일 수 있다. 부품을 수출하는 한 나라의 제조업체와 타국에 있는 그 업체의 고객과 세관, 즉 송신자와 수신자 모두가 부품을 추적하는 동일한 데이터베이스를 갖게 된다. 기업들이 같은 기록을 사용하게 함으로써 기업 간의 거래가 원활해지는 것이다. 액센츄어의 사이먼 화이트하우스Simon Whitehouse 금융 서비스 상무이사는 블록체인은 공급자, 운송회사, 수입대행사, 세관원 등이 기록을 공유하게 함으로써 공급망을 더 효율적으로 만들 수 있고, 공급망이 여러 국가에 걸쳐 있을 때 이와 관련된 분쟁도 더 쉽게 해결하게 해줄 것이라고 언급했다. 현재는 하나의 공급망 내의 회사나 기관들이 모두 각각 자신만의 시스템을 이용해 운송물을 추적하기 때문에, 다른 형식을 가진 다른 장소의 데이터가 서로 다른 데이터베이스 사이를 오고 간다. 이 모든 것을 단일 분산 데이터베이스Single distributed database로 대체하여 모두가 사용한다면 많은 비용을 절약할 수 있을 것이다. 액센츄어는 이미 한 대형 IT 기업과 이러한 계획을 시험하고 있다.

금융업계도 이러한 단일 분산 데이터베이스 기술을 시험하고 있다. 피네스트라Finastra라는 기업이 개발한 퓨전렌더컴Fusion LenderComm은 R3의 블록체인에서 운영되고 있다. 여러 은행이 합작하여 인프라 사업 등에 대규모 자금을 공급하는 신디케이트 대출 사업과 같은 것들에서 퓨전렌더컴은 개별 은행의 시스템을 대체하여 어느 은행이라도 사용할 수 있는 공통 인프라를 제공함으로써 효율성을 높이고자 한다.

캐나다 은행Bank of Canada과 싱가포르 통화당국은 블록체인을 이용해 국제 결제를 향상시킬 방법을 함께 찾고 있다. 서로 다른 국가의 은행들이 운영하는 컴퓨터 시스템들 간의 소통이 어렵기 때문에 결제가 느리고 비싸진다. 하나의 공유 원장을 사용하면 행정적 부담을 상당히 덜 수 있을 것이다.

블록체인상에 입력된 기록이 변경될 수 없도록 막는 암호화 기술 덕분에, 블록체인은 재산 증서부터 기업 회계장부까지 모든 것들의 안전한 등록부로 사용될 수 있다. 몇몇 국가들, 특히 온두라스Honduras는 사기를 방지하기 위해 토지등기부를 블록체인에 입력하는 방식을 고려하고 있다. 대형 물류 기업인 DHL은 의약품 배송에 블록체인 기술을 도입할 수 있는지 시험 중이다. 3월 1,040만 달러의 투자 자금을 조달한 에버레저Everledger는, 다른 무엇보다 블록체인을 이용해서 광산에서 소비자의 손가락에 이르기까지 다이아몬드의 출처를 보여주는 것을 추구하고 있다.

블록체인 기술이 '새로운 것에 대한 감동'을 일으켜 도움이 될 수 있을지도 모른다. 톰슨 로이터 재단Thomson Reuters Foundation의 샘 채드윅Sam Chadwick은 블록체인이 보통 지루하다고 생각하는 백오피스Back-office 업무를 향상시켜 줄 수 있다는 면에서 상급 관리자들의 흥미를 불러일으킬 수 있다고 말했다. 경쟁자들이라도 일단 같은 테이블에 앉으면, 서로의 차이는 잠시 접어두고 블록체인을 통해 사업 운영을 좀 더 효율적으로 만들 방법을 찾게 될 것이다. 자선단체인 글로벌 개발 센터의 마이크 피사Mike Pisa는 블록체인의 활용법을 탐구해왔으며, "블록체인은 우리가 이미 전에 할 수 있었던 것들에 관심을 가지게 하는 단어다. 이것은 긍정적인 신호다"라고 말했다.

백오피스에서 블록체인을 통해 기업들 간 상호 공유할 수 있는 데이터베이스를 제공함으로써, 시간이 많이 소모되는 행정적 업무를 간소화할 수 있다. 블록체인은 기존에 구축된 시스템이 작은 규모이거나 현재 중앙 규제 기관이 없는 곳에서 쉽게 적용할 수 있다. 블록체인은 합의의 방식으로 사용자들을 결속시킬 수 있어서 국제무역과 같이 중앙 기관이 없는 곳에서 도움이 될 수 있다.

⌐ 블록체인 최적화 비즈니스 발굴 시 고려 사항

블록체인을 활용해 사업을 하는 것은 다른 대형 IT 프로젝트만큼이나 복잡하다. 기획 단계에 참여한 사람들은 반드시 다음과 같은 평범한 질문들을 해야만 할 것이다. "이것이 정확히 무엇을 하는 기술인가?" "왜 많은 기업이 공유된 벤처 프로젝트에 참여해야 하는가?" "누가 시스템을 설계하는가?" "일이 잘못되었을 경우 누가 책임을 지는가?" 그리고 일단 그러한 시스템을 구축하기로 의사 결정이 이루어진 다음에도 여전히 처리해야 할 수많은 껄끄러운 문제들이 존재한다. 블록체인이 가져다주는 이익이 무엇이든 간에, 이 모든 것은 하루아침에 이루어지지 않는다.

블록체인 비즈니스 발굴 시 가장 고려해야 할 점은 잘 돌아가고 있는 기존의 인프라를 바꿀 필요는 없다는 것이다. 블록체인을 상용화하기 위해서는 기술적으로 해결해야 할 문제들이 많고, 현재 기술 수준에서는 블록체인보다 클라우드 컴퓨팅Cloud Computing(인터넷상의 서버를 통해 데이터 저장, 네트워크, 콘텐츠 사용 등 IT 관련 서비스를 한번에 사용할 수 있는 컴퓨팅 환경)이 훨씬 편리한 경우가 많다.

"블록체인 기술이 중앙집권화된 관계형 데이터베이스Relational database와
같은 기존의 거래 기술에 비해 더 비싸고 도입 시간도 오래 걸린다."
– 이더리움 환전소인 레브라이Leveri의 창립자 바라스 라오Bharath Rao

기존 시스템이 이미 잘 돌아가고 있는 분야가 아니라 기존 시스템
으로 구현하지 못한 부분에서 블록체인을 통해 새로운 가치를 창출
할 수 있는지를 고민해야 한다.

다음으로 왜 블록체인이어야 하는지에 답할 수 있어야 한다. 데이
터가 시간순으로 정렬되고 감사Audit가 필요하다면 블록체인 사용이
적합하다고 볼 수 있다. 이러한 경우 기존의 관계형 데이터베이스 시스
템에서는 모든 데이터의 위·변조를 막고 투명한 관리 기능을 구현·운
영하려면 막대한 개발 및 운용 비용이 발생한다. 하지만 중앙에서 데
이터 관리가 필요하다면 기존 시스템을 사용하는 것이 유리하다. 비
록 하이퍼레저Hyperledger와 같은 블록체인이 사용자 인증과 권한 제어 기
능을 제공하기는 하나, 현재 수준에서는 기존 시스템을 사용하는 것
이 더 경제적이고 안정적이다.

암호화폐나 운영 토큰이 반드시 필요한 것은 아니다. 이더리움의
이더Ether 같은 암호화폐와 가스Gas 같은 운영 토큰은 해당 플랫폼이나
서비스를 운영, 성장하게 하는 데 기여한 대가로 관련 구성원들에게
지급되고 플랫폼의 이용 대가를 지불하는 데 사용되는 중요한 수단이

다. 서비스 참여자가 보유한 자산을 거래하는 데 효율적인 방식으로 토큰을 택하는 것일 뿐, 반드시 암호화폐가 필요한 것은 아니다. 물론 제한된 블록체인 내에서도 주고받는 자산의 성격과 특징에 따라 암호화폐 기능을 얹을 수도 있다.

기업들은 블록체인 기술을 고유한 방식으로 구성하고 설계 및 사용하는 방법을 찾아야 할 것이다. 특히 블록체인에 대한 올바른 접근에 있어 자사 전략, 가용 역량, 이해관계자를 위해 해결할 수 있는 문제의 세 가지 고유성 측면을 고려할 필요가 있다.

블록체인은 기업의 고유성과 협력의 연관성에 따라 상당한 가치를 창출할 수 있는 잠재력을 보유하고 있다. 서로 다른 조직이 각자의 장점을 최대한 활용한 '개방형 혁신Open Innovation'은 각 기업이 단독으로 할 수 있는 것 이상의 큰 가치를 창출할 수 있다. 자사의 어떤 고유성을 활용할 것인지를 선택하고, 다른 사람이 예상하지 못한 방식으로 블록체인이 전략을 지원할 수 있는 방안을 결정한 다음 활용해야 한다.

블록체인 전략은 자사의 고유한 역량과 자원이 함께 연결되어 있어야 효과적이다. 산업 내 신규 경쟁자들에 당황하기보다는 자사가 보유한 자원을 검토하고 블록체인을 통해 이를 활용할 방안을 모색해야 한다. 자사가 보유한 역량을 이해하는 것은 블록체인 적용에 필수적이며, 단순히 기술과 기술을 구매하는 것 이상의 특별함이 필요하다.

기업 비즈니스 전략의 유일무이한 고유성은 기업이 고객 및 기타 이해관계자를 위해 해결하려고 시도하는 문제와 깊은 관련이 있으며, 바로 이 지점이 블록체인 기술을 상대적으로 빠르게 작동할 수 있는 포인트다. 기업은 블록체인 기술이 고객과 공급업체에 대해 좀 더 빠르고 효율적으로 상호작용을 하고 투명성을 향상시킬 방법을 고려해야 한다.

기업 관리자들은 이해관계자들이 해결하기 위해 고심하고 있는 문제를 파악하고, 블록체인이 기존 관행을 개선할 방법을 적용해봄으로써 실질적인 가치를 창출하는 기회를 발굴할 수 있다. 조만간 블록체인과 관련된 거품은 가라앉을 것이며, 기업들은 시간을 들여 블록체인이 무엇을 할 수 있는지를 파악한 후, 앞서 언급한 세 가지 고유성 측면에 맞춰 블록체인을 체계적으로 구성할 수 있을 것이다.

최근 세계경제포럼은 비즈니스 관점에서 블록체인의 올바른 도입 여부를 결정하는 의사 결정 트리Decision Tree를 제시했다. 의사 결정 트리는 블록체인이 특정 비즈니스에 대해 올바르게 접근하고 있는지 판단하고자 할 때 도움이 되는 가이드라인으로, 블록체인에 관심이 있는 기업이라면 꼭 고려해야 할 질문들로 구성되어 있다.

⌐ 블록체인 최적화 비즈니스 발굴 예시

[사례 1] 블록체인 기반 지역화폐 서비스

최근 악용('깡' 등)을 막고 거래의 투명성과 효율성을 늘리고자 블록체인 기반의 지역화폐가 등장했다. 대표 사례로는 서울시 노원구의 '노원' 화폐가 있다. 사용자는 지역 공동체 활동을 통해 지역화폐를 적립받고, 지역 내 가맹점(공공, 민간)에서 서비스 대가의 일부로 사용 가

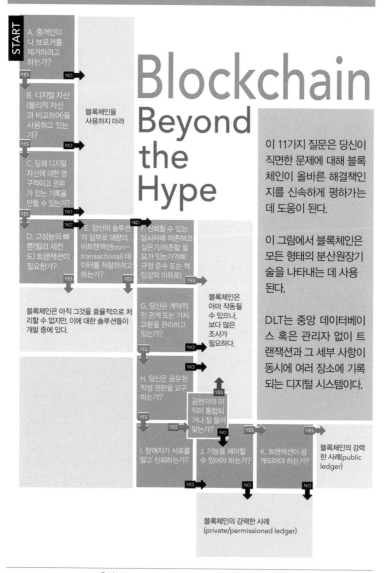

START

A. 중개인이 나 브로커를 제거하려고 하는가?
- YES
- NO → 블록체인을 사용하지 마라

B. 디지털 자산(물리적 자산과 비교하여)을 사용하고 있는가?
- YES
- NO → 블록체인을 사용하지 마라

C. 당해 디지털 자산에 대한 영구적이고 권위가 있는 기록을 만들 수 있는가?
- YES
- NO

D. 고성능의 빠른(밀리 세컨드) 트랜잭션이 필요한가?
- 블록체인은 아직 그것을 효율적으로 처리할 수 없지만, 이에 대한 솔루션들이 개발 중에 있다.

E. 당신의 솔루션의 일부로 대량의 비트랜잭션(non-transactional) 데이터를 저장하려고 하는가?
- NO

F. 신뢰할 수 있는 당사자에 의존하고 싶은가/의존할 필요가 있는가?(예: 규정 준수 또는 책임상의 이유로)
- YES → 블록체인은 아마 작동될 수 있으나, 보다 많은 조사가 필요하다.

G. 당신은 계약적인 관계 또는 가치 교환을 관리하고 있는가?
- YES
- NO

H. 당신은 공유된 작성 권한을 요구하는가?
- YES
- NO

공헌자의 이익이 통합되거나 잘 들어 맞는가?
- YES

I. 참여자가 서로를 알고 신뢰하는가?
- NO

J. 기능을 제어할 수 있어야 하는가?
- NO

K. 트랜잭션이 공개되어야 하는가?
- YES → 블록체인의 강력한 사례(public ledger)
- NO

블록체인의 강력한 사례 (private/permissioned ledger)

Blockchain
Beyond
the
Hype

이 11가지 질문은 당신이 직면한 문제에 대해 블록체인이 올바른 해결책인지를 신속하게 평가가는 데 도움이 된다.

이 그림에서 블록체인은 모든 형태의 분산원장기술을 나타내는 데 사용된다.

DLT는 중앙 데이터베이스 혹은 관리자 없이 트랜잭션과 그 세부 사항이 동시에 여러 장소에 기록되는 디지털 시스템이다.

출처: World Economic Forum, "Blockchain Beyond the Hype", 2018. 4. 23.

블록체인 의사 결정 트리의 세부 내용

단계	질문	내용
A	중개인이나 브로커를 제거하려고 하는가?	– 비즈니스 절차에서 중개자를 제거하는 것이 효율적이고 안전하며, 저비용인지를 묻는 질문
B	자산이 디지털 자산으로 표현될 수 있는가?	– 블록체인은 디지털 형태로 표현 가능한 자산을 거래/관리하는 데 효과적임 – 이에 블록체인에 기록할 유·무형 자산이 디지털 형태로 표현되기 수월해야 함
C	당해 디지털 자산에 대한 영구적이고 권위가 있는 기록을 만들 수 있는가?	– 기록될 자산에 대한 정보의 원천이 다양하면 블록체인에 효과적으로 저장이 불가능 – 또한 기록한 정보를 수정·삭제하는 것이 중요하다면 굳이 블록체인을 도입할 필요성이 없음
D	고성능의 빠른 트랜잭션이 필요한가?	– 비즈니스 운영 시 데이터 처리 속도가 얼마나 빨라야 하는지를 묻는 질문 – 만약 밀리세컨드(1/1,000초) 이상의 트랜잭션 속도가 필요하다면 지금의 블록체인 기술로는 어려움
E	대량의 비트랜잭션 데이터 저장이 필요한가?	– 트랜잭션은 '거래 내역'을 의미함 – 잦은 변경이 필요하지 않는 비트랜잭션 데이터는 블록체인으로 관리하는 것이 비효율적임
F	규정/책임상의 이유로 신뢰할 수 있는 당사자에 의존해야 하는가?	– 비즈니스가 속한 산업이 규제에 큰 영향을 받는다면 규제 당국의 참여가 필요 – 이 경우 블록체인을 알맞게 적용하기 어려움
G	계약적인 관계 또는 가치 교환을 관리하고 있는가?	– 비즈니스 분야가 계약관계/가치 교환을 관리하는 것과 연관이 적다면 블록체인 활용 요소가 적음
H	공유 가능한 트랜잭션 기록 권한이 필요한가?	– 네트워크 참여자 중 일부(혹은 전체)가 트랜잭션에 대한 기록 권한이 필요 없다면 블록체인을 도입해야 할 동기가 적어짐
I	참여자가 서로를 알고 신뢰하는가?	– 거래 당사자 및 네트워크 참여자가 서로 잘 알고 있으며 상호 신뢰한다면 블록체인이 필요하지 않음
J	기능을 제어할 수 있어야 하는가?	– 참여자 간 협의 없이 블록체인의 기능(예를 들어 노드 분배, 권한 부여 등)을 변경하는 것이 바람직하다면 프라이빗 블록체인을 선택해야 함
K	트랜잭션이 공개되어야 하는가?	– 트랜잭션이 비공개로 유지되어야 한다면 프라이빗 블록체인 선택을 권장 – 그렇지 않다면 퍼블릭 블록체인을 선택

출처: World Economic Forum, "Blockchain Beyond the Hype"(2018. 4. 23) 참고 KT경제경영연구소 재구성

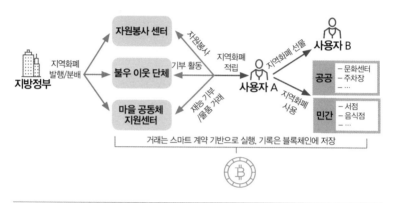

블록체인 기반 지역화폐 서비스 개념도

출처: KT경제경영연구소, 2018.

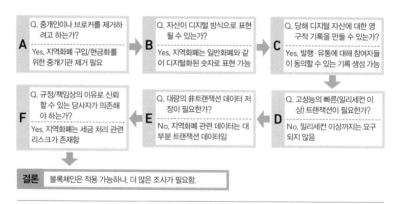

블록체인 기반 지역화폐 서비스에 의사 결정 트리 적용 결과

출처: KT경제경영연구소, 2018.

능하며, 모든 프로세스는 블록체인과 스마트 계약을 기반해 진행된다.

블록체인 기반 지역화폐 서비스는 지역화폐의 세금 처리 관련 문제로 규제당국의 규제를 받을 수밖에 없다는 문제가 있다. 세계경제포럼의 의사 결정 트리에 적용한 결과 블록체인은 적용 가능하나 적용 효과를 높이려면 더 많은 검토가 필요한 것으로 나타났다.

[사례 2] 블록체인 기반 소규모 전력 거래

1메가와트MW 이하 소규모 전력 중개를 허용하는 전기사업법 개정안이 국회를 통과하여(2018. 5) 기존 한국전력 중심의 대규모 전력사업이 변화될 것으로 예상되고 있다. 사용자(프로슈머)는 생산 후 사용하고 남은 전력을 ① 이웃에 판매, ② 전력거래소에 판매, ③ 한국전력과 요금 상계 등으로 활용 가능하며, 모든 프로세스는 블록체인과 스마트 계약에 기반해 진행할 수 있다.

블록체인 기반 소규모 전력 거래 서비스는 실시간으로 거래할 필요가 있기 때문에 고성능의 빠른 트랜잭션이 필요하다. 세계경제포럼의 의사 결정 트리에 적용한 결과, 현 수준의 블록체인으로는 효율성에 한계가 있으나 이에 대한 개선책이 개발되고 있는 것으로 나타났다.

블록체인 기반 소규모 전력 거래 서비스 개념도

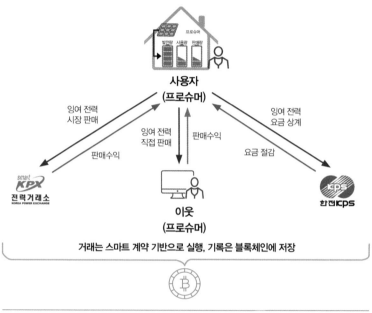

출처: KT경제경영연구소, 2018.

블록체인 기반 소규모 전력 거래 서비스에 의사 결정 트리 적용 결과

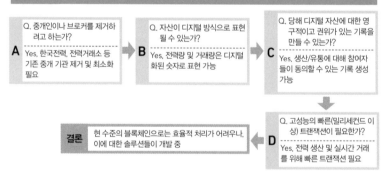

출처: KT경제경영연구소, 2018.

02
블록체인 비즈니스
관점의 활용 방향

기술 간 연결고리로서 블록체인

블록체인은 최신 기술들을 연결해주는 기반 기술로서 그 활용 가능성이 존재한다. 최근 블록체인은 네트워크 에지_{Network Edge}에서 AI와 IoT를 안전하게 연결할 옵션 중 하나로 검토되고 있다. IoT의 기능과 그로부터 발생되는 데이터를 최대로 활용하기 위해서는 사람의 두뇌 격인 AI와의 연결이 필수적이라고 할 수 있다. 그러나 네트워크 에지에서 AI를 실행하고 데이터베이스를 안전하게 공유하는 데는 몇 가지 문제점이 존재한다.

첫째, 네트워크 에지에는 방대한 데이터를 저장하기 위한 공간이 부족하다. 일반적으로 AI는 중앙 데이터 센터에 저장된 데이터를 기반으로 학습한 후, 이를 네트워크 에지에서 활용하는 과정을 거친다. 이로 인해 데이터가 수집되는 도중이거나 AI가 학습하는 도중에는 AI 활용에 제약이 발생할 수 있다. 둘째, 네트워크 에지에서는 상대적으로 보안이 취약하다. 네트워크 에지에서 AI를 실행하기 위해서는 데이터 처리를 위한 컴퓨팅 시스템의 분산화가 필요하다. 이 경우 다양한 장치들이 직접 연결될 가능성이 높으므로 보안에 취약해질 수밖에 없다.

네트워크 에지에서 AI와 IoT를 연결하기 위해 블록체인 기반의 플랫폼을 활용한다면 앞서 언급한 문제를 해결할 수 있다. 블록체인 기반의 플랫폼에 연결된 네트워크 에지 IoT 장비들은 실시간으로 저장소에 제약 없이 데이터를 수집하여 저장할 수 있다. 또한 블록체인은 엄격한 기밀성, 접근성, 일관성이 특징인 특별한 데이터베이스로, 이전 시스템에 비해 보안성이 높으며 더 개방적이기 때문이다.

대표적으로 현재 IBM은 하이퍼레저 플랫폼을 활용하여 물류와 운송 산업에서 AI와 IoT를 연결하는 프로젝트를 진행 중이다. 이외에도 아이젝iExec이나 골렘Golem이 유사한 블록체인 기반 플랫폼을 실험 중에 있으나 솔루션을 개발하여 비즈니스화하기까지는 좀 더 시간이 필요할 것으로 보인다.

플랫폼 생태계로서 블록체인

블록체인 기술의 잠재력을 최대로 활용하기 위해서는 다른 비즈니스와 마찬가지로 플랫폼 생태계를 잘 구축하는 것이 관건이다. 그러나 기술적 특성으로 인해 블록체인 기반의 플랫폼 생태계 구축 시에는 자발성, 투명성, 확장성의 세 가지 특성을 고려할 필요가 있다.

가장 먼저 별도의 중앙화된 관리자가 존재하지 않는 블록체인의 특성상 사용자들이 스스로 플랫폼 생태계를 유지하고 발전시켜 나가는 자발성을 이끌어내는 것이 필수적이다. 그다음으로 플랫폼 내에서 거래와 생태계에 기여한 사용자에게 인센티브를 제공하는 시스템이 모든 사용자가 신뢰할 수 있도록 투명성을 확보해야 한다. 마지막으로 블록체인 플랫폼에서 제공하는 서비스의 양과 질이 늘어나고, 더 많

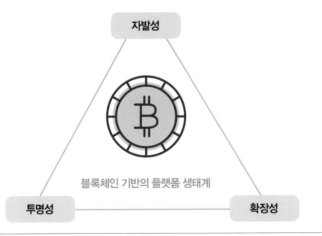

블록체인 기반의 플랫폼 생태계 특성

자발성

블록체인 기반의 플랫폼 생태계

투명성　　　　확장성

출처: KT경제경영연구소, 2018.

은 사용자가 생김으로써 전체 생태계의 가치가 상승하는 선순환을 위해 확장성을 고려해야 한다.

자발성과 투명성 그리고 확장성을 갖춘 블록체인 기반의 플랫폼 생태계는 사용자가 중심이 되어 유지된다. 사용자는 블록체인 플랫폼 또는 다른 사용자들과 상호작용을 하는 과정을 통해 생태계의 가치를 창출하게 된다. 창출된 가치는 생태계 외부의 사용자들을 내부로 끌어들이는 역할을 함과 동시에 기존 사용자들에게 공정하게 분배된다. 이와 같은 메커니즘이 바로 블록체인 기반의 토큰 이코노미의 기본이 되는 것이다.

┌─ 블록체인의 현재와 미래

2018년, 우리는 혁신적이고 변화 잠재력 있는 많은 프로젝트들이 실행되는 것을 보았다. 같은 시간, 많은 프로젝트들이 취소되고 조용히 보류되는 것도 보았다. 분산원장 기술 전선에서 주요 벤더, 스타트업, 다양한 오픈소스 커뮤니티는 기업 수준의 기능들을 개발하고, 분산원장 기술 네트워크를 구현하고 운영하기 쉽도록 도구와 서비스들을 제공하는 데 꾸준한 진보를 이루었다.

2019년에 블록체인 기술과 관련하여 놀랄 만한 혁신은 없을 것으로 예상되는 가운데, 만일 시스템이 적절하게 설계되고, 구현되고, 운영된다면 기술이 프로젝트 실패의 근본 원인은 아닐 것이다. 예를 들어 데이터 정의에 동의하는 것, 어떤 데이터를 누구와 공유할 것인지,

누가 어떤 데이터를 처리할 것인지, 프로세스가 무엇을 end-to-end 처럼 보이게 할 것인지, 네트워크에 적용되는 거버넌스 원칙 등은 점점 더 큰 어려움이 될 것이다. 규제를 받는 산업은 규제 준수를 반드시 보장해야 하며, 많은 경우 규제 준수를 명시적으로 획득해야 한다. 특히 다수의 관리 주체들이 관련된 경우 이것은 계속해서 어려운 도전이 될 것이다.

이더리움/쿼럼Quorum, 하이퍼레저 패브릭Hyperledger Fabric, R3의 코다Corda, 디지털 에셋 홀딩스Digital Asset Holdings의 소프트웨어와 멀티체인Multichain은 현재 실행 중인 시스템들로, 주요 개발에서 가장 빈번하게 마주치는 플랫폼들이다. 2019년에도 이 점은 크게 변하지 않을 것이다. 하지만 많은 자금을 확보한 다수의 프로젝트들이 현존하는 아키텍처의 핵심적인 단점을 해결하겠다고 나서면서 경쟁자들이 더 많이 등장하고 있다. 도구와 서비스 측면에서 DLT가 소프트웨어 및 서비스 제공 업체에게 중요하고 신뢰할 만한 매출 흐름을 보여주지 못하고 있기에, 진보는 조심스럽고 지속적으로 이루어질 것으로 전망된다.

2019년에 가장 혁신적인 업무 중 일부는 자산의 토큰화와 관련될 것이다. 자산이 이미 디지털화되었거나 디지털화될 수 있는 경우(예를 들면, 종이 서류들), 토큰화는 기술적으로 간단하다. 블록체인상의 토큰은 변경 불가능한 자산을 직접적으로 나타낸다. 물리적 자산의 토큰화는 품목 자체의 온전함을 보장할 수 있는 오프체인Off-Chain 혁신이 필요하다. 이것은 또한 토큰 계층 또는 토큰 트리에서 품목 전체를 표현하는 혁신적인 접근법과 구성 요소 수준에서 변경 사항을 처리하는 방법(예를 들면, 자동차의 새로운 배터리)을 필요로 한다. 자산을 토큰화하는 것은 완전히 새로운 소유권과 서비스 모델들을 위한 길을 열어주며, 이는 또한 2019년에 혁신적인 전개를 보기 힘들 것이라 예상하는 이유가 된다. 이는 장기적이고 전략적인 작업이기 때문이다.

3장

블록체인
비즈니스 적용 사례

01

산업 패러다임의 변화

2009년에 비트코인이 처음 등장한 이후로 블록체인 기술은 암호화폐의 기반 기술로만 여겨져왔다. 그러나 최근 블록체인의 효용과 활용 가능성이 크게 부각되면서 산업 영역 전반에 걸쳐 미래를 선도할 혁신 기술로 주목받고 있다. 블록체인 기술은 금융 산업을 넘어 제조업, 헬스케어, 유통, 공공 분야 등 다양한 분야에 적용되면서 기존 산업의 모습을 크게 변화시키고 있다.

각 산업의 거래에 필요한 신뢰 구조 자체를 새롭게 구축하는 블록체인 기술은 다양한 비즈니스 모델 변화의 촉매제로 작용하고 있다. 특히 신뢰 구축 비용이 높거나(금융, 공공 부문) 이력 추적의 신뢰성 확보가 어려웠던 산업(제조, 유통 및 물류, 콘텐츠 부문)을 중심으로 활발하게 도입되고 있다. 금융, 공공 산업에서는 중앙 기관 또는 제3의 기관이 신뢰를 보장하는 역할을 하기 때문에 블록체인 도입으로 효율성을 강화하는 비즈니스 모델이 주를 이루고 있다. 그리고 유통 및 물류 산업과 콘텐츠 산업에서는 이력 추적의 신뢰성을 확보하기 어려워 데이터 추적과 감시 목적으로 블록체인을 도입하고 있다.

또한 블록체인을 도입할 경우 데이터 보안성 및 투명성 강화, 중간 거래 비용 감소, 거래 절차의 간소화, 스마트 계약을 통한 자동화 등의 효과를 거둘 수 있을 것으로 기대된다. 이러한 장점을 바탕으로 블록체인 기술은 다양한 산업과 결합하여 새로운 경제적 가치를 창출하고 있다.

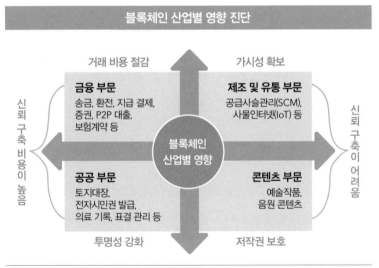

출처: 한국무역협회 국제무역연구원, 2018. 4.

┌─ 금융 분야

블록체인은 암호화폐의 거래 및 저장 시스템에 활용하기 위해 처음 제안된 기술이므로 금융권을 중심으로 도입되고 있다. 기존의 금융 비즈니스 절차를 바꿀 새로운 패러다임으로 인식되면서 블록체인으로 인한 금융 산업의 획기적인 변화가 예상되고 있다.

"대부분 은행은 10년 안에 없어질 것이다."

— 데이비드 예르맥David Yermack 뉴욕 대학교 교수, 2018.

분산원장 기술(DLT) 방식의 블록체인은 이미 자리를 잡은 금융기관들을 변화시키고 비용 절감, 더 빠른 거래 실행, 향상된 투명성, 운용 제어 관리 등 장점들을 제공할 수 있는 잠재력을 가지고 있다. 이러한 기술 개발이 금융 분야의 다양한 이해관계자들과 최종 사용자들에게 어떤 의미가 있을까? 미국 델라웨어 대학교University of Delaware 경영대 브루스 웨버Bruce Weber 교수와 공대 앤드루 노보킨Andrew Novocin 교수에 의하면 블록체인은 전통적인 기업 데이터베이스를 통한 비즈니스 활동을 대체할 잠재력이 있다. 특히 투명성과 추적 가능성이 떨어지는 금융 오퍼레이션들은 블록체인 응용 프로그램에 의한 붕괴에 취약하다. 그래서 금융 분야에서 분산원장 기술은 큰 기회이면서 동시에 파괴적인 위협이기도 하다.

예를 들면 블록체인은 중앙 제어 없이 신뢰를 창출하는 매커니즘으로, 향상된 투명성과 추적 가능성을 제공해 자동화를 가능케 하면서 금융기관과 같은 중개인들을 제거할 수 있다. 이는 거래 비용을 낮추고 강력한 금융 중개인들로부터 통제권을 회수한다. 이와 동시에 중개인들은 블록체인으로 인한 고객의 변화된 니즈를 기회로 활용하기 위한 위치를 선점할 수도 있다. 기업들은 개방적이고 추적 가능한 블록체인 인프라의 심화된 복잡성뿐만 아니라 새로운 표준으로의 전환을 관리하기 위해 도움을 필요로 할 것이다. 잠재적으로 블록체인에 의해 타격을 입을 수 있는 분야의 중개인들은 표준을 수립하는 블록체인 프로젝트에 참여해야 한다. 그래서 새로운 정보를 얻고 곧 떠오를 시장에서 리더가 됨으로써 수익을 창출할 수 있는 자리를 선점할 수 있다.

또한 펜실베이니아대학교UPENN 와튼스쿨 법학과 기업 윤리학 교수이자 곧 발간될『The Blockchain and the New Architecture of Trust』의 저자인 케빈 위바흐Kevin Werbach는 중요한 기술들은 기존 시스템을 대체하는 것보다 시스템에 통합되는 경향이 있다고 언급하면서, 블록체인이 금융 서비스의 여러 측면에서 지연·갈등·혼란을 야기하는 방대한 정보의 중복을 줄여 줄 것이라고 기대하였다. 예를 들어, 신디케이트 대출에 금융기관들이 참여할 때, 하나의 공유된 원장을 보유한다는 것은 그들 모두가 각각 개별적으로 원장을 확인할 필요가 없다는 것을 의미한다. 국제 결제와 회사 주식 기록은 중복된 기록 관리와 중개인들로 인해 거대한 비효율성이 발생하는 다른 예이다. 최종 사용자들end-users은 금융 서비스의 심층적인 변화를 체감하지 못할 수 있지만, 이러한 변화는 새로운 금융 서비스 제공 업체의 등장과 새로운 제품 제공을 가능하게 할 것이라고 위바흐 교수는 말했다.

글로벌 금융기관은 플랫폼 생태계 구축과 서비스 표준화를 위해 블록체인 컨소시엄을 결성하고 있는데, R3CEV, 하이퍼레저 프로젝트, 선전Shenzhen 컨소시엄 등을 대표적인 예로 들 수 있다.

R3CEV는 뱅크오브아메리카BOA, Bank Of America, 시티그룹 Citigroup, JP모건 체이스 등 글로벌 대형 금융사들과 국내 메이저 은행인 KB국민은행, 신한은행, KEB하나은행, 우리은행, NH농협은행 등 70여 금융회사가 참여하여 미국 핀테크 기업 R3와 제휴를 통해 블록체인 표준 플랫폼을 공동 개발하고 있다. 블록체인 적용을 통한 고객 이탈 및 거래 수수료 감소 등에 대비하기 위해 금융권의 선제적인 운영 플랫폼 개발을 근본적인 목표로 삼고 있다. 금융거래에 특화된 플랫폼으로 금융회사 간 불필요한 데이터 공유를 막는 코다 시스템을 개발하여 발표하기도 했다.

하이퍼레저는 리눅스 재단Linux Foundation 산하의 오픈소스 프로젝트로 모든 거래 내역을 암호화를 통해 보호하고 네트워크의 모든 참여자에게 공개하는 방식으로 다양한 오픈소스 소프트웨어를 연구 중이

코다 시스템의 특징

① 참여자들 간에는 통합적으로 공유되는 데이터가 없고, 거래하는 기관끼리와 감독기관만 데이터 열람 가능
② 거래 당사자 간만 합의하고 인증하면 전체 합의 없이 거래 가능
③ 감독기관은 모든 거래가 일어나는 전체 블록체인을 모두 볼 수 있음
④ 디지털 통화를 이용하지 않고, 자바와 파이선으로 개발 및 수정 가능

출처: IBK경제연구소, 2017. 7.

금융 산업에서 블록체인 활용 사례

분야	사례 소개
청산 결제	• 자회사 간, 국가 간 운영되는 청산 결제 시스템을 대체하기 위한 것으로 절차 간 소화, 자동화를 위해 스마트 계약 등을 활용 • 관련 기업) 커먼웰스뱅크(CommBank), 디지털 에셋 홀딩스, 스코틀랜드 왕립은행(RBS, Royal Bank of Scotland), 미즈호 은행(Mizuho Bank) 등
해외 송금	• 개인 간, 기업 간 해외 송금 서비스를 더 저렴하고 빠르게 제공하기 위해 블록체인을 활용 • 관련 기업) 크로스 리버 뱅크(Cross River Bank), CBW 은행(CBW Bank), 피도르 방크(Fidor Bank), 웨스트팩(Westpac), 비자 유럽(Visa Europe) 등
증권 거래	• 주식시장(장외시장 등)에 블록체인, 스마트 계약을 적용하여 중개 기관의 필요성을 없애고, 거래 시간 단축 등에 활용 • 관련 기업) 나스닥(Nasdaq), 스위스 연방은행(UBS, Union Bank of Switzerland), LHV(Lõhmus, Haavel & Viisemann) 등
투자	• 투자 플랫폼을 통해 창업자에 관한 정보를 제공하고, 투자자는 투자자를 선택하여 디지털 화폐로 직접 투자할 수 있는 기능을 활용 • 관련 기업) 클라이너 퍼킨스 커필드 & 바이어스(KPCB, Kleiner Perkins Caufield Byers) 등
보험	• 고가 상품(다이아몬드 등)에 대한 정보(거래 내역 등)를 등록·관리하며, 상품의 움직임을 기록함으로써 보험 사기 방지와 연계가 가능 • 관련 기업) 아비바(Aviva) 등
위험 관리	• 거래 내역을 분석하여 암호화폐 사용 시 위험 거래 탐지, 의심 거래자 경고 기능을 활용 • 관련 기업) 뱅크오브아메리카 등

출처: 정보통신산업진흥원, 2018. 4.

다. 리플, JP모건체이스, 시스코 등 다양한 회사가 참여하고 있고 특히 IBM이 개발을 주도하면서 블록체인 기술이 전 세계에 확장되도록 많은 연구와 투자를 아끼지 않고 있다. 현재 IBM과 하이퍼레저 프로젝트가 개발한 기업용 블록체인 네트워크 프레임워크인 '패브릭Fabric'은 많은 기업이 도입하여 사용 중이다.

선전 컨소시엄은 평안은행平安銀行, 텐센트Tencent 등 중국 기업 31곳

금융 분야의 블록체인 프로젝트 사례

- 바클리(Barclays), 유에스뱅크(U.S. Bank) 등 글로벌 은행 22곳은 국제은행 간 통신협회인 SWIFT를 통하지 않고 은행 대 은행 방식으로 소요 시간 및 수수료를 절감할 수 있는 아전트(Argent) 국제 송금 프로젝트를 진행 중이다.

블록체인 기반의 국제 송금 개념도

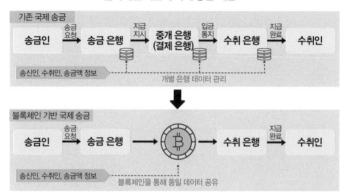

- 도이치방크, HSBC, KBC, 나틱시스(Natixis), 라보뱅크(Rabobank) 등 유럽 7개 은행과 IBM 은 기존 이해관계자가 많고 필요 서류도 많아 고비용, 장시간이 소요되던 무역금융을 개선하기 위해 컨소시엄을 통해 위트레이드(we.trade) 프로젝트를 진행 중이다.

블록체인 기반의 무역금융 개념도

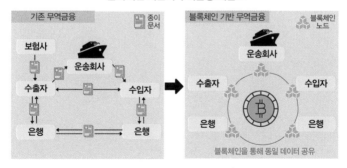

출처: 언론보도 기반 KT경제경영연구소 재구성, 2018.

이 구성한 그룹으로 증권 거래, 무역 거래, 디지털 자산 관리 등 서비스 플랫폼을 연구 중이다.

유럽에서는 도이치방크Deutsche Bank, 홍콩상하이은행HSBC, Hongkong & Shanghai Banking Corp 등 7곳의 대형 은행을 중심으로 DTCDigital Trade Chain 컨소시엄을 설립하여 운영 중이다. 이들은 블록체인 기반 거래 시스템을 구축하여 유럽 내 중소기업들의 무역금융과 원활한 국제 결제 과정을 지원하는 것을 목표로 하고 있다.

이러한 금융사들의 컨소시엄 설립과 더불어 금융사들의 개별적인 사업 활동도 활발히 전개되고 있다. 블록체인 관련 사업은 미국, 유럽, 아시아를 중심으로 다양하게 추진되고 있으며, 대부분 사업은 금융회사와 블록체인 관련 스타트업들이 협업하여 새로운 금융 비즈니스 모델을 제공하고 있다. 가장 직접적인 영향을 받는 은행, 카드사 등 금융업 주체는 복잡한 은행 간 거래 간소화와 효율성 제고를 위해 송금 관련 원천기술 개발과 본인 인증 등 금융거래 및 관리 시스템에 블록체인을 적용 중이다. 또한 이체 및 해외 송금뿐 아니라 부동산, 금·다이아몬드와 같은 실물 자산 등 거래 가능한 모든 자산을 대상으로 블록체인을 적용하는 추세다.

SWIFT가 발표한 보고서(2016. 5)에 따르면 블록체인의 장점을 증권업에 도입하면 비용과 거래 위험 요소를 감소시켜 줄 것이고, 이는 약 400억 달러(한화 약 46조 7,600억 원)를 절감할 것으로 전망되고 있다. 또한 글로벌 리서치 업체인 IDC는 블록체인 기술로 인한 금융업계의 비용 절감 규모가 2022년 약 200억 달러에 달할 것이라고 전망했다.

금융업계의 블록체인 기반 서비스가 완성되는 시기에는 기업 간 거래 비용인 수수료가 1/10 수준으로 줄어들 것으로 예상되며, 기업에서도 경영 환경에 맞는 블록체인 개발 운영/관리 플랫폼 구축을 통해 거래 효율화 및 거래 정보의 신뢰도 제고 등 관리 효율 향상이 기대되고 있다.

⌐ 에너지 분야

금융 산업에 이어 블록체인을 적극적으로 시험하고 있는 산업은 에너지 산업이다. 지금까지 전기는 중앙 집중형 발전소에서 생산되어 먼 거리까지 송전했으나 블록체인 기반 P2P 거래를 통해 비용을 줄이고 효율을 높일 가능성이 열린 것이다. 기존 시스템이 잘 갖춰진 산업에서는 블록체인이 대부분 실패할 가능성이 높은 반면, 에너지 P2P 거래는 실현 가능성이 높은 분야로 손꼽히고 있다. 또한 대부분 선진국에서는 신재생에너지를 개발하면서 분산 전력 시스템과 스마트그리드Smart Grid(전기 공급자와 생산자에게 전기 사용자의 정보를 제공함으로써 전기 공급을 더욱 효과적으로 관리할 수 있게 해주는 서비스)에 대한 연구와 투자를 오랫동안 해왔기 때문에 제도적 저항도 크지 않다. 블록체인 기술이 투명한 에너지 거래 구축, 신재생에너지 거래 확산, 수요 관리 최적화 등 새로운 부가가치를 창출하고 에너지 신사업 발굴을 촉진할 것으로 전망되고 있다.

에너지 산업에서 블록체인은 단순한 프로세스의 변형을 넘어, 산

유형	As is	To be
개인 간(P2P) 전력 거래	- 계약, 정산 복잡 - 수요자와 공급자 간 매칭 어려움 - 거래 비용 발생	- 거래 비용 감소 및 빠른 정산 가능 - 신재생에너지 관련 지역 커뮤니티 확대 - 안전한 전력 거래 시스템 - 재생에너지 생산 동기 부여
EV 충전 및 공유	- 비용 과다(수수료 2.6%) - 지역별 충전 가격 상이	- 거래 시스템 단순화를 통한 수수료 절감 - 에너지 소비 실시간 확인 가능
에너지 데이터 활용	- 개인별 에너지 사용 정보 파악 어려움 - 중앙 집중형 에너지 정보 관리 체계 - 에너지 데이터 활용도 낮음	- 에너지 데이터를 활용해서 에너지 수요 예측에 활용 - 일조량 등 에너지 빅데이터를 활용해 새로운 비즈니스 모델 구축
에너지 공유	- 에너지 거래 관련 인프라가 부족 - 에너지 발전량의 적절한 분배 실패	- 체납 없는 납부 시스템 구축 - 태양광 발전 시설 공유 시스템 마련
탄소 자산 거래	- 탄소 자산 측정 및 데이터 공유 시스템 부재 - 국내 탄소 자산 거래 시장으로 제한됨 - 정확한 탄소배출권 할당량 제시가 어려움	- 탄소 자산 관련 자료 공유 확대 - 글로벌 탄소배출권 거래 시장 활성화

출처: 과학기술정책연구원, 2018. 4.

업구조를 재편하는 효과를 가져올 것으로 기대된다. 블록체인은 비용 절감, 데이터 중복 제거, 거래 속도 향상 및 탄력성 향상 등의 이점이 존재하고 핵심 기능인 변조 방지, 분산된 프로세스로 중앙 관리자 대체, 계약에 따라 자동으로 실행되는 '스마트 계약' 등이 에너지 산업에 적용 가능해 기존 프로세스의 단순 변형을 넘어설 것으로 보인다. 블록체인으로 인해 에너지 생산자와 소비자가 훨씬 더 직접적인 관계를 맺게 되고, 소규모 에너지 공급업자와 프로슈머를 위한 시장 참여 기회가 강화될 것으로 기대되면서 산업구조 변화뿐만 아니라 상당한 비용 감소로 연결될 것으로 보인다.

최근 블룸버그는 블록체인 도입으로 전통 전력 산업이 위협받을 것이라고 보도하면서 전력 시장의 급변화를 예견했다. 또한 세계에너지협의회와 PwC가 공동 발간한 「에너지 산업에서 블록체인의 역할」 보고서에 따르면, 에너지 블록체인 관련 회사와 기관 15곳의 책임자들을 대상으로 한 인터뷰에서 응답자 중 93%가 블록체인이 에너지 산업의 기능을 파괴하고 에너지 거래 속도를 증가시키는 방향으로 기여할 것이라고 응답했고, 87%가 5년 안에 그 영향력이 발휘될 것이라고 예측했다고 한다.

실질적인 서비스의 출시와 보급이 본격화되면서 미국, 유럽, 아시아를 중심으로 에너지 블록체인 비즈니스 모델이 활발하게 개발되고 있다. 미국 버몬트 주 벌링턴 시는 오메가 그리드Omega Grid와 협력하여 전력 발전소에 블록체인 기술을 사용하고 수요와 공급을 실시간으로 관리하는 프로젝트를 진행 중이다. 소규모 전력 설비에서 시작하여 전체 그리드로 확대할 계획이다. 2016년 4월 초 뉴욕에

브루클린 마이크로 그리드 앱 화면

Start a Microgrid on Your Block

출처: 브루클린 마이크로 그리드 앱

- 네덜란드 꺼블 마을은 지붕 위에 150여 개의 태양광 패널을 설치하여 연간 3만 6,000kWh의 전력을 생산하고, 여유 전력을 주고받으며 마을 공동체 내에서 함께 활용하고 있다.
  - 전력이 남는 집과 부족한 집을 실시간으로 연결하고 전력 거래 내역은 블록체인에 기록, 효과적인 전력 배분을 통해 이상적인 마이크로 그리드를 구현 가능하다.
  - 전력 거래에 줄리에뜨(Jouliette)라는 코인이 사용되며, 이 코인으로 마을 내 카페에서 음식·음료를 구매할 수 있다.

블록체인 기반의 에너지 소매 거래 개념도

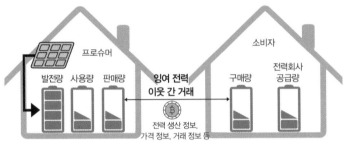

- 독일 에너지 회사 RWE의 자회사인 이노기(Innogy) SE는 블록체인 스타트업 슬록잇(Slock.it)과 함께 2016년 이더리움 스마트 계약 기반 P2P 전기차 충전 서비스인 '셰어 앤드 차지(Share & Charge) EV 충전'을 출시했다.

셰어 앤드 차지 서비스 개념도

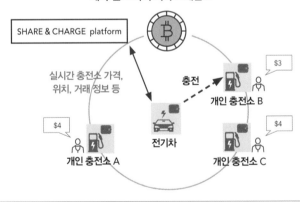

출처: 언론보도 기반 KT경제경영연구소 재구성, 2018.

서는 스타트업인 LO3 에너지LO3 Energy와 지멘스Siemens가 공동으로 블록체인 시스템에 기반한 이웃 간 에너지 직접 거래를 최초로 시행했다. 50가구의 브루클린 주민들이 태양관 패널을 설치하고 잉여 전력을 판매하는 시스템으로, 주민들은 휴대폰 애플리케이션을 통해서 전력 공급이 가능한 가정을 실시간으로 찾을 수 있다. 유럽에서는 다수의 협력 파트너십이 만들어지는 중인데, 도매 에너지 시장에서 유럽 에너지 거래 회사 23곳이 블록체인 기반 애플리케이션을 이용한 P2P 거래를 위해 '에너체인Enerchain 프로젝트'로 연합하고 있다. 이들은 블록체인 솔루션이 기존 시장에서 요구하는 거래량 및 거래 속도를 지원할 수 있는지를 실험 중이다.

중앙화된 전력 공급 기관을 거치치 않는 개인 간 전력 거래는 블록체인 파일럿 프로젝트의 핵심이며 기존의 독점 시장을 위협할 것으로 예상된다. 일본 최대 전력 공급 업체인 도쿄전기는 정부가 일반 사업체에 전력 산업을 개방하면서 15%의 고객 기반이 P2P 전력 시스템으로 이동하는 것을 경험하였다. 이에 도쿄전기는 고객을 재확보하기 위해 블록체인을 활용한 P2P 판매를 계획 중으로 '트렌디Trende'라는 재생에너지 온라인 판매점을 최근(2018. 3. 31) 론칭했다.

사물인터넷 시대가 오면 전력을 소비하는 연결된 장치의 종류가 지금보다 몇 배로 늘어날 것이다. 매번 사람이 직접 제어할 필요 없이 기계 간에 설정된 스마트 계약에 기반해 정보를 교환하고 거래를 기록하는 블록체인에 대한 수요는 앞으로 더욱 커질 것이다.

┌ 유통 및 물류 분야

유통 및 물류 산업에서는 소비자와 기업, 기업과 기업 간 등 수많은 이해관계자 간 거래와 계약이 발생한다. 게다가 최근 들어 공급망은 점점 더 다양하고 복잡해지고 있다. 유통사들은 원재료부터 최종 소비자에 이르기까지 전 과정을 효율적이고 투명하게 관리하는 데 어려움을 겪고 있고, 더욱더 까다로워진 소비자들은 유통상의 모든 과정을 한눈에 확인하기를 원하고 있다. 또한 대부분 종이에 기반한 프로세스로 거래와 계약이 운영되면서 투명성이 감소하고 협력이 어려운 실정이다. 이러한 상황의 해결책으로 블록체인이 주목받고 있다. 블록체인은 이해관계자 간 필요한 정보를 높은 신뢰성을 바탕으로 제공할 수 있어 기업들은 자사의 공급망 관리SCM, Supply Chain Management, 유통망 관리, 물류 관리 등에 확대 적용하는 방안을 모색하고 있다.

블록체인 기술이 유통 및 물류 산업에 적용될 경우, 공급망 추적, 소유권 관리, 유연성 등 고질적인 문제를 해결하여 공급망의 가시성과 투명성을 제고할 수 있을 것으로 기대된다. 블록체인상의 기록을 통해 제조사 및 제품을 구성하는 원자재 등에 대한 정보를 파악할 수 있을 뿐만 아니라, 제품의 생산·유통·판매 전 과정에서 발생하는 데이터가 제품의 최초 생산자부터 최종 소비자에 이르는 모든 참여자들에게 제공된다. 따라서 생산자는 공급망의 전 지점에서 제품 이력을 추적할 수 있고, 이를 통해 구매자별 구매 성향 등을 파악할 수 있다. 블록체인에 공유되는 개인 정보는 익명으로 처리되므로 개인 정보의 유출 없이 소비자 맞춤형 마케팅 전략 수립이 가능해진다. 이외에도

출처: Deloitte, "New Tech On The Block", 2018. 5.

제품의 소유권 이전 시 자동으로 거래 주체 간 지급 결제가 완료되는 등 다각적인 측면에서 블록체인의 활용이 가능하다.

유통 공급망의 신뢰성 및 효율성 증대를 위해 블록체인 기반의 디지털 추적 플랫폼을 활용하는 기업이 증가하고 있다. 미국 와이오밍 주*의 스타트업인 비프체인BeefChain은 인증받은 소고기를 전 세계에 수출하기 위해 블록체인 기반 엔드 투 엔드end-to-end 통합 공급망 관리 플랫폼을 개발했다. 비프체인은 우수 소고기 생산자들과 공급망 기술을 연결하여 목장부터 식탁까지 소고기 생산 및 공급 경로에 대한 추적성을 높여 소비자 신뢰도 상승에 기여하는 것을 목표로 하고 있다.

---

* 기존의 와이오밍 주는 광업과 농업이 주요 산업이었으나, 최근 '유틸리티 토큰법'과 '비트코인법' 등의 법안을 통과시키며 블록체인 수도로 거듭날 움직임을 보이고 있다.
– 유틸리티 토큰법: 개발자/판매자가 특정 조건 충족 시 유가증권 규제를 벗어날 수 있음
– 비트코인법: 코인베이스와 같은 거래소가 과세 폭탄 우려 없이 안정적 사업 운영 가능

- 미국 소매점 솔루션 회사인 OSA은 2017년 분산화된 블록체인 AI 구동형 마켓플
레이스 플랫폼(OSA DC)을 구축함으로써 제조/소매업체의 매출 증대 및 소비자
의 비용 절감을 추구하고 있다.
  - 소비자가 매장 내 선반을 사진으로 찍으면 AI가 이미지 인식을 통해 데이터로 변환한 후 이
를 블록체인에 기록하고, 소비자는 대가로 OSA DC 플랫폼에서 사용 가능한 토큰을 보상
받는다.

OSA DC 플랫폼 서비스 개념도

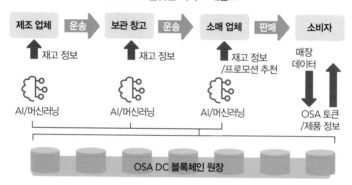

- 독일 e커머스 솔루션 회사인 감비오(Gambio)는 판매자 중심의 자치 방식으로 운
영되는 e커머스 마켓플레이스(GAMB) 구축을 통해 운영 방식과 수수료 등을 자체
적으로 결정하여 고객 경쟁력을 강화할 수 있도록 했다.

GAMB 플랫폼 지배 구조 및 서비스 개념도

출처: 언론보도 기반 KT경제경영연구소 재구성, 2018.

또한 월마트는 IBM, 칭화대와 손잡고 중국 내 안전한 식품 거래에 블록체인을 활용하고 있다. 식품의 농장 원산지 정보, 배치 번호, 공장 및 가공 데이터, 유통기한, 보관 온도, 운송 세부 사항 등 공급자가 소비자에게 식품을 인도하는 모든 과정을 블록체인에 입력하여 제공하고 있다. 기존 시스템의 경우, 상품 추적 시간만 최소 며칠에서 최대 몇 주까지 걸렸지만, 블록체인 기술을 활용하여 추적 시간을 몇 초 단위로 단축할 수 있게 됐다.

블록체인은 위조 방지에도 활용되고 있다. 2017년 위조 물품의 글로벌 시장 규모는 3,400억 파운드에 달하고, EU에서는 의류, 신발, 액세서리 시장에서 매년 위조품으로 인해 232억 파운드의 손실을 입고 있다. 상품 등록 서비스와 위조 방지 블록체인을 제공하는 대표적인 사업자로 블록베리파이Blockverify와 에버레저Everledger가 있다. 블록베리파이는 2014년에 설립된 영국 기업으로 의약품, 고가품, 전자제품 등의 정품 확인과 위조 방지에 중점을 두고 블록체인 기술을 도입해 자신의 콘텐츠나 상품을 등록하고 추적하는 서비스를 제공하고 있다. 에버레저는 다이아몬드, 고급 와인, 예술품 등 귀중품 공급망 관리에 블록체인을 적용하여 절도, 위조, 변조를 원천적으로 차단하고 있다. 다이아몬드 원산지를 증명하는 종이 문서 대신에 블록체인 기반의 전자 인증서를 활용하여 다이아몬드에 블록체인 기반 디지털 장부를 발급함으로써 이전 거래 내역, 현재 소유주에 대한 기록을 공유하여 위조와 변조 문제를 해결하고 있다.

블록체인 도입으로 인한 궁극적 수혜는 소비자가 받게 될 것이다.

블록체인이 공급망 전체의 효율을 높이고 비용을 절감하면 소비자는 저렴한 가격으로 제품을 전달받을 수 있고, 블록체인이 공급망 전체에 투명성을 더하면 소비자는 더욱 안전하고 높은 품질을 누릴 수 있을 것이다.

헬스케어 분야

블록체인이 헬스케어 분야에서 빅데이터 공유, 환자 개인 정보 보호, 비용 절감 등의 장점이 부각되면서 의료 산업의 지형 변화를 야기할 것으로 예고되고 있다. 미래 의료 패러다임인 정밀·예측·예방·개인 맞춤형 의료로의 변화를 위해서는 대규모 개인 데이터가 필요하다. 특히 의료 관련 데이터는 매우 민감한 개인 정보라서 높은 수준의 신뢰성과 보안성을 요구한다. 블록체인을 이용해 의료 정보를 기록하고 관리하면 위·변조할 수 없고 개인 정보 유출 가능성을 낮출 수 있다. 따라서 블록체인 기술은 의료 혁신을 현실화할 수 있는 기술로 최근 헬스케어 시장에서 큰 주목을 받고 있다. 다국적 컨설팅 그룹인 딜로이트는 최근 보고서를 통해 모든 업종을 통틀어 의료와 생명과학분야의 블록체인 구축 계획이 가장 적극적이라고 밝히기도 했다.

헬스케어 분야에서 블록체인의 도입은 단순히 보안뿐만 아니라 대규모 데이터를 공유 및 통합하는 데서도 의미가 있다. 블록체인으로 각종 의료 기관 및 이해 기관에서 발행하는 데이터를 신뢰도 있게 통합할 수 있다면 이후 인공지능 및 머신러닝machine learning 기술에 대한 적용 역시 더욱 탄력이 붙을 것으로 전망된다.

딜로이트는 헬스케어 분야에서 블록체인을 활용할 다섯 가지 방안으로 ① 의약품 공급망 관리 ② 임상시험 데이터 공유 ③ 의료 기록의 신속한 업데이트 ④ 개인 주도 의료 정보 관리 ⑤ 보험 의료 사기 방지 등을 제시했다.

첫째, 블록체인은 의약품 공급망의 각 단계를 추적하여 관리 연속성을 보장한다. 이동 중 정확한 온도를 유지해야 하는 의약품은 센서가 블록체인에 온도를 지속 전송하고 기록하게 된다. 블록체인을 의약품 유통 관리에 적용하여 위조 약 및 규격 미달 의약품 검수, 유통기한 관리, 약물 부작용 관리 등에 활용할 수 있다.

둘째, 블록체인을 통한 보건 정책 입안자들과 의료 관계자 간 안전한 임상시험 데이터 공유가 가능해진다. 블록체인은 임상시험, 프로토콜, 결과에 대해 변경 불가한 시간 기록을 부여함으로써 결과 조작이나 선택적 보고 같은 문제를 해결하고, 임상시험 기록의 조작 및 오류를 줄일 수 있다. 또한 블록체인 기반 시스템을 통해 곳곳에서 진행되는 임상시험 정보가 기록 및 축적되고 공유되어 연구자들 간에 전례 없는 협력을 이끌어낼 수 있을 것으로 기대된다.

셋째, 병원이나 의료진은 분산원장 프로토콜을 통해 더욱 빠르게 의료 기록을 업데이트할 수 있다. 블록체인상의 다른 정보 등을 참고하여 생성된 스마트 계약을 통해 의료진의 기록 변경이나 오류가 발견되는 즉시 자동 수정이 가능해진다.

넷째, 환자가 모든 헬스케어 기록을 소유하고 주도적으로 통합 관리할 수 있게 된다. 블록체인은 개인의 진료 정보, 약제 투약 정보, 의료진·의료 기관 정보, 신체·생체 정보, 유전체 정보 등 의료 분야 데이터뿐만 아니라 식이·운동·수면·이동 거리·운전 상태 등 개인의 건강과 관련한 모든 데이터의 기록·저장·유통에 대한 소유권을 확보하고 전 생애에 걸쳐 개인이 직접 관리할 수 있다. 블록체인이 개인 주도형 건강관리를 지원하면서 개인 건강관리 향상과 맞춤형 치료에 기여할 것으로 보인다.

다섯째, 블록체인 시스템은 보험 청구 심사 절차에서 의료 비용 청구 관련 사기를 최소화할 수 있는 현실적인 솔루션을 제공할 것으로 기대된다. 공개된 원장Open Ledger 기술은 전체 트랜잭션에 대한 감사 추적을 제공하여 처방전 발급, 의료비 청구, 환자 신원 사기 등 여러 분야에서 사기 및 낭비 방지에 기여한다. 청구 판결 및 지불 처리 활동을 대부분 자동화함으로써 블록체인 시스템은 검증이나 조정 단계의 필요성을 없애고 공급자 및 지불 주체의 관리 비용 및 시간을 줄이는 데 도

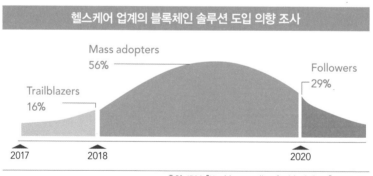

헬스케어 업계의 블록체인 솔루션 도입 의향 조사

Mass adopters
56%

Trailblazers
16%

Followers
29%

2017   2018   2020

출처: IBM, "Healthcare rallies for blockchain", 2016. 12.

움을 줄 것이다.

이러한 블록체인의 활용 방안을 기반으로 의료 분야에서 블록체인에 대한 시장 기회를 미리 포착하고 선제적인 행보를 보이고 있는 사업자들도 주목받고 있다. IBM은 미국 식품의약국^{FDA}과 협력하여 의료 기기, 웨어러블 및 모바일, 임상시험 장비 등에서 발생하는 헬스케어 데이터를 블록체인 애플리케이션으로 공유하는 방법을 개발 중이다. IBM에 따르면 16개국 200여 명의 헬스케어 의사 결정권자를 대상으로 설문을 진행한 결과 전체의 16%가 2017년 내로 블록체인 솔루션을 도입할 준비가 되어 있다고 답변했다고 한다. 참고로 IBM

헬스케어 분야 블록체인 사용 사례 타임라인		
현재(2016~2018)	**단기 미래(2018~2021)**	**장기 미래(2021~2025)**
디지털 신원 인증 및 관리	IoMT(의학 자산 관리 및 기기 데이터 교환)	IoMT(자신에 대한 정량적 분석과 예측, 홈 케어)
국가 의료/건강 기록 관리 (신뢰성과 무결성)	스마트 계약(헬스 업체 제안 요청서와 계약 관리)	전 세계적 건강 기록과 신원 관리
의약품 공급망 감시 (약품 위조 및 도난)	헬스 토큰 (HSN, 리서치, 웰니스 인센티브)	게놈과 사용자 생산 데이터 관리
청구 판결 및 지불 처리 관리/신뢰성 기반 유지 보수	블록체인상에서 약제/생물약제 지식재산권과 자산 거래 관리	블록체인 인공지능과 AR/VR 응용
전자 합의 (리서치와 임상 실험)	임상 실험 기록 통합 및 관리	블록체인 기반 웰니스, 개인 코칭
헬스케어 데이터 저장, 접근, 분석 (on/off 블록체인)	규제기관 감사와 부작용에 대한 안전 모니터링	헬스 정책 투표
채택 확실성: ■ 높음 ■ 중간 ■ 낮음		블록체인 기반 헬스 시스템 학습과 대변

출처: Frost & Sullivan, 2017. 6.

- 한국의 메디블록(MediBloc)은 흩어져 있는 의료 정보뿐만 아니라 헬스케어 기기를 통해 생산되는 모든 의료 정보를 통합 관리할 수 있는 블록체인 기반 의료 정보 오픈 플랫폼을 개발 중이다.

메디블록 플랫폼 서비스 개념도

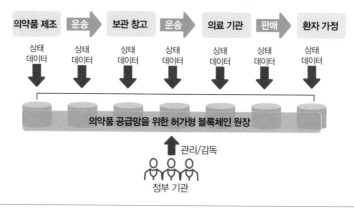

- 공급망 솔루션 회사인 크로니클드(Chronicled)와 컨설팅 회사인 링크랩(The LinkLab)은 화이자(Pfizer)와 같은 글로벌 제약회사들과 함께 의약품 공급망 관리 솔루션을 개발하는 프로젝트를 진행 중이다.

블록체인 기반 의약품 공급망 관리 개념도

출처: 언론보도 기반 KT경제경영연구소 재구성, 2018.

이 은행권의 의사 결정권자들을 대상으로 실시한 동일한 설문에서 2017년 내 블록체인을 도입할 준비가 됐다고 응답한 비율은 15% 수준이었다. IBM은 이를 근거로 의료계에서 다른 산업보다 일찍 블록체인을 도입할 가능성이 있음을 시사했다.

구글 역시 블록체인을 기반으로 영국 국가보건서비스NHS와 환자 의료 정보 활용을 논의 중이다. 지난 2017년 3월 구글 알파벳 산하의 인공지능 기업 딥마인드DeepMind는 블록체인 기술을 기반으로 NHS 등과 협력해 환자가 실시간으로 개인 데이터에 어떤 일이 일어나는지를 추적할 수 있는 기술을 개발할 계획이라고 밝힌 바 있다. 이는 지난 2016년 11월 딥마인드가 NHS와 협력하여 환자 동의를 거치지 않은 채 의료 데이터를 수집하다가 논란이 발생한 직후 시행된 조치다. 블록체인으로 데이터가 언제, 어느 목적으로 사용되고 있는지 실시간으로 기록하여 사용자들의 개인 정보 침해 우려를 해소하려는 의도에서다.[9]

글로벌 컨설팅 그룹인 프로스트 앤드 설리번Frost & Sullivan은 2017년 헬스케어 산업에서 블록체인의 잠재력과 2017~2025년 사이에 예상되는 주요 사용 사례Use case를 다룬 보고서를 발간했다. 프로스트 앤드 설리번은 특히 이 보고서를 통해 헬스케어 분야의 블록체인 사용 사례들을 현재, 단기 미래, 장기 미래에 걸쳐 단계적으로 정리하고 있어, 향후 헬스케어 블록체인의 발전 단계를 가늠해볼 수 있다. 현재 헬스케어 블록체인은 신원 인증 관리, 국가 의료 및 건강 기록 관리, 의약품 공급망 감시 등과 같은 사용 사례를 중심으로 확장 중이고 향후 의료 사물인터넷IoMT, Internet of Medical Things과 스마트 계약, 헬스 토큰을 비롯해 전 세계적으로 통합된 건강 기록과 신원 관리까지 확장될 것으로 보인다.

헬스케어 분야는 더 나은 제품과 서비스를 발굴하기 위해 정보의 통합과 신뢰 가능한 유통망 관리 체제 구축에 블록체인 기술을 활용할 유인이 충분하다. 그러나 현실적으로 이 분야는 블록체인이 제안하는 디지털 기술만으로 해결하기 어려운 문제를 안고 있기도 하다. 기존 헬스케어 서비스 기관과 산업 주체들이 데이터를 기반으로 경쟁 우위를 점유하는 현재의 비즈니스 전략을 블록체인 기반의 새로운 비즈니스 모델로 쉽게 전환하기는 어려울 것이다. 개인들도 민감한 개인 헬스케어 데이터를 공개된 블록체인 체제로 관리할 때 충분한 개인 정보 보호를 요구할 것이다. 정보의 보호는 모든 참여자가 확인 가능한 정보를 토대로 인센티브를 제공하는 일반적인 블록체인 기술의 작동 방식에 정면으로 배치되는 문제이기도 하다. 향후 블록체인과 헬스케어 관련 프로젝트들이 이 문제를 어떻게 해결하는지 눈여겨볼 필요가 있다.

미디어 콘텐츠 분야

미디어 콘텐츠 분야에도 변화가 기대된다. 현재 미디어와 엔터테인먼트 산업에서는 정당한 콘텐츠 수익률 배분, 효율적인 콘텐츠 배포, 지식재산권 보호 등 고착화된 문제들을 해결하기 위한 새로운 비즈니스 모델이 속속 등장하고 있다. 일부 전문가들은 블록체인이 새로운 메커니즘을 도입하여 이러한 문제들을 해결할 수 있다고 주장하고 있다. 블록체인 기술을 통해 직접적인 콘텐츠 보상 체계를 마련하고 신뢰성 높은 저작권 보호로 창작자 중심의 콘텐츠를 관리할 수 있게 되었을 뿐만 아니라 유통 및 정산에 새로운 변화가 일고 있다.

최근 음악 산업에서는 뮤지션이 자체적으로 암호화폐를 발행하거나 분산화 원장으로 스트리밍 거래를 기록하여 수익 배분 과정의 투명성을 강화하는 등 블록체인 도입의 다양한 사례들이 포착되고 있다. 스포티파이Spotify로 대표되는 음악 스트리밍 플랫폼이 전체 음악 산업을 주도하는 가운데, 상당수 뮤지션이 스트리밍 플랫폼의 수익 정산 과정이 불투명하다는 불만을 표출하고 있다. 블록체인은 이러한 음악 산업계의 고질적인 수익 배분의 불공정성 문제를 해결할 솔루션으로 부상하고 있다. 지식재산권의 소유자 이력을 포함한 모든 거래 내역을 활용해 향후 저작권료 지급 자동화와 같은 스마트 계약까지 적용 영역이 확대될 것으로 예상된다.

미디어 및 엔터테인먼트 산업에서 가장 많이 사용되는 블록체인 애플리케이션	
스마트 자산 (Smart property)	디지털 콘텐츠 창작자의 권리를 강화하고 추적하기 위해 사용
마이크로페이먼트 (Micropayment)	콘텐츠 공급자에 대한 용이한 소액 결제 가능
스마트 계약 (Smart contract)	디지털 콘텐츠가 지정된 시간과 가격으로 게시 및 다운로드 가능하며 콘텐츠 제작자들 간 지불금 분배 가능

출처: KT경제경영연구소, 2018.

사례	 GRMTK	 OPUS	 younk
개요	뉴욕에서 활동 중인 뮤지션	음악 스트리밍 플랫폼	분권화된 음반 레이블
설명	• 2017년 12월, 이더리움 기반 암호화폐 GRMTK를 판매하여, 24시간 만에 225만 달러를 모금 • GRMTK에는 지식재산권, 수익, 로열티 등에 대한 기록이 포함됨	• 이더리움 기반 블록체인 기술을 통해 음원 스트리밍 거래 기록을 저장 • 저작권자에게 스트리밍 수익의 90%를 배분할 방침	• 뮤지션이 데모곡을 게시하면, 플랫폼 참여자들이 암호화폐로 투표하여 음원의 제작 및 홍보 비용을 모금 • 투표 참여자들이 음원을 공동으로 소유하고, 수익 발생 시 스마트 계약을 통해 자동 배분
비고	GRMTK 구매자들에게 음원 수익 공유	2016년 7월부터 개발이 시작되어, 2018년 5월 현재 베타 버전으로 출시 중	2018년 5월 18일 암호화폐공개(ICO)의 개인 사전 판매를 시작

출처: Strabase, 2018. 5.

또한 뮤지션에게 정당한 보상을 하는 플랫폼을 지지하겠다는 음악 팬들이 늘어나고 있다. 블록체인 기반 음악 스트리밍 플랫폼 춘 Choon*이 수행한 설문조사에서 응답자의 52%가 아티스트에게 더 정당

---

* 자칭 신개념 블록체인 음악 솔루션인 춘은 스트리밍 서비스와 디지털 결제를 결합한 블록체인 기반 플랫폼으로 구독 서비스, 광고 수익 등에서 비롯되는 스트리밍 수익의 80%를 아티스트에게

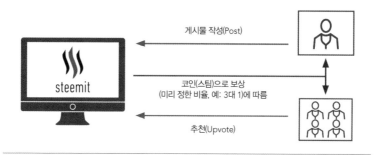

출처: 《매일경제》, 2018. 3. 13.

한 보상을 제공하는 스트리밍 플랫폼을 사용할 것이라고 답변했다. 이러한 점에서 블록체인 기반의 음악 배급 방식이 향후 시장에 연착륙할 가능성이 상당히 높은 편이다.

분산형 블록체인 스트리밍 서비스는 중개자를 제거하고 중앙 집중식 플랫폼에 지불해야 하는 수수료 없이 콘텐츠에서 발생하는 수익의 100%를 모두 아티스트에게 돌려줄 수 있다. 이더리움 블록체인 기반의 음악 스트리밍 서비스인 오푸스Opus는 아티스트가 작품의 모든 수익금을 평생 받도록 보장해주며, 이 플랫폼에서 아티스트가 제공한 음악 콘텐츠에 대해 적절하다고 생각되는 가격을 결정하고 있다. 비디오 스트리밍 분야에서는 라이브피어Livepeer, 유나우YouNow와 같은 블록체인 기반 스트리밍 서비스가 유튜브YouTube 및 넷플릭스Netflix 등 기존의 서비스에 대항하여 실시간 비디오 스트리밍의 분산화 및 민주화를 목표

지불하는 것을 목표로 삼고 있다. 이는 관행보다 월등히 높은 수익 할당률이다.

로 하고 있다.

네드 스콧Ned Scott과 댄 라이머Daniel Larimer가 2016년 4월 시작한 블록체인 기반 소셜 네트워크 서비스 스팀잇Steemit은 사용자에게 직접 '금전적' 보상을 하는 차별적인 보상 구조로 페이스북, 트위터 등 기존 SNS와 대비를 이루며 주목받고 있다. 현재 페이스북 사용자들은 공짜로 사용하는 대신 좋든 싫든 페이스북에 올라온 광고를 소비한다. 그리고 광고료 수입을 가져가는 것은 페이스북이다. 이와 달리 스팀잇은 게시물을 올려 다른 사용자들에게 '좋아요(스팀잇에서는 이를 '업보트upvote'라고 한다)'나 댓글을 받으면, 그에 상응하는 암호화폐를 받는다. 다른 사람의 게시물에 업보트나 댓글을 다는 행위(큐레이션, curation)에도 보상이 주어진다. 이렇게 얻은 암호화폐는 거래소를 통해 달러나 원화 등 현금으로 바꿀 수 있다. 스팀잇은 출범 2년 만에 전 세계 100만 가입자를 확보한 것으로 알려지고 있다. 페이스북 가입자가 20억 명인 것과 비교하면 아직은 2,000분의 1에 불과한 규모지만, 성장세를 보면 무시하지 못할 수준이다. 2018년 2월 스팀잇 사용자는 50만 명이 넘었고, 최근 국내에서도 사용자가 증가 추세에 있다.

최근《MIT 슬론 경영대학원 리뷰MIT Sloan Management Review》(2018. 9. 11)는 미디어 및 엔터테인먼트 산업에서 블록체인을 활용한 비즈니스 모델을 분석하여 그룹화한 보고서를 발간했다. 보고서는 블록체인 기반 비즈니스 모델을 구현하고 있는 스타트업 20곳을 대상으로 정성조사를 실시하여 파괴적 비즈니스 모델과 지속적 비즈니스 모델로 분류한 결과를 제시했다.

기존 사업자들을 위협하는 모델로 분류되는 파괴적 비즈니스 모델 중 첫 번째는 제작자와 큐레이터 모두를 위해 콘텐츠 수익화를 추구한다. 소셜 네트워크를 만들어 사용자가 자신의 콘텐츠를 게시하거나 다른 사람의 게시물을 선전하고 홍보함으로써 재정적 보상을 획득할 수 있도록 하는 모델로, 스팀잇을 대표적인 사업자로 들 수 있다. 두 번째 모델은 원 스톱 콘텐츠 숍을 구축하는 것인데, 콘텐츠를 창작하는 사용자와 콘텐츠를 소비하는 사용자 간 중개자의 필요성을 줄이거

미디어 및 엔터테인먼트 산업의 블록체인 비즈니스 모델

	비즈니스 모델	서비스 제공 대상	제공되는 서비스	블록체인 애플리케이션	기업의 수익화 방법
파괴적 비즈니스 모델 (위협)	창작자와 큐레이터 모두를 위한 콘텐츠 수익화	– 소셜 미디어 사용자 – 콘텐츠 창작자와 큐레이터	– 포스팅과 투표를 위한 재정적 보상 – 탈중앙화된 검열 없는 플랫폼	– 블록체인 기반 콘텐츠 원장 – 마이크로페이먼트 – 암호화폐	– 영향력 판매 – 거래 비용 및 수수료
	원 스톱 콘텐츠 숍 구축	– 디지털 콘텐츠 창작자 – 디지털 콘텐츠 소비자	– 출판, 배포, 콘텐츠 소비가 한곳에서 모두 이루어짐 – 창작자와 소비자 간 직접 거래	– 스마트 계약 – 스마트 자산 – 암호화폐	– 거래 비용 및 수수료 – 오리지널 콘텐츠 판매 – 플랫폼 라이선싱 – 오픈소스 플랫폼 상의 서비스
지속적 비즈니스 모델 (기회)	지식재산권 보호	– 디지털 콘텐츠 창작자	– 디지털 콘텐츠의 저작권 등록과 배포의 단순화	– 타임스탬핑 – 스마트 자산	– 거래 비용 및 수수료
	음악 가치 사슬의 디지털화	– 기존 음악 가치 사슬 이해관계자	– 거래 비용 절감 – 수익 배분 – 처리 시간 단축	– 스마트 계약 – 스마트 자산 – 블록체인 콘텐츠 원장	– 오픈소스 플랫폼 상의 서비스
	재생과 거래	– 모바일 게임 이용자	– 게임 자산의 완전한 소유권 – 암호화폐로 거래 및 판매 가능	– 스마트 자산 – 암호화폐	– 게임 내 자산 판매

출처: MIT Sloan Management Review, 2018. 9.

미디어 콘텐츠 산업에서 블록체인 활용 방안

활용 영역	주요 내용
디지털 콘텐츠의 재판매	– 블록체인을 통해 디지털 콘텐츠의 소유권 변화를 실시간으로 기록할 수 있어 CD나 DVD를 중고로 거래하듯 디지털 콘텐츠의 재판매 거래도 가능
콘텐츠 검색의 효율성 강화	– 블록체인을 통해 콘텐츠의 메타 데이터를 안전하고 영구적으로 기록 동영상 콘텐츠의 경우 배우, 영상 제목, 퍼블리셔, 제작자뿐만 아니라 영상 촬영지, 영상에 영향을 준 특정 문화나 스타일, 음악 등 다양한 정보를 메타 데이터로 영구 기록할 수 있으며, 블록체인 생태계에 참여한 참여자들은 메타 데이터를 검색어로 활용하여 자신이 원하는 영상 콘텐츠를 찾을 수 있음
신뢰도 높은 평판 시스템 구축	– 암호화폐를 통한 거래 내역과 소셜 미디어 등의 데이터를 분석해 블록체인으로 기록한 창작자의 평판 시스템 구현 가능 이를 통해 재능이나 흥행력을 갖춘 창작자는 자신의 역량에 대한 신뢰도를 객관적으로 관리하고, 창작자 간 협업이나 계약 등에서 리스크를 줄이는 효과가 있을 것으로 예상 – 콘텐츠 자체에 대한 평판 시스템을 구축하는 것도 가능 특정 영상에 대한 대중적 평판을 정확히 기록하여 누군가 의도적으로 이를 조작하는 것을 원천적으로 차단
투자 활성화	– 블록체인에 기반을 둔 스마트 계약 기술을 사용하여, 투자자에 대한 수익 배분 과정이 간소화 미디어 콘텐츠에 투자한 투자자들은 콘텐츠가 수익을 발생시키는 즉시 자신의 배당금을 암호화폐를 통해 얻을 수 있음

출처: 한국방송통신전파진흥원(2017. 11) 자료 참고 KT경제경영연구소 재구성

나 없앰으로써 가치 사슬을 단순화하는 것이 목적이다. 예를 들어 싱귤러DTV_{SingularDTV}는 비디오와 영화 제작자들이 스튜디오나 제작사의 개입 없이 배포 채널과 독점 계약을 맺지 않고도 콘텐츠를 론칭, 배포, 수익화할 수 있게 지원하고 있다. 뮤지코인_{Musicoin}은 음악 콘텐츠를 등록하고 배포하도록 음악 산업에 특화된 블록체인 기반 플랫폼을 제공하고 있다.

기존 사업을 강화하거나 보완하는 지속적 비즈니스 모델 중 첫 번째는 지식재산권 보호와 관련된다. 블록체인의 스마트 자산과 타임

스탬핑timestamping(실제 정보를 타임스탬프 형식에 따라 기록하는 행위) 애플리케이션을 활용하여 아티스트가 디지털 저작물을 적절하게 보호, 공유, 관리하도록 지원한다. 예를 들어 바인디드Binded는 사진작가가 이미지를 블록체인에 등록하여 저작권 소유를 입증할 수 있도록 도와주고, 모네그래프Monegraph는 아티스트가 디지털 작업을 업로드하고 출판사와 광고주에게 다양한 수준의 사용 권한을 판매하는 서비스를 제공한다. 두 번째 모델은 음악 가치 사슬의 디지털화다. 기업이 더욱 민

미디어 콘텐츠 분야의 블록체인 프로젝트 사례

- 미국 스타트업인 바인디드(Binded)는 블록체인 기술 기반 저작권 등록 서비스를 제공한다.
  - 예술가들이 저작권 협회를 거치지 않고도 자신의 작품에 대한 저작권을 저비용으로 인증받을 수 있도록 블록체인 기술을 활용해 저작권 데이터를 관리한다.

블록체인 기반 저작권 관리

출처: 아카바네 요시하루, 아이케이 마나부, 『블록체인 구조와 이론』, 2017 참고
KT경제경영연구소 업데이트, 2018.

첩하게 반응하고 비용을 절감할 수 있도록 가치 사슬의 다양한 관계자 간 음악 수익 분배 절차를 최적화하는 것이 목적이다. 스타트업인 닷 블록체인 미디어Dot Blockchain Media는 산업 전반에서 사용할 수 있는 음악 저작권을 위해 다양한 이해관계자들과 협력하여 표준화된 블록체인 기반 데이터베이스를 생성하고 있다. 세 번째 모델은 재생과 거래에 관련된 것인데, 블록체인에 등록된 자산을 다른 환경에서 판매하거나 거래할 수 있도록 지원한다. 이러한 비즈니스 모델을 시험하고 있는 스타트업인 에버드림소프트EverdreamSoft는 이용자들이 게임에서 사용할 수 있는 카드를 퍼블릭 블록체인에 등록하여 게임 외부에서 판매 또는 거래할 수 있도록 할 예정이다.

이외에도 디지털 콘텐츠의 재판매, 콘텐츠 검색의 효율성 강화, 신뢰도 높은 평판 시스템 구축, 투자 활성화 등 미디어 콘텐츠 산업에서 블록체인의 활용 방안은 다양하다.

이처럼 미디어 분야에서 블록체인은 풍부한 혁신 잠재력으로 주목받고 있다. 그러나 실제로 블록체인이 널리 도입되기 위해서는 현재 미디어 시장에서 막강한 영향력을 발휘하고 있는 기존 중개사업자들의 반발과 오랜 기간 굳어져온 업계의 관행을 뛰어넘어야 할 것으로 보인다. 아직 도입 단계에 불과하지만 많은 장점을 지닌 블록체인이 '파괴적 혁신'을 위한 강력한 성공 사례를 얼마나 이른 시일 내에 만들어낼 수 있을지 지켜봐야 할 시점이다.

02

IT 및 통신 사업자들의
새로운 미래 수익원

┌─ 글로벌 IT 기업들의 블록체인 사업 : IBM, 마이크로소프트,
아마존, 구글, 페이스북, 중국 ICT 기업

블록체인 기술에 대한 관심이 일부 개발자, 스타트업에서 대기업으로 확대되고 있다. 그동안 ICO를 통해 자금을 조달한 스타트업들은 블록체인을 활용해 각종 아이디어를 구현하려고 했지만, 성장에 한계가 있다는 지적이 많았다. 최근 글로벌 대기업들이 블록체인 전담 조직을 신설하거나 자회사를 설립하는 등 블록체인 시장에 출사표를 던지고 있어, 대기업들의 기술 및 서비스 개발로 관련 시장이 탄력을 받을지 주목된다.

1. IBM

IBM은 오픈소스 블록체인 기술인 '하이퍼레저 패브릭'*을 주도하며, 향후 블록체인의 표준으로 만들겠다고 선언했다. IBM은 블록체인 기술의 중요성을 가장 먼저 알아보고 런던, 뉴욕, 도쿄, 토론토 등 전 세계 중심 도시에 데이터 센터 약 60곳을 설립해 연구 중이다. IBM은 2018년 3월 현재 자사 비즈니스 블록체인 서비스를 이용 중인 기업 고객이 400~500여 곳에 달한다고 보고했다. 시장조사 업체인 주니퍼리서치Juniper Research가 2017년 9월 400곳 이상의 기업 임원 등 관계자들을 대상으로 실시한 '블록체인 엔터프라이즈 서베이'에 따르면 IBM이 43%로 높은 점유율을 보이고 있어 주니퍼리서치는 IBM을 세계 최고의 블록체인 회사로 선정하기도 했다.

2017년 8월 IBM은 IBM 블록체인 플랫폼을 발표했다. IBM 블록체인 플랫폼은 하이퍼레저 패브릭을 활용하여 완결성, 신뢰성, 프라이버시의 원칙에 입각한 새로운 유형의 분산형 비즈니스 네트워크 실현을 지원하고 있다. IBM 블록체인 플랫폼은 주요 오픈소스 툴을 기반으로 구현되어 기업용 솔루션 개발, 운영, 거버넌스에 필요한 인프라를 제공하고 있다. 다음 그림은 IBM 블록체인 플랫폼 아키텍처를 종합적으로 보여준다. IBM은 400여 건의 고객 프로젝트를 수행하며 축적한 경험을 바탕으로 기업용 블록체인 네트워크를 위한 프로덕션급

---

* 하이퍼레저는 리눅스 재단이 운영하고 있는 오픈소스 프로젝트로, 총 여덟 개의 세부 프로젝트로 구성되어 있다. IBM은 이 중 '하이퍼레저 패브릭'이라는 프로젝트를 주도하고 있다. 전 세계 140개 기관이 참여하고 있고, 국내에서는 한국예탁결제원, 한국거래소 등이 커뮤니티의 일원이다.

플랫폼을 제공한다. 빠른 속도로 분산형 블록체인 네트워크를 활성화할 수 있는 비즈니스용 엔드 투 엔드 플랫폼으로 현재 수많은 고객이 실제 네트워크에서 이 아키텍처를 사용하고 있다.

블록체인 관련 시장의 성장은 클라우드 서비스산업에 집중하고 있는 IBM, 마이크로소프트와 소프트웨어 업체 오라클에게 새로운 먹거리가 된다. 블록체인 기술을 활용하고 유지할 데이터 기반 산업의 성장을 이들 기업이 이끌 수 있기 때문이다. 이에 IBM은 최근 블록체인 네트워크를 만들고 관리하는 데 도움이 되는 클라우드 서비스 제품군인 IBM 블록체인의 비즈니스 응용프로그램을 발표하면서

IBM 블록체인 플랫폼

솔루션	식품 안전, 범용 블록체인 결제 네트워크, 신원 관리, 사모펀드 등				
IBM 확장	Watson IoT, API 관리, 메시징, 워크플로우 등				
	개발	**거버넌스**		**운영**	
부가가치 창출 툴 /엑셀러레이터	산업 활용 사례 템플릿	멤버십 활성화	정책 편집기	Always-on 디자인	
	데이터 통합 – SAP, CICS, MQ	다자간 워크플로우		네트워크 운영 / 비즈니스 운영 / 운영 모니터링	
오픈소스 블록체인 기반	하이퍼레저 컴포저	하이퍼레저 패브릭 (Docker 또는 Kubernetes를 통해 전개)			
전개 옵션	웹 플레이그라운드 / 로컬 / 클라우드 개발자 샌드박스 (Kubernetes)	IBM Cloud 강력한 보안 인프라(LinuxONE Emperor)			자율 관리형 피어

▨ IBM 블록체인 플랫폼에 포함　▨ IBM Certified Docker 이미지를 통해 지원　▨ 곧 지원 예정

출처: IBM 블록체인 플랫폼 기술 개요, 2017. 11.

BaaS_{Blockchain as a Service} 플랫폼을 선보였다. 블록체인 기술 도입을 원하는 기업들은 BaaS 플랫폼에 가입하고 시스템과 서비스를 이용하는 수수료를 지급하면 된다.

IBM의 대표적인 블록체인 활용 사례는 돼지고기 유통 시스템이다. IBM은 월마트와 손잡고 중국에 블록체인 기반 돼지고기 유통 시스템을 구축하여, 돼지고기 사육 농장부터 가공업체, 판매업체 등 모든 유통 거래 내역을 블록체인에 저장하고 있다. 만약 소비자가 먹고 배탈이 났다면 어떤 과정에서 문제가 생겼는지 추적할 수 있다. 이러한 블록체인 기술 도입의 장점이 알려지자 네슬레, 유니레버, 타이슨, 크로거, 돌, 맥코믹앤드컴퍼니, 골든스테이트푸드 등 글로벌 식품·소매업체들은 IBM이 개발 중인 블록체인 서비스에 참여하고 있다. 이외에도 자산 관리, 관세 신고, 공급망, 탄소 배출권_{carbon credits} 관리, 의료 데

BaaS 개념

- 클라우드 기반으로 블록체인 서비스를 개발, 테스트할 수 있도록 블록체인 시스템의 구성 요소(분산 네트워크, 통신 프로토콜 등) 및 필요 기능(거래 정보 검증, 합의, 노드 관리 기능 등)을 제공하는 환경
  - 블록체인 서비스 개발 시 클라우드를 활용함으로써 개발 편의성과 서비스 간 상호 호환성, 안정성 확보 가능

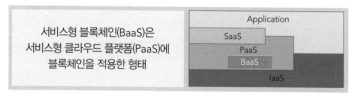

출처: 과학기술정보통신부, 2018. 6.

이터 교환, 글로벌 무역 등에 IBM 블록체인 플랫폼 서비스를 도입하여 활용하고 있다.

IBM은 이처럼 블록체인 기술을 비즈니스에 활용한 사례를 400건 정도 보유하고 있다고 밝혔다. IBM은 블록체인을 '신뢰 기반의 차세대 인터넷'이라고 부르면서 중점 사업으로 키우고 있다. IBM이 미래를 걸고 있는 블록체인 사업이 기대한 성과를 거둘 수 있을지 지켜볼 필요가 있다.

"블록체인 기술로 인해 회사가 새로운 삶을 살게 될 것이다."

– IBM 블록체인 사업부 부사장 제리 쿠오모Jerry Cuomo

2. 마이크로소프트

블록체인 시장에서 IBM에 가장 근접한 라이벌은 마이크로소프트다. 마이크로소프트는 글로벌 시장 조사 기관인 ABI 리처치ABI Research가 11개 업체를 대상으로 실시한 BaaS 비교 분석 평가*에서 IBM을 제치고 1위를 차지했다. 마이크로소프트도 IBM과 마찬가지로 다수의 기업 고객과 방대한 컴퓨팅 파워를 보유하고 있다. 마이크로소프트는 블록체인 기술 자체를 만들기보다는 여러 기업들이 이를 활용한 서비스를 더 빠르고 쉽게 개발해 안정적으로 운영할 수 있도록 돕는 역할에

---

* Blockchain–as–a–Service Competitive Assessment: ABI research(2018. 4Q), 알리바바, 아마존, 바이두, 시스코, HPE, 화웨이, IBM, 마이크로소프트, 오라클, SAP, 텐센트 등 11개 업체가 평가 대상에 포함되었다.

집중하고 있다.

마이크로소프트는 기업들을 대상으로 이더리움, R3 코다 등 블록체인 기술을 지원하는 플랫폼인 '코코 프레임워크'를 공개(2017. 9)했다. 자사 클라우드 컴퓨팅 플랫폼인 애저Azure 인프라에 더해 오랫동안 노하우를 확보해온 인증 기술 등을 조합해 기업들이 블록체인 기반 서비스를 더 쉽고 빠르게 만들 수 있도록 지원하는 것이 목적이다. 기업들은 트랜잭션 처리량과 속도, 그리고 트랜잭션에 대한 액세스 제어를 쉽게 관리할 수 있다. 또한 애저 클라우드 플랫폼에서 블록체인 애플리케이션을 더욱 빠르게 개발할 수 있도록 지원하는 도구인 애저 블록체인 워크벤치Azure Blockchain Workbench도 공개(2018. 5)했다. 마이크로소프트는 워크벤치를 활용해 블록체인 애플리케이션 개발 시간을 몇 달에서 며칠로 줄일 수 있을 것으로 기대했다.

최근 마이크로소프트는 글로벌 회계 컨설팅사인 언스트 앤드 영 Ernst & Young, EY과 디지털 저작권 및 로열티 관리를 위한 블록체인 기반 플랫폼을 론칭했다(2018. 6. 22). 마이크로소프트와 EY는 미디어 및 엔터테인먼트 산업 내에서 매달 지식재산권과 관련된 거래가 수백만 건 발생하고, 이로 인해 수십억 달러의 로열티가 집계되지만, 이 과정에서 많은 부분이 수기에 의존하고 있는 상황에 주목했다. 플랫폼은 마이크로소프트의 클라우드 컴퓨팅 기술과 JP모건JP Morgan이 발표한 블록체인 기술인 쿼럼Quorum을 활용했다. 마이크로소프트는 엑스박스Xbox를 시작으로 유비소프트Ubisoft 등 게임 퍼블리셔 파트너 전체에게 이 플랫폼을 배포하여 새로운 생태계를 구축하고자 한다. 플랫폼 활용 시

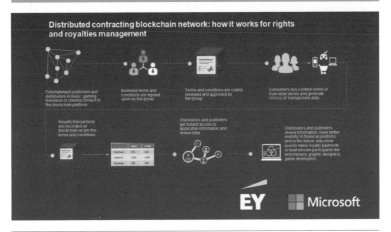

마이크로소프트와 EY가 개발한 블록체인 기반 저작권 및 로열티 관리 솔루션 개념도

모든 계약을 블록체인 방식으로 실행하여 디지털 콘텐츠 판매 후 수익·정산까지 걸리는 시간을 실시간에 가깝게 단축하는 것이 가능해진다. 현재의 게임 배급사는 수천 곳의 서로 다른 퍼블리셔와 타이틀의 서로 다른 세금 및 지불 규정을 준수하는 데 많은 비용을 소모하고 있으나, 새로운 플랫폼에서는 디지털 저작권 관리 비용을 99%나 줄일 수 있다. EY의 블록체인 부문 글로벌 혁신 리더 폴 브로디Paul Brody 는 디지털 지식재산권 거래의 양과 복잡성은 블록체인 기술을 도입하기 위한 최적의 환경으로, 각 계약의 특성을 효과적으로 관리할 수 있다고 설명했다. 마이크로소프트와 EY의 협력은 서로 다른 조직이 각자의 장점을 최대한 활용한 '개방형 혁신'으로, 마이크로소프트는 방

대한 리소스와 과거의 게임 산업의 경험을 제공하고 EY는 자체적인 리소스 세트를 제공하여 두 회사가 단독으로 할 수 있는 것 이상의 큰 가치를 창출하였다. 마이크로소프트는 블록체인 기반 지식재산권 관리 플랫폼을 빙Bing 검색, 애저 마켓 플레이스, MSN, 서피스Surface 등 자사의 타 서비스에 확장 적용하는 방식을 고려 중이다.

3. 아마존

뱅크오브아메리카의 애널리스트인 캐시 랑간Kash Rangan은 블록체인 기술이 성장할 경우 아마존과 마이크로소프트 등이 수십억 달러를 벌어들일 수 있는 기회가 될 것이라고 전망했다. 특히 아마존은 블록체인 구현을 통한 점진적인 클라우드 서비스 수요로 이익을 보게 될 것이며, 공급망 추적을 개선하면 아마존의 소매 운영이 더욱 효율적으로 이루어질 것이라고 덧붙였다.

최근 아마존은 자사의 클라우드 서비스인 AWSAmazon Web Service상에서 프라이빗 블록체인의 구성과 운영을 손쉽게 만들어주는 칼레이도 Kaleido 서비스를 공개(2018. 5)하면서 블록체인 시장에 뛰어들었다. 칼레이도는 이더리움 블록체인 기반 플랫폼 서비스로 AWS 마켓 플레이스에서 사용할 수 있는 최초의 블록체인 SaaS 솔루션이다. 고객사가 블록체인 기술을 빠르게 도입하고 기술 관리 부담을 덜게 하는 것이 목적이다. 칼레이도는 프라이빗 블록체인을 퍼블릭 블록체인에 영구적으로 '앵커링'함으로써 프라이빗 블록체인상에서 발생할 수 있는 사후 공모(일종의 담합)의 리스크를 줄인다. 정기적 체크 포인트 시점에 자

AWS 블록체인 작동 방식

AWS Blockchain Templates   Choose your platform   Build your network   Deploy decentralized applications

출처: 아마존

BaaS 플랫폼별 특징 및 활용 사례

주체/플랫폼명	특징	활용 사례
IBM/ IBM 블록체인	– 자사 클라우드 시스템 블루믹스(Bluemix) 활용 – 하이퍼레저 블록체인 개발 환경 제공	– 월마트: 식품 공급망 내 추적 및 투명성 확보를 위해 블록체인 적용 – 노던 트러스트(Northern Trust): 사모펀드 거래의 명확성 확보를 위해 블록체인 적용
마이크로소프트/ EBaaS (Ethereum BaaS)	– 자사 클라우드 시스템 애저 활용 – 이더리움 블록체인 개발 환경 제공	– R3CEV 컨소시엄 내 금융회사 11곳: 금융회사 간 송금·결제 – 웹젯(Webjet): 온라인 여행 결제 서비스
아마존/ 블록체인 템플릿	– 아마존 클라우드 시스템 AWS 활용 – 이더리움과 하이퍼레저 블록체인 템플릿을 통한 네트워크 구축 제공	– 블록체인 기반 분산 앱(DApps) 구축·관리 지원

출처: 과학기술정보통신부, 2018. 6.

동으로 프라이빗 블록체인의 내용을 퍼블릭 블록체인상에 업로드함으로써 엥커링을 유지한다. 고객사는 몇 번의 클릭으로 이더리움 프로토콜 패키지와 합의 알고리즘을 선택함으로써 자사 프로젝트에 맞는 최적의 프라이빗 블록체인을 구성할 수 있다. AWS가 BaaS 업체 리스트에 이름을 올림으로써 아마존은 IBM, 마이크로소프트 등과 새롭게 경쟁 구도를 형성하게 됐다.

4. 구글

구글은 2018년 7월 열린 구글 클라우드 넥스트 2018 콘퍼런스에서 분산원장 기술 솔루션 기업인 디지털 에셋Digital Asset의 블록체인 플랫폼과 개발자 도구를 구글 클라우드 플랫폼에 도입하겠다고 발표했다. 디지텔 에셋 CEO인 블라이드 마스터스Blythe Masters는 "우리는 구글 클라우드가 블록체인 분야의 웹 기반 혁신 잠재 가능성을 촉발할 수 있도록 풀 스택Full Stack 솔루션을 제공한다"고 밝혔다. 이번 협력에서 가장 중요한 부분은 디지털 에셋이 구글 클라우드에 소프트웨어 개발 키트SDK, Software Development Kit를 제공하여 스마트 계약 프로그래밍언어인 DAML*을 사용할 수 있도록 한 점이다. 구글은 일차적으로 DAML을 활용한 블록체인 앱 제작에 나설 전망이며, 블록체인 및 연관 기술을 발전시킴으로써 구글의 기존 서비스를 어떤 방식으로 향상시킬지 파악하고 있는 것으로 알려져 있다.

또한 최근 구글은 BaaS 플랫폼 '스트라토STRATO'를 보유한 블록앱스BlockApps와 협력하여 구글 클라우드 플랫폼에서 분산원장 기술 솔루션을 활용할 수 있는 툴을 제공하면서 뒤늦게 BaaS 제공 업체 대열에

---

* 디지털 에셋의 프로그래밍언어 DAMLDigital Asset Modeling Language.

투자자	순위	선택한 회사들						
블록체인 기술에 가장 적극적으로 투자한 회사								
SBI Holdings	1	Orb — orb	R3 — r3.	Ripple — ripple	Kraken — kraken	Coinplug — coinplug	Veem — veem	Wirex — wirex · bitflyer
Google	2	Gyft — gyft	Blockchain — BLOCKCHAIN	Ripple — ripple	LedgerX — LedgerX	Buttercoin	Veem — veem	
overstock.com	3	Settlemint	Factom — FACTOM	Ripio — ripio	Symbiont — symbiont	Bitt — bitt	Peernova — PEERNOVA	
citi	4	Digital Asset — Digital Asset Holdings	R3 — r3.	Axoni — AXONI	Cobalt — Cobalt	Chain — Chain		
Goldman Sachs	5	Digital Asset — Digital Asset Holdings	R3 — r3.	Axoni — AXONI	Circle — CIRCLE			

출처: CBInsights, "Blockchain Investment Trends In Review".

합류했다.

구글은 이렇게 블록체인 관련 업체와 파트너십 체결뿐 아니라 이 분야 전문 스타트업에 투자 및 인수도 고려하고 있는 것으로 알려졌다. 시장조사 업체 CB인사이트 보고서에 따르면 구글은 SBI홀딩스 다음으로 최근 5년 사이 블록체인 기술 스타트업에 가장 적극적으로 투자한 회사이기도 하다.

5. 페이스북

페이스북은 '블록체인 연구'를 위한 전담 팀을 개설(2018. 5. 8)했다. 페이스북은 지난 4년간 메신저 앱 부서를 이끈 데이비드 마커스David

Marcus를 블록체인 사업 책임자로 임명했다. 마커스는 페이팔PayPal 최고 경영자로도 활동한 경력이 있어 전담 팀의 행보에 이목이 집중되고 있다. 페이스북의 블록체인 연구팀은 12명 내외의 소규모로, 구성 멤버에 인스타그램 제품 개발 담당 부사장 케빈 웨일Kevin Weil, 엔지니어링 담당 부사장인 제임스 에버링햄James Everingham 등 중량감 있는 임원들이 포함되어 있다. 또한 최근 인사에서 블록체인 담당 기술이사와 부사장 자리를 새로 만들어 블록체인 전담 팀에 힘을 실어주고 있다. 블록체인 사업 책임자인 마커스는 페이스북 메신저에서 암호화폐 결제를 도입하는 방안도 고려하고 있다고 밝힌 바 있다. 페이스북은 이용자들이 가짜 암호화폐 사기에 노출될 수 있다며 암호화폐 광고를 전면 금지해왔으나, 2018년 6월 사전 승인을 받은 경우에 한해 일부 광고를 허용한다고 발표하기도 했다.

마크 저커버그Mark Zuckerberg 페이스북 CEO는 페이스북을 통해 "암호화와 암호화폐 같은 트렌드의 주요 움직임은 권한을 중앙 시스템에서 개인으로 이동시킬 수 있다. 하지만 통제가 어려워진다는 위험도 따른다. 기술의 긍정적인 측면과 부정적인 측면, 그리고 페이스북 서비스에 활용될 수 있는 방안을 연구하는 데 관심을 가지고 있다"고 전했다. 페이스북은 구체적으로 블록체인 활용 계획을 밝히지 않고 있으나, 기존의 문제를 해소하고 서비스를 개선하기 위한 잠재 기술로 블록체인에 큰 관심을 보이고 있는 것으로 해석된다.

6. 중국 ICT 기업

향후 아시아 태평양, 특히 중국에서는 더욱 느슨한 비즈니스 거버넌스가 앞다퉈 채택될 것이다. 두 가지 이유로 아시아 태평양 시장에서 블록체인/DLT(분산원장 기술) 채택이 가속화될 것이다. 첫째, 알리바바 클라우드Alibaba Cloud, 앤트 파이낸셜Ant Financial, 화웨이Huawei, 텐센트 클라우드Tencent Cloud, 제이디닷컴JD.com 등 중국의 디지털 거인들은 아시아 태평양 지역을 시작으로 가치 생태계를 글로벌 시장으로 확대하고 있다. 그리고 이들은 지역 고객들이 디지털 비즈니스로 변신하는 것을 지원하기 위해서 블록체인에 집중적으로 투자하고 있다.

그들은 내부 운영과 등대 고객Lighthouse customer*과 관련된 중국에서의 블록체인 성공 사례들을 아시아 태평양 시장으로 복제해나갈 것이다. 예를 들면, 앤트 파이낸셜의 국경 간 송금 서비스, 제이디닷컴의 제품 출처 플랫폼이 있다. 둘째, 아시아 태평양 특히 중국에서 비즈니스 거버넌스에 대한 규제는 미국과 유럽만큼 엄격하지 않다. 만일 블록체인 기반 비즈니스 응용프로그램이 ICO와 디지털 화폐 규제의 핵심에서 멀어진다면, 아시아 태평양 정부들은 블록체인 기술을 이용한 디지털 트랜스포메이션Digital Transformation을 진행하는 데 더욱더 박차를 가할 것이다.[10]

---

* 등대 고객: 다른 고객에게 구매 기준점을 제시하고 그들의 구매를 독려하는 고객을 일컫는다. 불특정 다수를 대상으로 한 대규모 마케팅과 홍보가 어려운 창업 초기에 가장 먼저 공략해야 할 고객은 바로 등대 고객이다.

┌─→ 글로벌 통신사들의 블록체인 사업

2018년 2월 바르셀로나에서 개최된 모바일 월드 콩크레스Mobile World Congress, MWC 2018에서는 블록체인이 5G와 함께 핵심 키워드로 등장했다. 그동안 블록체인은 5G, 인공지능, 가상현실, 자율주행차, 사물인터넷 등에 밀려 관심을 받지 못했지만, 2018년에는 블록체인 기술 열풍이 MWC 현장을 뜨겁게 달구었다. '사물인터넷 보안과 블록체인', '인공지능과 블록체인', '크립토Crypto와 토큰 그리고 블록체인' 등 블록체인 관련 세션이 다수 진행되어 통신 업계가 블록체인에 높은 관심을 보이고 있음을 알 수 있었다.

> "블록체인은 아직 초기 기술이지만, 높은 잠재력을 가지고 있어
> 텔레커뮤니케이션 분야에서도 파괴적인 효과를 가져올 것으로
> 예상된다."
>
> – MWC 2018

현재 글로벌 통신사들은 블록체인 협력 체계를 형성하고 관련 기업에 투자하는 등 블록체인 기술 도입에 적극적인 행보를 보이고 있다. 통신사 간 블록체인 협력 체계인 CBSGThe Carrier Blockchain Study Group와 이더리움 기반 블록체인 연합체인 EEAEnterprise Ethereum Alliance가 대표적이다.

글로벌 시장조사 기관인 리서치 앤드 마켓Research and Markets의 보고서(2018. 11)에 따르면 통신사의 블록체인 산업 규모는 2018년 526억 원에서 2023년에 1조 원을 초과할 것으로 전망된다. 이는 예측 기간에

통신사들이 가입 중인 블록체인 연합체

CBSG

개요	– 소프트뱅크(Softbank)의 자회사인 TBCA소프트(미국, 통신 산업에 적용 가능한 블록체인 서비스를 개발하는 스타트업)가 중심이 되어 운영되는 글로벌 통신사 간 블록체인 협력 체계(2017년 9월 결성)
목적	– 블록체인 시장 주도권 확보 및 생태계 활성화 주도 – 통신사 전용 블록체인 플랫폼 구축과 확산
주요 활동	– GSMA에서는 TBCA소프트가 개발한 블록체인 기반 결제 솔루션을 도입해 국제 송금 서비스를 시연한 바 있음
가입 통신사	소프트뱅크, TBCA소프트, 스프린트(Sprint), KT, LGU+, 에티살랏(Etisalat, 아랍에미리트), 텔레포니카(Telefonica, 스페인), PLDT(필리핀), 파 이스트원(Far EasTone, 대만) 등 가입

EEA

개요	– '오픈소스 블록체인 이니셔티브'를 표방하며 출범 – 이더리움 기반 블록체인 기술 연구 지원 협력체(2017년 초 설립)
목적	– 회원사에 이더리움에 대한 정보를 제공하고 각 기업이 보유한 기술과 접목할 수 있는 사례를 연구 – 이더리움에서 파생된 응용프로그램이 모든 이더리움 플랫폼에서 실행될 수 있도록 기업용 도구 및 지원 개발을 진행
가입 통신사	SKT, KDDI

하이퍼레저 프로젝트

개요	– 리눅스 재단에서 최초 발기하여 지금은 세계 유수의 기업들이 공동으로 참여하고 있는 '범산업용 분산원장 표준화 프로젝트(cross–industry open standard for distributed ledgers)'(2015년 12월 시작)
목적	– 주로 기업 결제, 상품 추적 및 관리 등을 위한 산업용 공동 플랫폼으로서 역할을 논의
가입 통신사	NTT, 오렌지(Orange), 스위스콤(Swisscom)

출처: KT경제경영연구소

매년 성장률CAGR이 84.4%에 달하는 수치다. 이 보고서는 통신 시장의 블록체인을 공급자를 기준으로 애플리케이션 공급 업체, 미들웨어 제공 업체, 인프라 제공 업체 등 세 가지 범주로 분류했다. 이 중 애플리케이션 공급 업체가 전체 시장에서 가장 빠르게 성장할 것으로 전망했다. 또한 다양한 통신 분야에 블록체인 솔루션이 도입되면서 전반

통신 분야에서 블록체인 활용이 기대되는 사업 영역	
인접 산업 영역	각 영역에서 블록체인의 역할 예시
미디어 엔터테인먼트	콘텐츠 서비스를 위한 데이터의 관리, 접근, 보호. 블록체인을 활용한 스마트 계약을 통해 음악/영화 스튜디오나 출판인 등의 중개업자를 건너뛰고 지출을 분배하고 낮은 비용으로 콘텐츠 저작권을 보호할 수 있음.
금융 서비스	현재 금융 서비스는 대부분 중앙 관리 기관에 의해 통제됨. 블록체인을 활용할 경우, 결제 자동화로 결제 속도가 증가하고, 어음교환의 수요가 줄어 그에 따른 비용이 감소.
헬스케어	헬스케어 관련 기관들 사이에 데이터 통합, 교환, 상호 운영. 의료비 청구, 거래 관리, 선고, 의약품 공급망 관리 등에 활용.
이동 수단, 자동차	IoT에 활용할 가능성을 포함하여 제품 운송과 관련된 거래의 정당성을 보장하고 추적함. 이동 중 제품의 파손이나 손상을 둘러싸고 발생할 수 있는 배송자와의 잠재적인 논란을 입증. 자동차의 경우 예비 부품, 보증, 자동차 수리, 공급망 관리, 디지털 자동차 유지 보수 등에 활용.
에너지 및 유틸리티	지불뿐만 아니라 스마트 미터, 커넥티드 홈, 스마트 시티/그리드, 도매 지불, 배분된 에너지 구현, 에너지 P2P 공유 등에 직접 요금 청구 가능.
정부	공급망 통합, 스마트 시티, 스마트 그리드/에너지, 지방정부, 건강 및 교육 증진에 활용. 운영 효율화, 스마트 계약, 트랜잭션, 지불, 자동화, 국가 토지 소유, 시민권 등록 등에 활용.
온라인 비즈니스, 제조업, 소매업, 운송업, 배송 등	공급망과 관련된 비즈니스의 경우 블록체인이 적용된 스마트 계약을 통해 트랜잭션을 관리.

출처: 가트너, 2017. 11.

통신 분야에서 블록체인으로 강화할 수 있는 비즈니스 영역

- Identity management
- Data integrity and management
- Security
- IoT connectivity
- Blockchain areas of added value for CSPs
- Fraud prevention
- Supply chain/logistics
- 5G support
- Smart contracts

출처:가트너, 2017 .11.

적인 시장 성장이 가속화됐다고 강조했다.

각 통신 사업자들은 기존 서비스에 블록체인 기술을 접목하기 위해 다양한 시도를 진행 중이며, 블록체인 관련 프로젝트나 스타트업에 대한 투자도 활발하게 추진하고 있다. 통신 분야에서 활용이 기대되는 사업 영역으로는 미디어, 금융, 헬스케어, 커넥티드 카Connected Car(정보통신 기술과 자동차를 연결시켜 양방향 소통이 가능한 차량), 에너지, 공공사업 등이 있다.

⌐ 미국: 버라이즌, AT&T

버라이즌Verizon은 기업 간 정보 교환 인증 서비스, 콘텐츠 저작권 관리 시스템, IoT 디바이스 관리에 블록체인 기술을 도입했다. 버라이즌 엔터프라이즈 솔루션Verizon Enterprise Solutions*은 2018년 말까지 가드타임

* 버라이즌의 기업 및 정부 고객 대상 서비스 사업부.

가드타임의 KSI

- 가드타임은 2007년 설립된 에스토니아의 보안 업체로, 중앙화된 인증 기관이 관리하는 키를 교환함으로써 본인 인증을 하는 기존 PKI(Public Key Infrastructure) 방식을 대체하는 새로운 인증 기술 KSI를 최초로 개발했다.
- KSI는 본인 ID로 특정 데이터에 전자 서명을 할 경우 고윳값이 생성되어, 그 고윳값이 키 역할을 하는 인증 방식을 통해 해당 ID에서 생성된 데이터에 접근 가능하다.
- KSI 기술은 에스토니아 정부가 2016년 세계 최초로 발행한 디지털 시민권인 이레지던시(e-Residency)에 적용되어, 현재 에스토니아 의료 기록 100만 개를 관리하고 보호하는 데 사용되고 있다.

KSI가 적용된 에스토니아의 이레지던시

출처: 에스토니아 정부 홈페이지

Guardtime의 KSI_{Keyless Signature Infrastructure} 블록체인을 기반으로 한 기업용 플랫폼 서비스 포트폴리오를 론칭할 예정이라고 발표했다.

KSI 기반 플랫폼은 보안 기능과 분산 합의 프로토콜을 통해 기관 간의 정보 교환을 승인하게 된다. 이때 정보는 모두에게 공개된 공공 분산원장에 등록되는 대신 해당 기관 내에서만 열람 가능하도록 보호되기 때문에 보안 측면에서 강점이 있다.

또한 버라이즌은 미국 특허청USPTO, US Patent and Trademark Office에 블록체인 기반 디지털 콘텐츠 저작권 관리 시스템DRM, Digital rights management 관련 특허를 신청(2016. 5)한 바 있다. 특허 내용은 디지털 콘텐츠와 관련된 일련의 패스코드들로 구성된 패스코드 블록체인으로, 콘텐츠에 액세스가 승인된 패스코드를 인식하여 해당 패스코드를 가진 유저가 콘텐츠를 사용할 수 있는 형태다. 첫 번째 유저가 액세스 권한을 두 번째 유저에게 양도할 경우, 첫 번째 유저가 보유하고 있던 패스코드는 더 이상 승인된 패스코드로 인식되지 않고, 두 번째 유저가 새로운 패스코드를 획득하며, 해당 패스코드가 승인된 패스코드로서 블록체인에 추가된다. 이와 동일한 과정에 따라 액세스 권한을 다른 유저에게 계속해서 양도할 수 있다. 해당 블록체인을 이용하면 사용량 기반 과금Pay-per-use 방식으로 판매되는 디지털 콘텐츠의 저작권을 효과적으로 관리하는 것이 가능해진다.

버라이즌은 블록체인 사업에 관한 투자도 병행하고 있다. 버라이즌 벤처스Verizon Ventures는 산업용 IoT 분야에서 블록체인 기반 분산형 보안 솔루션을 제공하는 신생 기업인 필라멘트Filament에 1,500만 달러를 투자(2017. 3)했다. 블록체인을 통해 기기들에 고유한 ID를 부여한 다음 장치 간 검색, 통신, 상호작용을 할 수 있도록 기술을 개발하는 것이 목적이다. 필라멘트는 최근 산업용 IoT 기기가 여러 블록체인 기술과 호환되도록 해주는 새로운 칩 '블로클릿Blocklet'을 개발했다. 블로클릿은 분산 상호작용 및 교환을 위한 안전한 토대를 제공하기 위해 IoT 센서 데이터를 블록체인에 직접 코드화해서 넣을 수 있다.

AT&T는 블록체인 기반 디지털 광고 공급망 관리에 힘쓰고 있다. 블록체인 기반 결제 플랫폼인 아미노 페이먼츠Amino Payments와 파트너십을 맺고 2018년 초부터 블록체인 기반 디지털 광고 솔루션을 테스트하기 시작했다. 이는 블록체인 기술을 이용해 디지털 광고 공급망의 플레이어들을 식별하고, 미디어를 통해 집행된 광고 내역과 관련 지출 등을 밝힘으로써 광고주들이 자신의 마케팅 비용이 어떻게 사용되고 있는지 투명하게 볼 수 있도록 하는 솔루션이다. AT&T의 블록체인 광고 플랫폼은 현재 초기 파일럿 단계로, 기술 적용 확대 여부는 2018년 테스트 결과를 보고 차후 결정할 예정이다.

AT&T는 또한 미국 특허청USPTO에 블록체인 기반 구독자 서버에 대한 특허를 신청(2015. 5)하여 2017년 5월 해당 특허를 획득했다. 이는 페이 TVPay TV 같은 IP 기반 가정용 서비스 가입자들의 계정 정보나 거래 내역 등 핵심적인 개인 정보를 포함한 노드를 블록체인 기반의 P2P 서버에 분산시켜 관리함으로써 외부의 공격으로부터 안전하게 보호하는 내용이다. 프라이빗 블록체인을 구축하는 대신 기존의 비트코인 기반 퍼블릭 블록체인을 활용하는 점이 특징이다. AT&T는 퍼블릭 블록체인의 경우 이미 전 세계에 무수히 많은 노드가 존재하기 때문에 프라이빗 블록체인에 비해 상대적으로 해킹으로부터 안전하다고 설명했다. 서버가 비트코인에 기반한 만큼 향후 페이 TV 서비스에 비트코인을 이용한 콘텐츠 결제 기능을 추가할 가능성이 높다.

AT&T는 커넥티드 카 내부에서 암호화폐를 통한 마이크로페이먼트microzpayment(소액 전자 결제) 적용을 검토 중이다. AT&T의 커넥티드 카 사업부인 AT&T 모빌리티AT&T Mobility는 커넥티드 카 내부에서 비트코인 등 암호화폐를 이용한 마이크로페이먼트가 가능하도록 하는 앱과 관련하여 특허를 신청(2017. 5)했다. 차량 대시보드용 앱과 모바일 앱 두 가지 버전으로 구성되어 있으며, 이 앱을 이용하면 고속도로 톨게이트 비용, 주유, 드라이브 인Drive-in 레스토랑에서의 상품 구매 등 차량 내에서 발생할 수 있는 각종 구매에 암호화폐를 이용할 수 있다. 비트코인 외에도 오로라코인Auroracoin, 블랙코인BlackCoin, 대시Dash, 이더코인, 모네로, 리플 등 10종 이상의 암호화폐를 결제에 이용할 수 있고, 이때 암호화폐의 가격 변동은 구매 금액에 실시간으로 반영된다.

일본: NTT그룹, 소프트뱅크, KDDI

NTT그룹의 기술 분야를 맡고 있는 NTT데이터는 다양한 분야에 블록체인을 도입 중이다. NTT데이터는 무역, 제조, 보험, 지역화폐, 부동산 등에서 실증 실험을 추진하고 있다.

소프트뱅크는 핀테크와 IoT 분야에서 블록체인 활용에 주력하고

NTT데이터의 블록체인 사업 현황

사업 분야	주요 내용
무역	미쓰비시은행과 공동으로 싱가포르 무역플랫폼인 NTP(National Trade Platform)에 블록체인 기술을 적용하는 실험 추진. 은행/보험/운수회사/상사 등 13곳 기업이 참여하고 블록체인 기반 무역 문서의 전자화를 통해 신뢰성을 높일 계획(2017. 12).
제조	미국 스쿠체인(Skuchain)과 협력하여 제조 공급망에 블록체인을 적용한 솔루션을 개발, 실증 실험 추진. 제품 제조에 필요한 부품 관리에서 제품 출하 및 유통에 이르는 전 과정을 블록체인으로 관리하여 재고 부담을 줄이고 업무 효율성을 높이는 것이 목적(2018. 1).
보험	일본 보험 업계에 블록체인 실증 환경을 무상으로 제공. 무역 분야의 참고 사례를 바탕으로 축적한 블록체인 기반 전자 문서 솔루션을 보험회사들에게 제공하여 본사–대리점–타 보험회사 간의 자유로운 정보 공유를 가능하게 지원(2018. 2).
지역화폐	시민 출자로 이루어진 '지방창생시민회사'와 함께 지역화폐 실증 실험 추진. 지역 내 상점가 및 포장마차 등에서 상품을 구입하고 실시간 구매 데이터 파악으로 마케팅에 활용(2018. 3).
부동산	일본 전국 부동산 정보를 보유한 ZENHOREN(집세채무보증주식회사) 및 지역정보 회사 등과 컨소시엄을 결성, 블록체인 기반 부동산 정보 공유 시스템 및 사용 사례 발굴(2018. 6).

출처: KT경제경영연구소

있다. 특히 결제/송금, 에너지, ID 인증 분야에서 블록체인을 적용한 실증 실험을 추진 중이다.

결제/송금 분야에서는 KT 및 스프린트와 손잡고 블록체인 기반의 국제 송금, 결제 시스템을 개발하고 있다. 쇼핑 구매액을 통신 요금에 합산하는 서비스를 상용화하여 일본, 대만, 한국 여행자들에게 제공할 예정(2018. 3)이다. 소프트뱅크는 이 프로젝트를 성사시키기 위해 한국의 KT, 대만의 파 이스트원 등 대형 통신사와 협력하여 안전하고 편리한 결제 서비스를 구축한다는 방침이다.

에너지 분야에서는 총무성이 추진 중인 '블록체인 활용 CO_2 감소

가치 창출 모델 사업'에 사업 모델을 제안하여 채택되기도 했다. 이는 신재생에너지를 만들어내는 일반 가정의 CO_2 배출량을 블록체인으로 실시간 관리하여 탄소 배출권을 필요로 하는 개인에게 연결하여 판매하도록 하는 C2C 모델(2018. 4)이다.

ID 인증 분야에서는 미국 인증 솔루션 기업 클라우드마인드 Cloudmind와 협업하여 블록체인 기반의 모바일 인증 솔루션 및 플랫폼을 개발하고 있다. 특히 IoT 및 로봇 분야에서의 도입을 상정하여 디도스 DDoS 해킹과 51% 공격을 막아낼 수 있는 기술을 적용(2018. 5) 중이다.

KDDI는 일본 최초로 이더리움의 스마트 계약을 업무에 활용한 실증 실험을 추진 중이다. KDDI 종합연구소 및 AI 개발 업체 쿠카

소프트뱅크의 블록체인 기반 탄소 배출권 거래 사업 모델

IoMT Platform

CO₂ SELL / BUY CO₂
Home
SELL — Blockchain
SELL — BUY
SELL — BUY
Karen
Energy company

출처: 소프트뱅크

(KUKA)와 공동으로 엔터프라이즈 이더리움*을 활용한 스마트 계약을 자사 휴대폰 수리 업무에 적용한 실증 실험을 시연(2017. 9)했다. 스마트 계약을 활용하면 KDDI의 휴대폰 수리 센터 간의 수리 상황 및 부품 재고 현황, 수리 요금, 기종 변경 가격, 중고 시장 내 휴대폰 가격까지 블록체인 기반으로 실시간으로 데이터를 관리하여 수리를 하러 온 고객에게 최적의 선택안을 AI가 판단하여 제시(수리하는 게 더 나은지, 기종 변경 혹은 중고를 사는 게 더 나은지)할 수 있다. 특히 이번 실증 실험의 초점은 그동안 블록체인 외부에서 이루어져온 자동화 프로그램을 블록체인 내부On-chain에서 실행할 수 있도록 설계하고 검증해 업무 효율성을 극대화하는 데 맞춰져 있다. 향후 휴대폰뿐만 아니라 IoT 디바이스에도 블록체인 기반 정보 공유 시스템을 도입할 계획이다.

또한 KDDI는 이더리움의 스마트 계약을 AI와 VR/AR에 접목하는 것을 시도하고 있다. AI와 VR/AR 게임의 결합을 통해 새로운 가능성을 모색하려는 것이다. 쿠카가 개발한 '버추얼 휴먼 에이전트Virtual Human Agent' 기술을 활용하여 '버추얼 캐릭터 xxR 프로젝트'를 추진하고 있다. 유저 데이터를 학습한 AI 버추얼 캐릭터는 블록체인 기반으로 타 유저와 상호 교환이 가능하다. AI 캐릭터 탄생, 육성, 교환 등 어느 단계까지 블록체인을 도입할지는 지속적으로 검토 중이나, 최종적으로는 유저 개개인의 특성을 반영한 고유한 AI 에이전트의 신뢰성 높은 거래를 지향하고 있다.

---

* 퍼블릭 블록체인인 이더리움을 베이스로 하면서 기업 정보 시스템용으로 개발한 이더리움.

┌─ **한국: KT**

KT는 2018년 7월 세계 최초로 상용망에 블록체인 기술을 적용한 'KT 네트워크 블록체인'을 발표했다. 기존 퍼블릭 블록체인은 처리 속도와 용량이 낮아 사업화에는 부적합하고, 프라이빗 블록체인은 비공개 데이터 관리로 인해 투명성이 낮으며 소규모 구조로 인해 상대적으로 보안성이 낮은 한계가 있었다. 그러나 KT는 전국에 위치한 초고속 네트워크에 블록체인을 결합한 노드를 구축해 운영하는 방식으로 퍼블릭 블록체인이 지닌 신뢰성과 프라이빗 블록체인의 성능이라는 두 가지 장점을 동시에 갖추게 됐다.

이로써 KT 블록체인은 2019년 말까지 최대 10만TPS의 성능을 구현할 예정이다. 현재 KT 블록체인의 성능은 2,500TPS이지만, 향

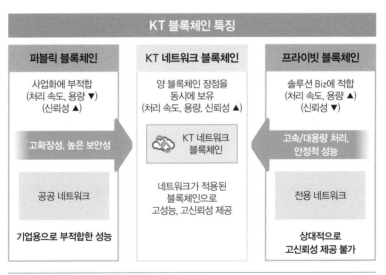

출처: KT

후 1만TPS를 구현하고, 2019년 말까지 10만TPS를 달성할 계획이다. 이는 기존의 수직적 블록 검증 방식에서 벗어나 동시다발적으로 검증 가능한 병렬 방식을 사용하는 차별화된 알고리즘을 KT 네트워크와 결합한 덕분이다.

KT는 블록체인을 차세대 기술인 빅데이터, 로밍, AI 등에도 접목하여 글로벌 사업으로 추진할 계획이다. KT 블록체인을 로밍에 적용하면, 통신사 간 로밍 서비스를 이용자에게 제공하는 과정에서 통신사 간 교환하는 사용 내역 데이터를 '블록체인 스마트 계약' 기능으로 각각 자동으로 검증·확인하고 그 과정에서 오류가 없다면 실시간 정산까지 진행할 수 있도록 돕는다. KT는 단순히 기술 개발에 그치지 않고, SCFAStrategic Cooperation Framework Agreement라는 아시아 최대 통신사업자 협의체를 통해 일본 NTT도코모NTT Docomo와 중국의 차이나모바일China Mobile과 협의해 블록체인 기반 로밍을 타진해왔다.

에너지 분야에서는 '소규모 전력 중개 사업'과 '에너지 수요관리DR 사업'에 블록체인을 적용하려는 시도를 하고 있다. 기존 태양광 발전소의 전력 거래는 한전의 월 1회 검침을 통해 발전 사업주가 자신의 발전량에 대한 정보를 얻고 전력 대금을 청구하는 방식이었다. KT는 IoT 기술을 통해 실시간으로 발전량을 수집하고, 이를 블록체인으로 저장한다. 전력 대금 청구에 필요한 발전량, 발전 시간, 전력 가격과 같은 정보들은 무결성과 신뢰성이 보장되는 블록체인 시스템에 저장되고, 스마트 계약으로 정산이 가능하다. 따라서 반복적인 검증 과정이 사라져 정산의 신속성과 효율성이 향상됐다.

에너지 수요관리 사업에서는 '블록체인 스마트 계약'을 활용해 참여 기업의 어려움을 해결할 새로운 서비스를 준비하고 있다. KT가 개발할 감축 용량 거래 시스템을 활용하면 블록체인의 스마트 계약 기능을 통해 참여 기업 간 감축량을 자동으로 거래할 수 있다. 사전에 감축 용량 초과/미달 시 매도/매입하는 조건을 설정해놓으면 스마트 계약이 자동으로 매칭하고 거래를 성사시킨다. 이는 계약 용량 초과 및 미달 기업 모두의 수익성을 향상시키기 때문에 수요관리 사업에 대한 적극적인 참여를 이끌어낼 뿐만 아니라 수요관리 자원의 신뢰성 제고와 수요관리 사업 활성화에 기여할 전망이다.

자산 관리 분야에서는 내부 IT 자산 관리 시스템에 블록체인 기술을 적용해 기업의 업무 처리 효율을 높이고 있다. '블록체인 기반 디지털 자산 관리 시스템'을 통해 협력사와의 점검 계약과 점검 후의 결과를 양 사가 실시간으로 공유할 수 있으며, 이로 인해 통상 2주 정도 걸리던 IT 자산 유지 보수 업무 처리 시간을 지금은 1주 미만으로 약 50%가량 단축할 수 있다. 또한 기업 업무에 활용되는 소프트웨어 라이선스 관리 시스템에 블록체인을 적용해 사용 프로세스를 자동화하여 소프트웨어 사용 신청 및 승인이 즉시 이루어져 업무 생산성이 크게 향상된다. 기존에는 신청부터 사용까지 약 이틀 정도 걸렸으나, 이젠 신청과 동시에 사용할 수 있게 된 것이다. 향후 KT는 기업 간 전자 문서 교환, 소프트웨어 불법 사용 근절 등 기업 IT 자산의 정당한 사용과 안전한 유통을 보장할 수 있는 차세대 디지털 자산 관리 솔루션을 상품화하여 외부 기업에도 적용할 예정이다.

공공 분야에서는 KT희망나눔재단과 협업하여 블록체인 기반의 투명한 사회 공헌 플랫폼을 구축 중에 있다. KT희망나눔재단은 봉사 활동을 통해 포인트를 쌓고 보유한 포인트를 기부할 수 있는 기부 포털인 기브스퀘어Give Square을 운영하고 있는데, 여기에 블록체인을 적용함으로써 개인이 기부한 포인트가 어디에 언제 얼마나 지출됐는지 상세하고 투명하게 공개하려는 것이다. 지금까지는 기부금이 정확히 어디에 사용되는지 기부자가 알 수 없었다. 하지만 KT 블록체인 기술을 적용하면 기부 내역 및 기부금 집행 내역, 기부금 전달 경로 등이 분산 원장에 모두 공유돼 투명하게 관리할 수 있다. 또한 실제로 기부금이 집행돼 취약 계층에게 도움을 주는 모습을 기부자가 직접 모니터링할 수 있는 기능을 제공하여 많은 기부자들에게 투명성을 담보할 계획이다.

KT는 유무선 인프라, 5G 등 차세대 네트워크, 그리고 미디어, 에너지, 금융, 재난/안전/보안, 기업/공공 사업 영역 내에 블록체인을 적용해 글로벌 1위 플랫폼 사업자로 거듭남으로써 새로운 가치를 창출하고 사업 패러다임을 변화시킬 계획이다. 나아가 KT 블록체인으로 대한민국의 삶을 변화시키겠다는 비전도 발표했다.

4장

블록체인의 미래, 토큰 이코노미

토큰 이코노미의 등장 배경

기존 경제 시스템의 한계와 거대 온라인 플랫폼의 등장

자본주의Capitalism에 대한 논쟁은 오랜 역사를 지니고 있지만, 지난 2008년 미국발 글로벌 금융 위기로 인해 전 세계로 퍼져나가게 됐다. 반복되는 경제 위기와 저성장이 자본주의로 대변되는 기존 경제 시스템의 한계에서 비롯됐다는 인식이 확산되기 시작한 것이다. 영국의 경제학자인 앤드루 글린Andrew Glyn은 자신의 저서 『고삐 풀린 자본주의Unleashed Capitalism』를 통해 "신자유주의와 주주자본주의가 엮이면서 1930~1970년대 고성장·저실업의 황금시대Golden Age가 막을 내리고 저성장의 시대로 접어들었다"라고 주장하기도 했다. 이와 더불어, 구조적 실업 문제, 기업·일자리·지역 간 양극화 문제, 기후변화와 환경오

염 문제 등 전 세계가 당면한 시대적 과제를 해결하기 위해서는 기존 경제 시스템을 개선하거나 새로운 경제 시스템이 필요하다는 목소리가 나오고 있다.

페이스북, 유튜브, 우버, 에어비앤비Airbnb와 같은 거대 온라인 플랫폼 기업들의 공통점은 모두 사용자 참여 기반의 네트워크 비즈니스로 성장했다는 것이다. 이러한 성장의 이면에는 사용자들이 스스로 콘텐츠를 생산하고 보유한 자산을 공유하는 등 자발적인 노동이 존재한다. 물론 사용자들에게 돌아가는 대가가 아주 없는 것은 아니지만, 이들 기업이 비즈니스의 기반이 되는 핵심적인 유·무형 자산을 사용자에게 전적으로 의존하고 있다는 점을 고려하면 턱없이 낮은 수준이다.

특히 우버나 에어비앤비는 공유경제Sharing Economy를 표방하며 기존 경제 시스템의 한계를 극복할 수 있는 대안으로 등장한 서비스다. 이들 서비스의 성장으로 새로운 형태의 소비 방식이 활성화되고 이에 따라 성장 효과와 소득 균형뿐만 아니라 효율성 있는 자원 활용 등의 효과를 누릴 수 있을 것으로 기대됐다. 그러나 실제로는 이들 또한 서비스에 기여한 사용자에게 적절한 분배가 이루어지지 않은 채 플랫폼을 제공하는 기업에 부가 집중되는 문제가 발생했다.

미국 UC버클리 대학의 로버트 라이시Robert B. Reich 교수는 2015년 2월 자신의 블로그를 통해 공유경제는 사실상 '부스러기를 나누는 것Share-the-scraps'에 더 가깝다고 비판했다.[11] 이는 큰돈Big Money은 플랫폼을 제공하는 기업이 차지하고 플랫폼 위에서 일하는 노동자(사용자)에게는 푼돈Scraps만 돌아간다는 뜻이다. 결국 비즈니스의 기반이 되는 플랫폼이 중앙 집중형으로 소유 및 통제되어 기존 경제 시스템의 한계를 되풀이하고 있는 것이다.

협동조합, 새로운 대안의 출발점

기존 경제 시스템의 장점인 경쟁을 유지한 채 협력을 통한 상생이라는 가치를 추구하는 방법의 실마리는 협동조합Cooperative Union*에서 찾을 수 있다.[12] 국제협동조합연맹이 발표한 협동조합의 7대 원칙에 따르면 협동조합은 경제적 참여를 목적으로 하며, 자율적 통제를 통한 공정한 자본 조성과 수익 배분을 추구한다.

협동조합의 주요 원칙들이 블록체인 기술로서 구현된다면 기존 경

협동조합의 7대 원칙
1. 자발적이고 개방적인 조합원 제도
2. 조합원에 의한 민주적 관리
3. 조합원의 경제적 참여
4. 자율과 독립
5. 교육, 훈련 및 정보 제공
6. 협동조합 간의 협동
7. 지역사회에 대한 기여

출처: 국제협동조합연맹

---

* 국제협동조합연맹(ICA, International Co-operative Alliance)에서는 협동조합을 '공동으로 소유되고 민주적으로 운영되는 사업체를 통하여 공통의 경제적, 사회적, 문화적 필요와 욕구를 충족하고자 하는 사람들이 자발적으로 결성한 자율적인 조직'으로 정의한다.

제 시스템의 한계를 극복할 수 있는 새로운 경제 시스템을 구현할 수 있다. 자발성과 개방성 그리고 민주적 관리를 통한 경제적 참가라는 협동조합의 주요 원칙들은 탈중앙·신뢰성·투명성으로 대표되는 블록체인 기술을 통해 온전히 실현 가능하기 때문이다. 블록체인 기반의 협동조합은 누구나 참여할 수 있으며 중앙화된 관리 조직이 없다. 대신에 조합원 모두가 관리에 참여하는 투명한 방식으로 운영되며, 기여한 만큼 인센티브 시스템을 통해 적절한 보상을 분배받게 된다. 이러한 아이디어를 바탕으로 블록체인 기반의 서비스 생태계를 설계한다면 '토큰 이코노미'를 구축할 수 있다.

블록체인 기반의 토큰 이코노미

토큰 이코노미는 행동주의 학습 이론가인 버러스 스키너Burrhus F. Skinner가 최초로 주장한 이론이다. 스키너는 특정한 행동 뒤에 주어지는 보상과 처벌을 통해 새로운 행동을 학습하는 연구 실험을 진행했다. 상자 속의 배고픈 쥐는 여러 가지 행동을 취하다가 우연히 한쪽 귀퉁이의 레버를 누르면 먹이가 떨어진다는 것을 알게 된다. 이런 경험을 거듭하면서 쥐는 먹이라는 보상이 뒤따르는 레버 누르기 행동을 반복하게 된다. 결국 먹이라는 보상을 얻기 위해 지렛대 누르기라는 새로운 행동을 학습하게 된 것이다. 원래 토큰 이코노미는 정신과 병원이나 사회 복귀 시설 등 시설에 수용된 조현병 환자를 위한 행동 수정 프로그램에 주로 적용되던 것이다.

레버
식판

출처: digitalpsychology.net

스키너의 주장에 따르면 토큰 이코노미를 통한 행동 강화는 '① 토큰이나 원하는 물건에 대한 접근 권한이 없음, ② 목표 행동_{Target Behavior}에 참여, ③ 목표 행동 참여에 대한 보상(토큰)을 얻음, ④ 토큰과 원하는 물건을 교환'이라는 네 가지 순환 과정으로 이루어진다. 토큰 이코노미의 순환이 지속적으로 이루어지려면 행동을 강화하는 체계를 구체적으로 설계해야 한다. 가장 먼저 강화받는 행동(목표 행동)이 명확해야 하고, 강화물(보상)이 사용자에게 가치 있는 것이어야 한다. 그리고 마지막으로 행동과 행동 간의 연관성을 강화하기 위해서는 행동 발생과 동시에 강화물을 제공할 필요가 있다.

반면 블록체인 기반의 토큰 이코노미는 아직까지 명확한 정의가 존재하지 않는 상황이나, 스키너가 주장한 토큰 이코노미에서 크게 벗어나지 않는다. 금융 분석 전문가이며 ICO펀딩닷컴_{Icofunding.com}의 COO

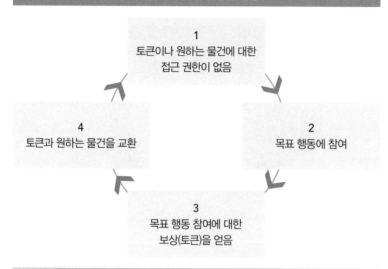

토큰 이코노미의 순환 과정

1
토큰이나 원하는 물건에 대한
접근 권한이 없음

2
목표 행동에 참여

3
목표 행동 참여에 대한
보상(토큰)을 얻음

4
토큰과 원하는 물건을 교환

출처: Gavin Cosgrave(2014) 기반 KT경제경영연구소 재구성, 2018.

인 파블로 모레노Pablo Moreno de la Cova는 블록체인 기반의 토큰 이코노미를 다음과 같이 정의했다. "토큰과 그것이 쓰일 실물경제 시스템 사이에서 규칙을 설계하는 것이다. 그 핵심적인 아이디어는 게임이론과 인센티브 시스템에 기반을 두고 있으며, 토큰은 고객, 공급자, 토큰 후원자 등 모든 토큰 생태계 참여자들이 기꺼이 쓰려고 해야 한다. 즉 토큰 생태계 참여자 모두에게 참여도에 따라 적절한 보상이 돌아가는 경제구조를 말한다." 정리하자면, 블록체인 기반의 토큰 이코노미는 잘 짜인 경제 시스템을 현실에서 구현하기 위해 토큰을 포함한 블록체인 기술을 활용하는 것이다. 여기서 잘 짜인 경제 시스템이란 과거 오랜 기간에 검증되어온 기존 경제학 이론들이 뒷받침되어 경제 시스템에 참여하는 내·외부 이해관계자들 간 메커니즘에 허점이 없음을 의미한다.

┌─ 토큰 이코노미 사례: 스팀잇

스팀잇은 스팀Steem이라는 블록체인 플랫폼을 활용하여 2016년부터 시작된 소셜 네트워크 형태의 서비스다. 누적 가입자 수는 2018년 8월 기준 110만 명을 돌파했다. 스팀잇이 토큰 이코노미의 대표 사례로 평가받는 이유는 중앙화된 관리 조직 없이도 사용자를 중심으로 한 서비스 생태계가 잘 구축되어 있기 때문이다. 그 바탕에는 치밀하게 설계된 인센티브 시스템이 핵심 역할을 하고 있다.

스팀잇은 콘텐츠를 게시Posting한 생산자와 좋은 콘텐츠를 추천Upvote한 소비자 모두에게 토큰을 보상으로 제공한다. 콘텐츠를 생산하는 것만큼 좋은 콘텐츠를 선별할 수 있도록 하는 추천의 역할도 큰 것이 특징이다. 추천을 많이 받은 콘텐츠 생산자는 그에 비례하여 많은 보상을 받을 수 있으며, 좋은 콘텐츠를 알린 소비자 역시 다른 사용자의 추천에 따라 보상을 받을 수 있다. 다른 사용자들에게 인정받는 좋은 콘텐츠를 일찍 추천하는 것도 보상을 받는 방법 중 하나인 것이다. 최종 보상은 콘텐츠 생산자에게 75%, 콘텐츠를 추천한 소비자들에게 25%가 배분된다.

보상으로 제공되는 토큰의 종류에는 스팀달러Steem Dollar와 스팀파워Steem Power가 있으며, 이외에도 스팀잇에는 스팀Steem이라는 토큰도 존재한다. 참고로 콘텐츠를 게시하는 생산자는 보상으로 스팀달러와 스팀

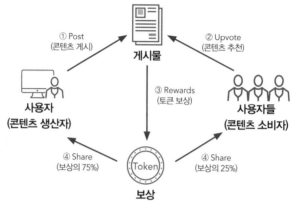

스팀잇의 인센티브 시스템 구조

① Post
(콘텐츠 게시)

게시물

② Upvote
(콘텐츠 추천)

사용자
(콘텐츠 생산자)

③ Rewards
(토큰 보상)

사용자들
(콘텐츠 소비자)

④ Share
(보상의 75%)

Token

④ Share
(보상의 25%)

보상

※ 게시물의 댓글(Replay)에 대해서도 추천(Upvote)을 한 경우 보상을 받을 수 있음

출처: 스팀잇 홈페이지 내용 기반 KT경제경영연구소 재구성, 2018.

파워를 50%:50% 비율로 받거나, 스팀파워만을 100%로 받거나 혹은 보상을 받지 않는 옵션 중 하나를 선택할 수 있다. 스팀잇의 인센티브 시스템을 세 가지 토큰으로 구성한 이유는 토큰의 활용 효과를 높이려는 데 있다.

스팀은 스팀잇의 가장 기본이 되는 토큰으로 스팀달러와 스팀파워를 달러나 원화 등의 현실 통화로 교환해주는 매개 역할을 한다. 스팀달러가 즉시 스팀으로 교환이 가능한 데 반해 스팀파워는 약 13주에 걸쳐 점차 스팀으로 교환되는 영향력 감소Power down라는 과정을 거쳐야 한다.

스팀달러는 스팀의 변동성을 완충해주는 장치로 이론적으로 1스팀달러는 1달러의 가치로 고정되어 있다. 스팀의 가격이 변동됨에 따

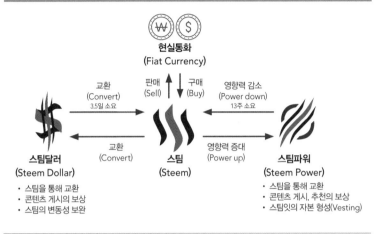

현실통화
(Fiat Currency)

교환
(Convert)
3.5일 소요

판매 ↑ ↓ 구매
(Sell) (Buy)

영향력 감소
(Power down)
13주 소요

교환
(Convert)

영향력 증대
(Power up)

스팀달러
(Steem Dollar)

스팀
(Steem)

스팀파워
(Steem Power)

- 스팀을 통해 교환
- 콘텐츠 게시의 보상
- 스팀의 변동성 보완

- 스팀을 통해 교환
- 콘텐츠 게시, 추천의 보상
- 스팀잇의 자본 형성(Vesting)

출처: 『스팀잇 백서(Whitepaper)』 기반 KT경제경영연구소 재구성, 2018.

라 스팀과 스팀달러 간 교환 비율이 변동하는 형태다.

스팀파워는 스팀잇 내에서 영향력Power을 상징하는 토큰이다. 높은 스팀파워를 보유한 사용자의 추천은 스팀잇상에서 더 큰 영향력을 미칠뿐더러 더 많은 보상을 받을 수 있다. 뿐만 아니라 사용자들은 스팀파워를 일정 기간 보유하면 주식 투자자들이 배당을 받듯이 추가로 스팀파워를 받을 수도 있다. 정리하자면 스팀파워는 현실의 통화를 스팀잇 내로 끌어들여 자본을 형성하는 역할을 하며, 이에 대한 대가로 영향력과 배당금을 제공하는 것이다.

02

성공적인 토큰 이코노미의 설계

토큰 이코노미의 구성

비즈니스에서 토큰 이코노미의 목적은 토큰이라는 인센티브를 통해 네트워크를 확장해나가 블록체인 기반의 플랫폼 생태계를 구축하는 데 있다. 사용자들은 플랫폼 생태계의 가치를 높이는 목표 행동에 참여하고 토큰을 인센티브로 보상받는다. 높아진 플랫폼 생태계의 가치는 더 많은 사용자의 참여를 유도하게 된다. 인센티브로 받은 토큰은 많은 사용자가 쓸수록 사용성과 활용성이 높아지고, 이는 곧 토큰의 가치 증가로 연결될 수 있다. 그 결과 초기에 참여한 사용자일수록 더 높은 인센티브를 가져갈 수 있는 것이다. 이러한 일련의 과정을 반복하면서 블록체인 기반의 토큰 이코노미는 지속성과 확장성을 가지

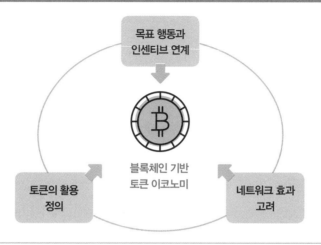

성공적인 토큰 이코노미의 구성 요소

목표 행동과
인센티브 연계

블록체인 기반
토큰 이코노미

토큰의 활용
정의

네트워크 효과
고려

출처: KT경제경영연구소, 2018.

게 되는 것이다.

토큰 이코노미를 성공적으로 설계하기 위해서는 기본적으로 스키너가 주장한 전통적인 토큰 이코노미의 구성 요소인 목표 행동과 인센티브가 필요하다. 여기에 블록체인 기반의 토큰 이코노미에서는 토큰의 활용Usage of Token을 정의하고 플랫폼 생태계의 가치를 향상시키는 네트워크 효과Network Effects를 구축해야 한다. 토큰 이코노미 내에서 인센티브로 제공되는 토큰은 프로그래밍된 코드로서 자체에 내재된 가치가 전무하다고 볼 수 있다. 이러한 토큰은 서비스에 대한 지불 수단이나 소유권의 상징 등 활용처를 정의함으로써 내재 가치를 부여할 수 있다. 토큰의 활용이 정의되면 사용자들은 토큰의 가치를 인지하고 토큰 이코노미 내에서 활용할 수 있게 되는 것이다. 토큰 이코노미 또한 네트워크 기반의 비즈니스이므로 사용자가 많을수록 생태계 가치가 상승할 가능성이 높다. 이에 생태계를 지속하고 유지하기 위해서는 네트워크 효과 또한 고려해야 한다.

성공적인 토큰 이코노미의 요소

1. 목표 행동과 인센티브

블록체인 기반의 토큰 이코노미에는 기존 중앙 집중형 플랫폼 생태계와는 달리 별도의 관리자가 존재하지 않는다. 그렇기에 누군가는 생태계의 가치를 창출하는 역할을 수행해야만 한다. 토큰 이코노미에서는 이러한 문제를 목표 행동과 인센티브의 연계로서 풀어내고 있다.

목표 행동은 토큰 이코노미 생태계의 가치를 형성하는 데 기반이 되는 사용자들의 행동을 뜻한다. 비트코인 시스템에서 채굴(블록체인 블록 생성)을 하는 행동, 스팀잇 서비스에서 콘텐츠를 게재하는 행동 등이 목표 행동에 해당한다.

사용자로 하여금 목표 행동을 이끌어내고 이를 지속하도록 하려면 행동에 대한 강화물, 즉 인센티브가 필요하다. 앞서 언급한 대로 토큰 이코노미에서는 매출이나 영업이익과 같은 가치를 극대화하라고 지시하는 관리 주체가 없다. 이런 이유로 사용자가 스스로 생태계 가치 형성에 기여하는 목표 행동을 하도록 하는 인센티브가 반드시 필요하다. 토큰 이코노미에서는 이러한 인센티브의 수단으로 토큰을 활용한다. 비트코인 시스템의 비트코인, 스팀잇 서비스의 스팀코인이 이

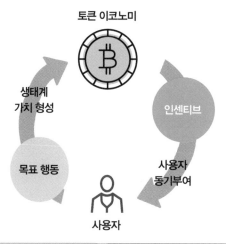

토큰 이코노미

인센티브

생태계
가치 형성

사용자
동기부여

목표 행동

사용자

출처: 포그(B. J. Fogg)의 행동 모델 기반 KT경제경영연구소 재구성, 2018.

에 해당한다.

토큰 이코노미의 설계는 목표 행동과 인센티브, 그리고 이들 간의 연관관계를 정의하는 것에서 시작된다. 가장 먼저 생태계의 가치 형성을 위해 사용자가 수행해야 할 행동들을 식별하고 이를 목표 행동으로 명확히 규정한다. 그런 다음 목표 행동에 따라 인센티브를 얼마만큼 어떤 방식으로 언제 제공할 것인지를 결정하고 명시한다.

2. 토큰의 활용

『비즈니스 블록체인』의 저자이자 저명한 블록체인 전략가인 윌리엄 무가야William Mougayar는 비즈니스 영역에서 사용되는 토큰을 다음과 같이 정의하고 있다.[13] "토큰은 조직이 비즈니스 모델을 스스로 관리하고, 사용자가 자사 제품과 상호작용 할 수 있는 권한을 부여하면서 그와 동시에 모든 이해관계자에게 보상 및 혜택을 분배하고 공유할 수 있게 해주는 가치의 단위다." 쉽게 말하자면, 토큰이 비즈니스의 모든 가치 흐름의 수단이 된다는 것이다. 토큰은 자칫 기존의 마일리지 포인트Mileage Point와 유사하게 느껴질 수 있다. 그러나 마일리지 포인트는 재구매를 유도하는 보조 수단인 데 반해 토큰은 비즈니스 모델에 직접적으로 관여하는 핵심 수단이 된다는 점에서 큰 차이가 있다.

그러나 블록체인상에서만 존재하는 토큰은 프로그래밍 된 코드Code로서 자체적으로 내재된 가치가 없다. 금이나 은 같은 보석은 희소성으로 인해 그 자체로서 가치를 지니며, 화폐는 법으로 그 가치를 부여하고 있다. 토큰은 토큰 이코노미에서 그 활용처와 활용 범위 등을 정의함으로써 가치를 부여한다. 토큰의 활용은 정의하기에 따라 단일 활용이 될 수도 있으나 대개는 복수 활용으로 정의한다. 비트코인은 통화로서 단일 활용으로 정의되었으며, 스팀은 통화뿐만 아니라 스팀잇 서비스 내에서 스팀파워, 스팀달러와 가치 교환이 된다는 점에서 복수 활용으로 정의된 것이다. 이는 토큰을 복수의 활용으로 정의함으로써 범용성과 유동성을 증가시키고 결국 해당 토큰의 가치 상승을 꾀할 수 있기 때문이다.

무가야는 2017년 소셜 네트워크인 미디엄Medium을 통해 토큰의 활용과 가치를 위한 세부 가이드를 제시했다. 과거 시행된 수십여 개의 ICO를 분석한 후 토큰의 역할, 특징 및 목적을 포괄적으로 분류했다.

다음 그림에서 볼 수 있듯이 토큰의 역할은 크게 권리Right, 가치 교환 Value exchange, 사용료Toll, 기능Function, 통화Currency, 소득Earnings의 여섯 가지 분류로 나뉜다. 또 각각은 특성에 따라 세부적인 활용 사례로 분류된다. 물론 본 가이드가 토큰의 모든 활용 가능성을 제시하는 것은 아니지만 토큰 이코노미를 설계할 때 참고할 수는 있다. 가이드에 제시된 활용 사례를 조합하여 복수 활용을 만들거나, 비즈니스 목적에 맞게 새로운 활용 사례를 추가하여 조합한다면 더 나은 토큰 이코노미를 설계할 수 있을 것이다.

① 권리: 토큰을 소유하면 제품 사용, 관리, 기부금, 투표 또는 제품이나 서비스에 대한 접근 권한을 부여받을 권리가 생김.

② 가치 교환: 특정 시장이나 앱 내에서 가치 교환의 미세 단위로서 구매자와 판매자 간의 거래 경제를 형성. 사용자가 목표 행동을 통해 가치를 얻고 생태계 내의 서비스에 지출할 수 있도록 해줌. 능동적 업무(실제 업무와 행동)나 수동적 업무(데이터나 공유 등)를 통해 토큰을 얻을 수 있음.

③ 사용료: 고속도로를 이용하고 요금을 지불하는 것처럼, 토큰을 통해 블록체인 인프라를 사용하거나 제품이나 서비스 이용, 스마트 계약의 실행, 보증금 지불 가능.

④ 기능: 토큰은 네트워크 참여나 사용자 간 연결과 같이 사용자의 경험을 강화시키는 레버Lever로 사용 가능. 또한 서비스 가입이나 이용 시작에 대한 인센티브로 활용 가능.

토큰의 활용과 가치를 위한 가이드		
역할	**목적**	**특성에 따른 활용 사례**
권리 (Right)	자발적 참여 (Bootstrapping engagement)	• 제품 사용(Product usage) • 관리 (Governance) • 기부(Contribution) • 투표(Voting) • 제품/서비스 접근(Product Access) • 소유권(Ownership)
가치교환 (Value exchange)	경제 창출 (Economy creation)	• 노동 보상(Work rewards) • 구매(Buying) • 소비(Spending) • 판매(Selling something) • 능동적/수동적 업무(Active/ Passive work) • 제품 생산(Creating a product)
사용료 (Toll)	사용료 지불 (Skin the game)	• 스마트 계약 운용(Running smart contracts) • 보증금(Security deposit) • 이용 수수료(Usage fees)
기능 (Function)	사용자 경험 강화 (Enriching user experience)	• 네트워크 참여(Jonining a network) • 사용자 간 연결(Connecting with users) • 이용 인센티브(Incentive for usage)
통화 (Currency)	효율적인 거래 (Frictionless transactions)	• 결제 단위(Payment unit) • 거래 단위(Transaction unit)
소득 (Earnings)	이득 분배 (Distributing benefits)	• 이익 공유(Profit sharing) • 이득 공유(Benefits sharing) • 인플레이션 이득(Inflation benefits)

출처: William Mougayar(2017, Medium) 기반 KT경제경영연구소 재구성, 2018.

⑤ 통화: 토큰은 매우 효율적인 결제 수단이자 교환의 원동력이

될 수 있음. 비즈니스 초기에 타사의 결제 인프라를 깔거나 수

수료를 내야 하는 번거로움에서 벗어나 자체적인 지불 처리 절차 보유 가능.

⑥ 소득: 토큰을 활용해 토큰 이코노미 생태계에서 증가된 가치를 재분배할 수 있음. 이익 공유나 이득 공유 혹은 인플레이션과 같은 기타 이득을 이해관계자들과 공유하는 것이 가능.

3. 네트워크 효과

네트워크 효과Network Effects는 특정 제품과 서비스를 이용하는 소비자가 증가할 때 해당 제품과 서비스를 소비함으로써 얻을 수 있는 효용이 더욱 증가하는 것을 말한다.[14] 이 같은 효과는 트위터, 페이스북 그리고 인스타그램 등에 이르기까지 거의 모든 네트워크 기반 비즈니스에서 나타난다. 사용자 한 명만이 이러한 서비스를 이용할 경우 전혀 가치가 없으나 사용자가 많을수록 그 네트워크의 가치는 기하급수적으로 증가한다. 네트워크 가치 증가는 새로운 사용자를 끌어들이는 유인책으로 작용하며, 새로운 사용자의 유입은 네트워크의 확장으로 다시 연결된다.

미국의 네트워크 장비 업체 스리콤3Com의 설립자인 밥 멧커프Bob Metcalfe는 '멧커프의 법칙Metcalfe's Law'으로 네트워크 효과를 설명했다. 멧커프는 특정 네트워크 노드 수가 증가하면 네트워크의 가치는 노드 수의 제곱에 비례하여 증가한다고 주장했다. 즉 사용자가 n명인 경우 n×(n-1)/2가지의 연결 수가 있으며, 네트워크의 가치는 이러한 연결 수에 정비례하여 증가한다는 것이다. 여기서 주의할 점은 사용자가 n명인 경우 이론상 최대 n×(n-1)/2가지의 연결 수가 발생할 수 있다는 것이며, 사용자 수가 늘어도 이들 간 연결이 발생하지 않으면 네트워크 효과를 기대할 수는 없다는 것이다.

토큰 이코노미에서는 사용자가 목표 행동에 참여하고 토큰을 인센티브로 제공받은 후 이를 활용하는 과정이 반복된다. 이러한 사용자들의 행동 하나하나가 네트워크 효과에서 말하는 사용자 간 연결이 된다. 중앙화된 관리 조직이 존재하지 않는 토큰 이코노미에서는 사용자의 목표 행동 참여와 토큰의 활용이 생태계 내의 전체 사용자들에게 영향을 미치므로 네트워크 효과의 파급력이 크다고 할 수 있다.

블록체인 투자가인 가야트리 사카Gayatri Sarkar는 사실 많은 블록체인 스타트업들이 소비자들의 성공적인 토큰 채택Successful Token Adoption과 생태

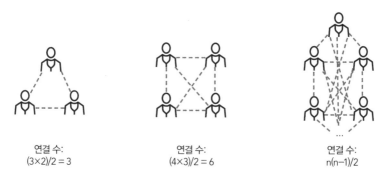

멧커프의 법칙

연결 수:
(3×2)/2 = 3

연결 수:
(4×3)/2 = 6

연결 수:
n(n-1)/2

네트워크 가치 = 네트워크의 전체 연결 수 × 연결당 가치

출처: KT경제경영연구소, 2018.

계 구축을 위해 노력하고 있다고 말한다. 이제는 토큰 발행으로 사람을 끌어모으며 네트워크를 확장해나가는 방식만으로는 안정적인 토큰 이코노미 구축에 한계가 있다. 사카는 성공적인 토큰 이코노미 생태계 구축을 위해서 고객에게 어필할 수 있는 서비스 경쟁 우위 확보와 현실 문제 해결을 강조하고 있다. 그는 안정적인 토큰 이코노미 생태계 구축을 위해서는 토큰의 도입과 고객 친화적인 사용 환경을 제공하는 것도 중요하지만, 가장 중요한 관건 중 하나는 현실 세계가 직접 겪고 있는 문제들을 해결하는 솔루션과 가치를 세상에 생산해낼 수 있는 커뮤니티Community를 구축하는 일이라고 역설한다. 사카는 토큰 이코노미의 네트워크 효과를 잘 구축하기 위해 다음의 세 가지 사항을 제시하고 있다.[15] 첫째, 제품이나 서비스가 흡입력이 있어야 한다. MIT 슬론 경영대학원의 캐서린 터커Catherine Tucker 교수는《하버드 비즈니스 리뷰Harvard Business Review》를 통해 제품이 '흡입력이 있을 때Sticky' 네트워크 효과가 실제로 경쟁 우위의 원천으로 작용할 수 있다고 주장했다.[16] 이는 블록체인과 토큰은 만능이 아니며 토큰 이코노미에서 제공하는 제품과 서비스가 본질적으로 매력이 있어야 한다는 뜻이다.

둘째, 현실의 문제를 해결해야 한다. 사카는 크립토 우버Crypto Uber, 크립토 에어비앤비Crypto Airbnb 같은 블록체인 기반 비즈니스를 지향하는 스타트업들의 설명회를 수없이 들었다고 한다. 그러나 이들 대부분이 기존 비즈니스를 모방한 것에 지나지 않으며 사용자가 고민하는 현실의 문제를 해결해주지도 못한다고 지적했다. 결국 토큰 이코노미를 통해 기존 현실 문제를 해결하거나, 새로운 시장을 창출하거나, 또는 시장의 관습을 바꿀 수 없다면 네트워크 효과는 실패하고 말 것이다.

셋째, 사용자의 기존 습관을 바꿀 수 있어야 한다. 기존 제품이나 서비스에 토큰 이코노미를 추가하는 것만으로는 네트워크 효과가 발생하지 않는다. 운 좋게 기존 시장의 거대 경쟁자를 위협하거나 포모 FoMO 증후군* 등으로 인해 사용자가 일시적으로 증가할 수 있다. 하지만 이렇게 네트워크에 참여한 사용자들이 실질적으로 사용자 간 연결을 발생시킬 가능성은 낮다. 사람들은 습관에 따라 움직이며 기존 습관은 새로운 제품과 서비스에 대한 저항으로 작용하기 때문이다.

---

* 포모FoMO, Fear of Missing Out 증후군: 대세나 유행에 뒤처지는 것에 대한 두려움.

5장

한국형 토큰 이코노미: 사회문제 해결 도구로서 블록체인

01

사회문제 해결로 주목받는
블록체인

　세계 곳곳에서는 블록체인 기반의 토큰 이코노미가 사회에 어떠한 긍정적인 변화를 불러올 수 있을지, 그리고 가난, 질병, 재난 등의 사회문제 해결에 어떻게 활용될 수 있을지에 대한 연구가 활발히 진행되고 있다. 실제로 상업적 목적 외 사회적 가치 제고 목적으로 설립된 블록체인 사업은 전체의 30% 정도에 이른다.[17] 블록체인으로 자연을 보호하고, 공공의 후생을 높이고, 민주주의의 기반을 보호하기 위한 사회적 활동을 위해 'BFIBlockchain for Impact'라는 단체가 설립되기도 했다. BFI는 2017년 설립된 UN 산하기관인 지속 가능한 발전을 위한 블록체인 위원회Blockchain Commission for Sustainable Development*가 설립한 단체다.

이더리움 기반 솔루션 기업 컨센시스Consensys는 이더리움 블록체인 기술을 극대화하여 사회적, 환경적 문제를 해결하고자 '소셜 임팩트를 위한 블록체인Blockchain for Social Impact'이란 프로젝트를 시작했다. 소셜 임팩트란 기업, 프로젝트 또는 활동이 사회에 미치는 영향력을 말한다. 특히 사회문제 해결을 위해 일회성 지원이 아닌 지속 가능한 변화를 일으켜 공공 가치를 창출하는 활동을 의미한다. 컨센시스는 유엔에서 제시한 지속 가능한 발전 목표 중 네 개 영역, 금융적 포용성Financial Inclusion, 공급망Supply Chain, 신분과 취약 계층Identity & Vulnerable Populations, 에너지와 환경Energy & Environment을 초기 목표로 설정하고 이를 해결하기 위해 노력하고 있다.

이처럼 블록체인은 상업적 성과를 제고하는 수단으로서뿐만 아니라 사회문제를 해결하는 열쇠로도 주목받고 있다.

소셜 임팩트의 도구로 블록체인이 주목받는 이유

소셜 임팩트의 도구로서 블록체인이 주목받는 이유는 크게 세 가지로 구분할 수 있다. 첫째는 투명성 확보다. 블록체인은 정보를 특정 기관의 중앙 서버가 아닌 P2P 네트워크에 분산시켜 참가자 모두가 공

---

* 지속 가능한 발전을 위한 블록체인 위원회는 UN의 지속 가능한 발전 목표(UN's Sustainable Development Goals) 이행을 목표로 하며, 블록체인 기반의 기술을 활용해 전 세계적으로 제기되고 있는 문제들의 해결책을 제시하고자 한다.

동으로 기록하고 관리하는 기술로 보안성과 투명성이 높다. 블록체인 기술을 기부금 관리 시스템에 적용할 경우 기부금 관리 정보가 기부자들에게 실시간 공유되어 기부금 관리에 대한 신뢰를 확보할 수 있고, 기부에 대한 관심을 높여 소액 기부도 활성화될 수 있다. 기부금을 투명하게 집행하고 기부 내역에 대한 설명을 요구받고 있는 NGO의 숙제를 해결해줄 수 있을 것으로 기대된다. 또한 기록 불변성이 있는 블록체인을 적용하면 농산물이나 각종 상품의 이력 추적이 가능하여 사회적 안전망을 견고하게 만드는 역할을 할 수 있다.

둘째, 절차의 간소화다. 전통적인 사회는 신뢰를 확보하기 위해 비용을 지불해야 하는 구조다. 예를 들어 하나의 상품을 소비자에게 전달하는 과정에서 상품의 품질이나 안전을 유지하려면 중개인이 필요하다. 이 중개인은 기대하는 역할을 수행하는 대신 비용을 상승시킬 뿐만 아니라 상품 처리 과정에서 중개인의 자의적 활동이 개입할 가능성이 있다. 중개인에 대한 불신과 비용 문제를 해소하기 위해서는 중개인을 배제해 직거래를 성사시키는 것이 가장 좋다. 이를 통해 공급자의 후생이 증진될 뿐만 아니라 공공 영역에서는 개인의 식별, 서비스 제공 여부에 대한 동의, 서비스 품질에 대한 평가 등을 간단하게 해결할 수 있다. 블록체인은 특정 개인과 개인이 직접 연결되는 파이프라인을 형성할 수 있게 한다. 또한 분산원장, 공개 키Public key와 개인 키Private key로 확보할 수 있는 보안성 덕분에 파이프라인은 신뢰할 수 있는 연결 고리가 될 수 있다. 믿을 수 있는 양자가 직접 거래하는 구조는 중개인을 없애고 절차를 간소하게 만든다. 기부자가 직접 수혜자를 선택하고 기부할 수 있는 구조를 실현할 수 있는 것이다.

셋째, 참여의 적극성과 능동성을 높일 수 있는 토큰 이코노미다. 예를 들어 기부의 경우, 자선 기부는 보상을 염두에 두고 하는 활동은 아니지만 기부에 대한 인센티브가 추가되면 이 인센티브가 또 다른 기부를 유인하는 동력이 될 수 있다. 이 체계가 활성화되면 기부 체계 하에서 보상 구조는 해당 시스템의 활력을 높일 수 있다.

블록체인을 활용한 주요 소셜 임팩트 사례

[사례 1] 유니세프의 암호화폐를 활용한 기부 프로그램

유니세프는 2018년 2월 '게임체인저Game Chaingers'라는 시리아 난민 아동 지원을 위한 암호화폐 채굴 프로그램을 공개해 자금 모금을 시작했다. 게임체인저는 게임용 컴퓨터로 이더리움을 채굴해 기부하는 자선 캠페인이다. 고성능 그래픽카드GPU를 갖춘 컴퓨터 게이머들이 컴퓨터를 이용하지 않을 때 유니세프의 이더리움 채굴 프로그램을 실행하면 된다. 채굴된 이더리움은 직접 유니세프의 암호화폐 지갑으로 기부된다.

유니세프가 게이머를 타깃으로 프로그램을 기획한 이유는 게이머들이 보유한 컴퓨터들의 '그래픽 파워' 때문이다. 암호화폐 채굴을 위해서는 그래픽카드가 필요한데 게이머들은 보통 소프트웨어의 빠른 구동을 위해 고성능 그래픽카드를 보유한다. 게이머들이 컴퓨터를 사용하지 않는 시간이나 잘 때만 채굴해도 하루에 2~3달러가량을 기부

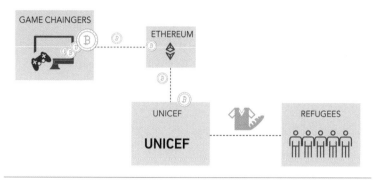

할 수 있다.

유니세프는 기부된 이더리움으로 시리아 난민 아이들에게 물, 교육, 의료 서비스 등을 제공할 예정이다. 유니세프는 웹사이트를 통해 "이번 캠페인은 평소 기부를 하지 못했거나 할 기회가 없던 사람들에게 채굴을 통한 새로운 자선 활동의 기회를 제공한다"고 소개했다.

[사례 2] 네덜란드의 산후조리 서비스와 블록체인

네덜란드 민영 건강보험은 여성이 집에서 출산하면 집으로 산후조리사를 파견한다. 산모는 재택 출산 및 산후조리 서비스를 받은 뒤 비용을 보험사에 청구하면 보험금을 받을 수 있다. 기존에는 서류 작성 제출, 심사까지 30일 이상 걸렸지만, 블록체인 시스템을 통해 출산 수당을 즉시 지급할 수 있게 됐다. 산모는 모바일 앱 '메인조그로그 Mijn Zorg Log(나의 건강관리)'를 사용하여 출산 수당을 산정하는 시간이 얼

산후조리 서비스에 블록체인 기술을 접목한 네덜란드 사례

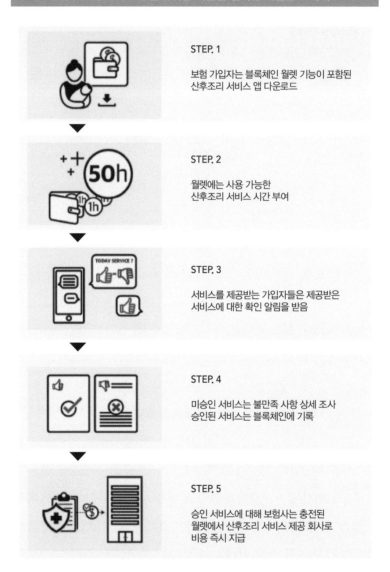

STEP. 1

보험 가입자는 블록체인 월렛 기능이 포함된
산후조리 서비스 앱 다운로드

STEP. 2

월렛에는 사용 가능한
산후조리 서비스 시간 부여

STEP. 3

서비스를 제공받는 가입자들은 제공받은
서비스에 대한 확인 알림을 받음

STEP. 4

미승인 서비스는 불만족 사항 상세 조사
승인된 서비스는 블록체인에 기록

STEP. 5

승인 서비스에 대해 보험사는 충전된
월렛에서 산후조리 서비스 제공 회사로
비용 즉시 지급

출처: 언론 종합

마나 되는지 정확히 확인할 수 있고, 산후조리사는 방문할 때마다 동일한 앱을 사용하여 시간을 기록하고 산모는 정보가 정확한지 동의할 수 있다. 그렇게 모인 데이터는 블록체인을 통해 의료보험 회사에 직접 제공되고 바로 지불이 이루어진다. 또한 산모는 자신의 데이터에 접근할 수 있는 사람을 지정할 수 있고, 예산에 몇 시간의 출산 보육 자금이 남아 있는지 실시간으로 확인할 수 있다.

'블록체인 출산 및 산후조리 확인 서비스'는 네덜란드 건강관리공단과 최대 보험회사인 VGZ, 블록체인 플랫폼 기업인 레저 레오파드 Ledger Leopard가 협업하여 시스템 구축과 테스트를 1년간 진행했다. 그 덕분에 정부와 보험사는 행정절차에 들던 각종 비용을 대폭 줄일 수 있었고, 산모도 종이 서류를 작성해 보험사에 청구해야 하는 귀찮은 일을 하지 않아도 됐다. 스마트 계약 과정에서 자동으로 각 항목을 확인하는 만큼 보험 사기가 발생할 가능성도 적고 처리 속도도 빨라 보험사와 가족, 산후조리사 모두 만족해한다는 것이 네덜란드 정부의 설명이다. 50여 명의 산모를 대상으로 한 시범 서비스는 점차 확대될 예정이다.

[사례 3] 캐나다의 항공 여행을 위한 생체 인식 및 블록체인 프로젝트

캐나다는 항공 여행을 위한 생체 인식 및 블록체인 프로젝트 '알려진 여행자 디지털 IDThe Known Traveler Digital Identity'를 2018년 1월 시범 테스트했다. 캐나다 정부는 세계경제포럼 및 액센츄어와 협력하여 프로토타입을 설계했고, 디지털 ID가 적용되는 상대국으로는 네덜란드가 협력하기로 합의했다. 디지털 ID는 생체 인식, 분산원장, 모바일 인터페이스, 암호화 기술을 이용하여 여행자가 여행을 통제할 수 있도록 하는 것을 목표로 한다. 승객은 자신의 생체 데이터 및 개인 정보를 블록체인 기반 ID에 안전하게 저장한다. 이렇게 저장된 데이터는 공항의 출입국 과정과 호텔 체크인까지 여행 과정에서 신분을 확인하는 데

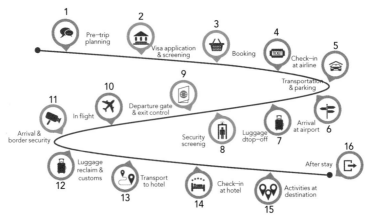

Points marked in blue are identified as highest pain points, as explained in Table 1

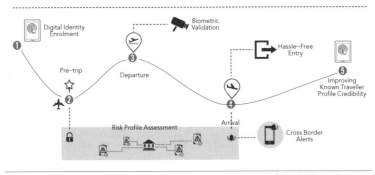

출처: 세계경제포럼, 2018. 1.

사용될 수 있다.

새로운 ID 체계는 여행자가 언제 어떻게 정보를 당국과 공유할 수 있는지를 더욱 잘 제어하여, 공항에서 체류하는 시간을 줄이고 여행 경험을 더욱 효율적으로 만든다. 이를 통해 신속한 통관을 유도하고 여행자와 당국 간의 신뢰와 투명성을 제고하는 것은 물론 위험 감지 능력을 향상시킬 수 있다.

02

한국형 토큰 이코노미의
개념과 의미

한국이 오늘날 처한 현실

① 고용 없는 성장

최근 한국 경제는 고용의 어려움을 겪고 있다. 2018년 8월 통계청의 고용 동향에 따르면 15~29세 청년 실업률은 10%로 지난해 같은 기간에 비해 0.6% 상승했다. 8월 기준으로 1999년 10.7%를 기록한 이후 최고치다.[18] 현재 취업을 준비하는 청년까지 포함한 확장(체감) 실업률은 23%에 달한다. 청년 5명 중 1명이 일자리가 없는 셈이다. 한참 일할 나이의 청년층 실업 상황이 악화되고 있다는 것은 그만큼 한국 경제의 고용 창출 능력이 현저히 저하되고 있음을 의미한다. 한국 경제에는 '고용 없는 성장Jobless Growth'의 징후가 나타나고 있다.[19] 고용 없는

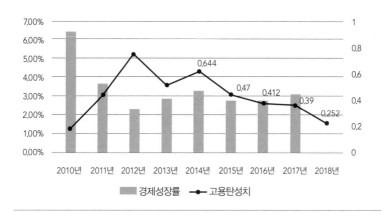

고용탄성치와 경제성장률 추이(2010~2018)

성장이란 경제가 성장하지만 성장한 만큼 고용이 발생하지 않는 것을 뜻한다. 앞으로 AI, 로봇, 자동화 등이 확산되면 이러한 경향은 심화될 수 있다. 아래의 우측 그래프를 보면 한국의 경제성장률은 소폭 증가 내지 유지 수준인 데 반해, 경제성장률이 1% 증가할 때 일자리 증가분을 나타내는 고용탄성치는 빠르게 하강하고 있음을 볼 수 있다. 경제성장과 고용 창출이 괴리되고 있는 것이다. 이러한 상황이기에 일자리 창출 능력이 큰 내수와 서비스산업 육성을 통한 활로 개척이 필요할 것으로 보인다.[20]

② 수익 배분의 불균형 및 지역 격차

국내 사업자의 AI 스피커의 고객 이용 행태를 조사해보면, 가장 높은 순위에 차지하는 것이 바로 음원 서비스이다. 그만큼 음원 서비스는 디지털 시대 필수적인 서비스가 되었다. ICT의 발전과 함께 국내 음원 시장도 비약적인 성장을 이뤘다. 그러나 정작 음원을 만드는 창작자들은 자신들이 이러한 성장의 혜택을 누리지 못하고 있다고 생각한다. 일부 음원 플랫폼의 수익 배분 구조 때문이다. 수익 배분의 불균형으로 음악 창작자에게 정당한 수익이 돌아가지 못한다면 좋은 음악의 창작 동기를 저해시켜, 음악 생태계 발전 원동력 자체를 약화시킬 수 있다. 이는 음악 산업에만 국한된 문제는 아니다. 개인이 행한 노동의 대가를 왜곡 없이 받는 것은 정당한 권리이다. 어느 한 쪽에 편중되지 않은 개방되고 평등한 경제 시스템 기반의 수익 분배가 이루어진다면 한국 사회는 더욱 활기가 넘치는 사회로 성장할 것이다.

한편, 국내 경제 양극화 이슈 중 하나는 바로 지역 격차 해소다. 최근 OECD 조사에 따르면 2011년부터 2016년까지 한국의 1인당 국내총생산GDP 상하위 10% 지역 간 GDP 증가율 격차는 0.309%까지 확대됐다.[21] 지역 격차가 가장 벌어진 국가는 아일랜드로 8.887%에 달했고, 지역 격차가 가장 좁혀진 국가는 칠레로 -8.186%였다. 한국은 지역 격차 확대가 컸던 국가 중 10번째에 위치한다. 전체 29개 회원국 중 절반 이상(16개국)의 지역 격차가 줄고 있는 것과 대조적이다. 실제 2016년 한국에서 1인당 GDP가 가장 높은 울산은 6만 6,798달러, 가장 낮은 대구는 2만 2,079달러로 소득 차이가 4만 달러 이상이었다. 이는 그동안의 거점 방식의 산업 육성 정책을 넘어서 지역 경제의 자생력을 기반으로 한 지역 경제 활성화를 추진할 필요가 있음을 의미한다.

③ 정보 관리 소홀에 따른 문제

얼마전 국내 유명 프랜차이즈 업체 가맹점들이 생크림 케이크의 제조일자와 유통기한을 표시하지 않고 케이크를 판매해온 것이 큰 뉴스가 된 적이 있었다. 프랜차이즈 업체 측은 가맹점주들에게 당일 생산 케이크를 당일 판매하도록 권장하고 있지만, 실제 개별 매장에서 지켜지기 쉽지 않았다. 점주들 입장에서는 마진율이 높은 케이크에 유통기한을 엄격하게 표시하기 시작하면 손해가 발생하기 때문에 회피해온 것이다. 유명 프랜차이즈를 믿고 구매한 다수의 국민은 큰 실망을 느낄 수밖에 없었다.

빅데이터 시대가 도래함에 따라 개인정보 침해 위협 역시 커지고 있다. 과거에는 병원이나 수사기관에서만 사용되던 바이오 정보가 생체 인증, 웨어러블 단말, CCTV 등 ICT 기술과 연동되면서 용도가 다양해지고 사용 빈도도 폭발적으로 증가하고 있다. 또한 수집되는 정보 역시 사람의 건강 상태나 유전적 내력까지 알 수 있을 정도로 민감해지고 있어 오남용 시 사회적 차별 등 심각한 사회문제가 될 수 있다고 경고한다. 최근에는 국내외 병원의 개인정보를 타깃으로한 해킹 사례도 증가하고 있다. 투명하고 안전한 정보 관리에 대한 재점검이 필요한 때이다. 특히 의료, 금융, 공공, 법률 등 민감한 개인정보를 다루는 분야에서의 정보 관리에 대한 투명성과 신뢰성을 확보하는 노력이 필요하다.

④ 새로운 복병, 환경 이슈

한국보건사회연구원은 2017년도에 「사회통합 실태 진단 및 대응 방안 연구」를 실시해 성인 남녀 3,839명을 대상으로 25가지 불안 요소에 대한 불안 정도를 측정하고 이를 7개 영역으로 그룹화해 분석했다. 그 결과 국민들이 가장 불안해하는 요소는 미세먼지 등 대기오염, 수질오염이 포함된 환경문제였다. 경제생활이나 건강 관련 영역보다 더 높은 불안 정도를 보여주어, 환경문제는 이제 국민의 삶의 수준과 직결된 가장 중요한 문제, 미래 해결 과제임을 알 수 있다.[22]

최근 커피 판매점 내부에서 플라스틱 컵 사용을 규제하는 것이 이슈가 되었다. 우리가 일상생활에서 편리하게 사용하던 플라스틱이 문제가 되기 시작한 것이다. 우리가 사용한 플라스틱 제품은 폐기되는 과정에서 5mm 이하의 미세 플라스틱으로 분해된

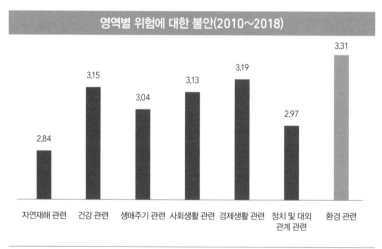

영역별 위험에 대한 불안(2010~2018)

출처: 한국보건사회연구원, 2017.

다. 이들이 하수처리 시설을 그대로 빠져나가 강이나 바다로 흘러 들어가게 된다. 중국 등 세계 각국의 천일염에서 미세 플라스틱이 검출되기 시작했고, 미세 플라스틱을 먹고 자란 해양 동식물들의 유전적 변형까지 관찰되고 있다. 이에 한국을 비롯한 세계 여러 나라들이 플라스틱 사용 규제에 본격적으로 나서기 시작했다. 이러한 환경문제와 관련하여 토큰 이코노미는 새로운 가능성을 제공한다. 이제 환경보호와 같은 사회적 기여에 토큰 인센티브를 제공하는 것이 가능해지면 네거티브 일변도의 규제에서 포지티브한 방식의 환경문제 대처가 가능해질 수 있다.

한국형 토큰 이코노미의 지향점

향후 한국은 선진국 여부를 가리는 척도인 '30K-50M 클럽'* 가입이 유력해지면서 경제 대국 반열에 오를 것으로 기대되고 있다. 이렇게 한국은 경제·정보화 수준은 선진국 대열에 올라섰으나, 가계소득 양극화가 심각하며 삶의 질은 OECD 국가 중 하위권 수준이다. 이와 더불어 고용 불안, 경제적 저성장, 사이버 범죄 등 사회적 문제들이 지속적으로 발생하면서 이를 해결하기 위한 ICT의 사회적 역할이 강조되고 있다.

---

* '30K-50M 클럽'은 1인당 국민총소득이 3만 달러이면서 인구가 5,000만 명 이상인 국가를 뜻하며, 이 클럽에 가입했다는 것은 경제 대국임을 의미한다. 현재 미국, 영국, 독일, 프랑스, 이탈리아, 일본 등 6개국이 가입 중이다.

최근 이러한 사회적 문제를 해결할 해법으로 블록체인이 주목을 받고 있다. 블록체인은 디지털 환경에서 참여자 간 신뢰 프로세스를 분산 구조로 재설계함으로써 신뢰성을 극대화한다. 블록체인 기술의 본질인 신뢰성과 투명성은 모든 사회·경제·정치 시스템을 관통하면서 시스템의 토대를 재구축하는 핵심 요소가 될 것이다. 특히 블록체인 플랫폼을 통해 사용자의 사회적 기여에 대한 보상(인센티브)이 투명하고 실시간으로 이루어지는 토큰 이코노미는 사회문제 해결의 열쇠가 될 것으로 보인다.* 예를 들어 전자 투표, 신분증 및 졸업장 발급, 식용 재료 유통, 저작권 보호, 공문서 관리 등 신뢰 및 보안·안전을 요하는 분야를 포함해 상거래 응용 등 모든 사회 영역에 토큰 이코노미를 적용할 수 있다.

이에 한국 정부와 과학기술계는 국민 생활 문제를 적극적으로 해결하기 위해 과학기술의 역할을 확대하고 블록체인 연구개발을 통해 사회적 가치가 실현될 수 있도록 추진하며, 궁극적으로 초신뢰 기반의 공정한 국가 사회 문화가 조성되도록 기술 정책 및 기술 기획을 새롭게 정립하기 위해 힘쓰고 있다.

실제로 스탠퍼드 대학 사회혁신센터의 「블록체인의 사회적 영향」 자료에 따르면, 블록체인은 민주주의의 거버넌스, 토지 권리, 자선/기부, 건강, 농업, 재무, 에너지, 환경 등에 적용되어 효율성을 높이고 비

---

* 사회문제를 해결하는 블록체인 생태계의 지속 성장을 위해 성장 친화적인 행동에 인센티브를 제공하고, 인센티브를 토큰으로 교환할 수 있고, 토큰을 유·무형 가치로 전환할 수 있도록 하는 생태계 내 토큰 거래 순환 시스템인 토큰 이코노미가 작동되는 것이다.

국민 생활(사회) 문제 해결에 블록체인 기술 적용

- 디지털 네트워크에서 이루어지는 데이터의 생성, 보전, 유통, 관리 등 제반 활동의 초신뢰를 확보할 수 있는 블록체인 기술의 특징을 이용하여 암호통화, 공공보안, 산업 응용, 거래 결제의 경제 사회 전반에 활용되고 있으며, ICT와 융복합을 통해 국민 생활(사회) 문제 해결에 적용할 수 있음
- 국민 생활(사회) 문제 해결 관련, 개인 정보 유출을 방지하는 전자 시민증, 저작권 침해 없는 저작물 생성/유통/소비 서비스, 포털/SNS 불신을 제거하는 콘텐츠 인증/등록 알고리즘, 원산지 위변조가 불가능한 생산 증명/거래 플랫폼, 금융 비용 부담을 경감하는 암호통화 및 상거래 시스템, 미터링 불편을 제거하는 안전한 검침 장치, 자산 관리 불안을 해소하는 분산원장 자산 관리 시스템, 투표/세금 조작을 방지하는 시스템 구현에 블록체인 기술을 활용할 수 있음

출처: ETRI Insight, 「국민 생활 문제 해결을 위한 블록체인 R&D의 효과 분석 및 추진 전략」, 2018. 4.

용을 줄이며 투명성을 높여 사회에 긍정적인 영향을 미치고 있다. 블록체인의 사회적 영향 조사 결과, 이전에 해결 불가능했던 문제들을 해결할 수 있는 것으로 파악되었는데, 66%는 블록체인을 활용 시 다른 방법에 비해 문제가 개선되었다고, 20%는 블록체인이 문제 해결에 필수적이라고, 14%는 블록체인보다 다른 방법이 더 좋을 수 있다고 평가했다.

한국형 토큰 이코노미의 핵심은 블록체인 생태계를 통해 신뢰 사회 구축, 일자리 창출, 공공 비용 절감, 일반인의 사회 참여 활성화 등 한국 사회의 불균형과 갈등을 해소하고 사회문제를 해결하여 공공 가치를 창출하는 데 있다. 또한 사회문제 해결의 새로운 메커니즘으로

제안된 토큰 이코노미는 모두에게 기회를 확대하고 번영의 과실을 공정하게 배분하는 경제성장도 지원하는 등 한국 경제와 사회가 한 단계 진일보할 수 있는 새로운 성장 가능성도 제공할 것이다.

블록체인의 사회적 영향

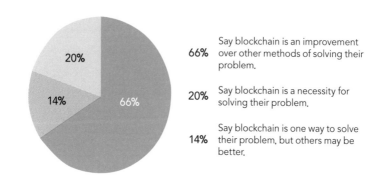

66% Say blockchain is an improvement over other methods of solving their problem.

20% Say blockchain is a necessity for solving their problem.

14% Say blockchain is one way to solve their problem, but others may be better.

출처: Stanford Graduate School of Business, "Blockchain for Social Impact", 2018. 4. 11.

한국형 토큰 이코노미

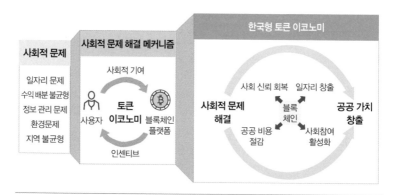

출처: KT경제경영연구소, 2018.

03

토큰 이코노미를 통한
사회문제 해결

고용 창출 효과

블록체인 기반 토큰 이코노미가 활성화되면서 전 세계적으로 양질의 일자리가 창출될 것으로 예상된다. 실제로 암호화폐 거래소를 비롯해 금융, 보안, 유통, 제조 등 다양한 산업 분야에서 블록체인을 도입하면서 새로운 전문 직종이 등장하고 있다.

블록체인 개발에 따른 고용 창출은 크게 전문 연구 인력을 양성하는 R&D 직군과 블록체인을 활용하는 기업이 성장하면서 고용이 확대되는 방향으로 나뉠 것이다. 기업들은 부족한 블록체인 전문 인력을 확보하기 위해 학계 등과 연계하여 블록체인 R&D 센터를 설립하고 연구 인력을 양성 및 배출하고 있다. 한 예로 포스텍 인터블록체인

블록체인 도입에 따른 새로운 전문 직종	
분류	**주요 직종**
기술	블록체인 기술 요소별 개발자, 암호화폐 시니어 소프트웨어 엔지니어, 비트코인 데브옵스(DevOps) 엔지니어, 공인 암호화폐 전문가, 암호화폐 채굴 기술자, 프로토콜/블록체인을 이해하는 클라우드 엔지니어, 블록체인 풀스택(Full-Stack) 개발자
거래	암호화폐 애널리스트, 암호화폐 트레이더 및 자산운용역, 암호화폐 거래 시스템 엔지니어
서비스	암호화폐 프로젝트 매니저 및 제품 매니저, 암호화폐 최고운영책임자(COO), 암호화폐 연구 분석원, 법률/세무 컨설턴트, 사기 거래 감지, 거래 데이터 분석, 블록체인상 데이터 등록, 전문 마케터

출처: KT경제경영연구소, 2018.

연구센터는 오는 2021년까지 29억 원을 투입해 인재를 양성할 계획이다. 또한 정부는 블록체인 기술 경쟁력을 확보하기 위해 2022년까지 438억 원을 투자하여 1만 명의 전문 인력을 양성한다는 방침을 발표했다. 블록체인 특화 액셀러레이터(스타트업을 발굴하여 엔젤 투자, 사업 공간, 멘토링 등 종합 육성 서비스를 제공하는 창업 기획자)를 육성해 우수 스타트업을 발굴하고 집중 컨설팅 서비스와 VC 멘토링 서비스를 지원할 뿐만 아니라 판교 테크노밸리 입주 공간도 지원할 계획이다.

장기적으로는 블록체인 기술의 신규 서비스를 창출하고 기존 산업에 적용하면서 기업이 성장하고 이로 인해 기술 및 서비스 분야에서 고용이 확대될 것으로 보인다. 실제로 국내 기업들은 블록체인 전문 조직을 꾸리고 개발자 등 전문가를 채용하고 있다. 삼성 SDS는 2015년부터 블록체인 기술 개발을 위한 전담 조직을 신설했고, LG CNS는 50명으로 구성된 블록체인 조직을 신설했고 향후 100명까지 인력을 충원할 계획이다. 네이버 자회사 라인은 블록체인 기술과 서비스를 연구하는 사내 조직인 '라인 블록체인 랩LAB'을 설립하고 2018년 내 30명까지 인재를 확보할 예정이다.

ICO 규제 완화 시 ICO를 통한 벤처 창업이 이루어지면 추가 신규 고용 창출이 가능해질 것이다. 정부와 민간이 협력하여 크립토밸리를 구성한 스위스 주크Zug는 2018년 5월 기준 250여 곳의 블록체인 기업이 자리를 잡았고, 이를 통해 숙박, 관광업 등 ICO 특수 효과를 포함하여 총 10만 9,000여 개의 일자리가 창출됐다. 크립토밸리는 ICO나 블록체인 관련 회사를 설립하려면 현지 스위스인을 의무적으

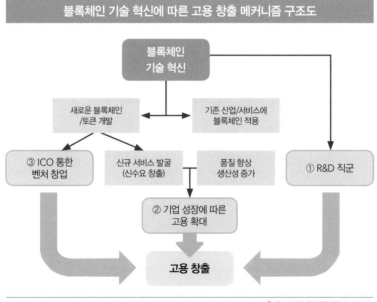

블록체인 기술 혁신에 따른 고용 창출 메커니즘 구조도

출처: KT경제경영연구소, 2018.

로 고용하도록 제도를 마련했다. 국내에서는 2011년부터 2017년까지 2,650곳의 벤처기업이 총 7.5조 원의 투자를 받아 11만 명을 고용한 바 있다. ICO 규제가 풀리면 이에 준하는 벤처 창업 효과가 예상된다.

수익 배분의 불균형 해소

블록체인은 분산 네트워크를 사용하여 중앙 집중적인 기존의 수수료 기반 사회구조를 혁신하여 사회적 부가 플랫폼을 지배한 사업자에게 치우치지 않고 플랫폼에 참여하는 개인에게 돌아가게 한다는 점에서 소득 불균형을 해소하는 기능을 한다.

예를 들어, 에너지 거래에 블록체인을 적용하면 기존의 불투명한 시스템에서 비롯된 안전성, 투명성, 비효율성 문제를 개선하여 개인 간의 에너지 거래를 가능하게 함으로써 개인의 추가 소득원으로 활용할 수 있다. 중국의 에너고Energo는 에너지 블록체인 분산 앱을 개발해서 에너지 생산자와 소비자가 실시간으로 전력 거래를 할 수 있도록 DAEDecentralized Autonomous Energy 분산형 자율 에너지 시스템을 구축했다. 참여자들은 신재생에너지 소비량 및 거래량에 따라서 인센티브를 받음으로써 기존 DAE 유틸리티에서 제공하는 전기 가격보다 저렴하게 전기를 구매할 수 있다.

공유경제에 블록체인을 적용하는 경우도 생각해볼 수 있다. 예를 들어 우버 등의 중앙 집중적인 사업자가 제공하는 기존 승차 공유 서비스는 개인 간의 거래에서 이루어지는 승차 공유에 대한 수수료를 중앙 플랫폼인 사업자가 과도하게 수취하여 공유경제 성장에 따른 부를 사업자 혼자 독식했다. 그러나 블록체인을 공유경제에 도입하면 공유경제를 통한 사회적 부를 참여자들이 고르게 분배하여 소득의 불균형을 해소할 수 있다. 블록체인 기반 승차 공유 서비스 라주즈LaZooz는 이더리움 기반의 주즈Zooz 토큰을 발행하고, 승차 공유를 이용하는 승객과 운전자 사이의 지불 수단으로 주즈 토큰을 이용하게 한다. 운전자는 승객에게 받은 주즈 토큰을 이더리움으로 교환할 수 있으며 다른 결제 수단은 제공되지 않는다. 라주즈는 운전자에게 우버 등의 승차 공유 서비스처럼 수수료를 받지 않기 때문에 라주즈를 사용하는 운전자는 더 많은 수익을 보장받을 수 있다.

뿐만 아니라 블록체인은 본인이 받아야 할 대가를 타인이 가로챌 수 있는 문제를 해소하는 데도 기여할 수 있다. 유엔여성기구UN Women 와 유엔정보통신국UN OICT, Office of Information and Communications Technology은 2017년 5월 노르웨이 오슬로에서 여성 인권 향상을 위한 솔루션을 개발하는 개발자들을 위한 캐터펄트 미래 축제Katapult Future Fest 해커톤Hackathon('해킹 Hacking'과 '마라톤Marathon'의 합성어로, 마라톤처럼 일정한 시간과 장소에서 프로그램을 해킹하거나 개발하는 행사를 일컬음)을 개최한 바 있다. 캐터펄트 미래 축제 수상자 중 콩고 출신의 여성 개발자 올리비에르 무쿠타Olivier Mukuta 는 12년간의 말라위 난민 캠프 경험을 토대로 여성 사업자들을 위한 송금 솔루션인 VIPI 캐시VIPI Cash를 개발했다. VIPI 캐시는 여성들에게 수익이 생길 경우, 이를 남편이나 아버지 등 가족의 구성원이 여성의 의사와 상관없이 사용해버리는 문제점을 해소하기 위한 솔루션이다.

캐터펄트 미래 축제 2017 현장

출처: 유엔여성기구

다른 가족 구성원이 접근할 수 없도록 당사자들 사이에서만 송금이 이루어지도록 하며, 송금된 돈을 교육이나 식료품 등 특정 용도로만 사용할 수 있도록 하여 여성의 경제적 독립성을 보장한다. 또 다른 수상 팀인 디왈라Diwala는 분쟁 지역 난민 등 거주지가 불규칙한 여성도 안정적으로 자신의 기술과 재능을 이용해 수익을 얻을 수 있도록 디왈라 토큰을 이용해 서비스를 사고팔 수 있는 플랫폼을 개발했다.

지난 2018년 10월 11일 미국 상원 위원회에서 개최된 공청회에서 아프가니스탄의 한 여성 사업가가 비트코인으로 직원들에게 임금을 주면서 사업을 유지할 수 있게 된 사례가 소개되기도 했다. 실제로 아프가니스탄에서는 남성들에게만 계좌 개설을 허용하고 있기 때문에 여성들이 사업을 하기는 매우 어려운 환경이다.

→ 정보에 대한 신뢰와 투명성을 갖춘 사회 건설

많은 국가에서는 신뢰할 수 있고 투명한 사회를 건설하기 위해 정부 행정, 의료 시스템, 선거 관리 등에 블록체인을 도입하고 있다. 블록체인 기반 프로젝트는 투명성을 강화하고 시간과 비용을 절감하며 공공서비스의 효율과 질을 향상시킬 수 있다는 점에서 활용도가 높다.

블록체인 기반 토지대장 프로젝트는 스웨덴, 조지아, 인도 등 많은 국가에서 추진 중이다. 특히 북미나 유럽의 선진국 정부들이 대부분 토지나 부동산에 대한 법적 소유권을 체계적인 방식으로 관리하고 있는 것과 달리, 많은 수의 개발도상국에서는 자산에 대한 법적 소유권을 부여받지 못하는 경우가 많다. 이러한 문제로 인한 경제적 손실과 부패를 방지하고 상호 신뢰를 증진하기 위해 블록체인 기술을 도입하는 것이다.

인도의 안드라프라데시Andhra Pradesh 주 정부와 크로마웨이ChromaWay 는 2017년 10월 블록체인 기반 토지대장을 구축하기 위한 파트너십을 체결했다. 안드라프라데시는 인도 남동부에 위치한 주로서, 핀테크밸리 비자그Fintech Valley Vizag 계획을 주도하고 있다. 2016년 12월 출범한 핀테크밸리 비자그는 안드라프라데시 주에서 두 번째로 큰 도시이자 중요한 항구도시인 비사카파트남Visakhapatnam, Vizag을 중심으로 세계적인 규모의 핀테크 생태계를 조성하는 것을 목적으로 한다. 크로마웨이와 협력하여 블록체인 기반 토지대장을 구축하려는 프로젝트는 이러한 핀테크밸리 비자그 계획의 일부로 기획됐다. 이와 별개로 인도 현지의 블록체인 업체인 제비 데이터Zebi Data와도 파트너십을 맺고 블록체인 기반으로 토지대장을 기록하는 프로젝트를 진행해 2018년 3월 기준으로 10만 개 이상의 토지대장을 블록체인에 저장한 상태다.

안드라프라데시(주 정부)가 블록체인을 행정에 도입하고자 하는 주된 목적은 공직자 내부의 부패로 인한 공문서 위조 문제를 해결하기 위함이다. 인도의 뇌물 수수율은 무려 69%로, 2017년 기준 아시아에서 가장 부패한 국가 1위로 기록됐다. 안드라프라데시(주 정부)가 자체적으로 추산한 바에 따르면, 인도 전역에서 토지등기와 관련해 발생한 뇌물의 액수는 총 7억 달러에 달한다.

이 때문에 법정 재산 소유권이 제대로 관리되지 못하고 있으며, 이로 인한 분쟁 역시 심각하다. 인도 싱크탱크 다크슈Daksh에 따르면, 인도 내 민사사건의 66%가 자산의 소유권과 관련되어 있으며, 이로 인해 매년 0.5%의 GDP 손실이 발생하고 있다. 안드라프라데시 주는 토지대장 관리에 블록체인을 도입함으로써, 공무원들의 등기 문서 조작 및 관련 뇌물 수수를 방지할 수 있을 것으로 기대하고 있다.

블록체인은 정부 의료 및 복지 시스템에도 적용 중이다. 에스토니아는 블록체인을 활용한 의료 기록 감시 및 관리 시스템을 구축하고 있다. 2017년 2월 에스토니아 이헬스 재단eHeath Foundation과 가드타임이 공식적인 협력을 시작하여 현재 적용 중이다. 가드타임은 에스토니아 정부에 공식적으로 검증 가능한 보안 시스템을 만드는 것을 목표로 2007년 설립됐다. 정부 기록, 네트워크 및 시스템의 무결성을 검증하기 위한 기술을 제공하고 있다.

에스토니아 정부는 블록체인을 이용해 전자 서명을 구현했다. 이 모델의 핵심은 디지털 ID로, 에스토니아인 90퍼센트가 전자 ID 카드로 정부 서비스를 이용할 수 있다. 이때 ID의 인증 방식은 기존 PKIPublic Key Infrastructure 방식이 아닌 KSIKeyless Signature Infrastructure를 사용한다. PKI는 키를 교환함으로써 상대방에게 본인임을 인증하는 기술이다. 반면에 KSI는 본인의 ID로 특정 데이터에 전자 서명을 하면 고유값이 생성된다. 이 값은 해당 ID로 생성한 정보에 접근할 수 있는 '키'와 같은 역할을 한다.

에스토니아 이헬스 재단이 보유한 기존 오라클 데이터베이스와 가드타임의 KSI 블록체인을 통합하여 전자 시스템의 보안, 투명성, 감사 기능 및 관리 기능을 강화하고 환자 기록의 라이프 사이클 관리를 제공하는 것이다.

가드타임의 블록체인 기술을 통합하면 해당 환자 기록에 대해 독립적인 법의학 수준의 감사 추적을 제공할 수 있으므로 기록에 액세스하는 모든 사람은 정보를 조작할 수 없다. 건강관리 기록에 대한 모든 업데이트 및 접근 기록이 블록체인에 등록되므로 의료 사기를 방지할 수 있고 해커가 자신의 흔적을 숨길 수 없게 된다. 또한 공격 정보를 실시간으로 제공하여 경고함으로써 대규모 피해가 발생하기 전에 정부가 대응할 수 있게 한다.

블록체인은 선거 관리 시스템에도 적용할 수 있다. 부정과 부패가 만연한 지역에서는 선거 결과의 투명성이 보장되지 않는다. 블록체인을 도입하면 투표 결과가 블록체인에 등록되어 투표 결과를 투명하게 누구나 열람할 수 있다. 이를 통해 선거 결과 조작을 차단하여 부정을 통해 권력을 얻는 세력을 막을 수 있고, 선거가 종료된 뒤 패배한 진영에서 선거 결과를 인정하지 않아 발생하는 충돌과 그에 따른 비용 낭비를 사전에 차단할 수 있다.

환경문제 해소

지난 2017년 5월 독일 본에서 열린 UN기후회의UN climate conference에서는 이더리움 블록체인을 이용하여 기후변화에 대처하자는 방안이 제안됐다. '기후변화에 관한 유엔기본협약UN Framework Convention on Climate Change'의 직원인 알렉산드르 겔레트 파리는 "블록체인은 이해관계자의 참여와 투명성을 증진하고 기후변화에 대응하는 데 필요한 신뢰와 혁신적인 솔루션을 제공"한다고 주장했다. 블록체인이 지구 환경 보호를 위한 만병통치약은 아니지만 환경 파괴에 효과적으로 대처하기 위한 강력한 도구가 될 수 있다.

플라스틱 뱅크Plastic Bank는 2013년 캐나다 밴쿠버에 설립된 사회적 기업으로 블록체인 기술을 기반으로 폐기물 재활용 프로그램을 운영한다. 플라스틱 뱅크는 플라스틱으로 인해 바다가 오염되는 일이 대부분(80%) 저개발 국가에서 일어난다는 점에 착안해 비즈니스 모델을 만들었다. 저개발 국가의 빈곤층이 바다에 버려진 플라스틱을 수거해 오면, 이를 물질로 보상해준다. 이는 바다의 수질오염을 방지하면서도 빈곤층이 일정 수준 이상의 생활을 할 수 있게 해준다. 일석이조의 효과다.

하지만 이 과정에서 플라스틱 뱅크는 두 가지 문제점에 봉착했다. 첫째는 이 모든 거래 과정을 펜과 종이로 일일이 기록해야 한다는 점, 또 다른 문제는 플라스틱을 수거하는 사람들이 대부분 은행 계좌가 없고, 부패와 범죄로 현금 거래가 매우 위험하다는 것이었다.

이를 해결한 것이 블록체인이다. 플라스틱 뱅크는 IT 기술의 도움을 받기 위해 IBM과 협업을 택했다. 리눅스 기반의 소형 메인프레임 시스템인 'IBM 리눅스원LinuxONE'에 프라이빗 클라우드 기반의 블록체인을 구축했다. IBM이 주도하고 있는 오픈소스 블록체인 프로젝트인 '하이퍼레저' 기술을 통해 디지털 토큰 보상 시스템을 만들었다.

이를 통해 플라스틱 뱅크는 수거한 플라스틱을 현금화하고 빈곤층에게 제공하는 보상 체계와 플라스틱을 구매하는 기업과의 거래 등 플라스틱 재활용 과정에서 이루어지는 모든 거래를 실시간으로 기록할 수 있었다. 현금 거래에서 발생하는 불신을 해소하고, 신뢰를 확보한 것이다.

은행 계좌가 없는 저소득층은 스마트폰 애플리케이션의 디지털 지갑을 통해 지급된 토큰(크레디트)으로 생수나 음식, 연료 등을 살 수 있다. 플라스틱 뱅크와 협약을 맺은 특정 가게에서 가능하다. 심지어 일부 학교는 수업료를 이 디지털 토큰으로 받는다. 수거된 플라스틱을

플라스틱을 수거하고 얻은 토큰으로 물건을 구매하는 사람들

출처: IBM 블로그

구매하는 기업들 역시 블록체인의 공급망 투명성을 기반으로 안심하고 거래할 수 있다.

이 같은 비즈니스 모델은 2015년 아이티를 시작으로 필리핀, 브라질, 남아프리카공화국, 파나마, 인도 등으로 확산할 예정이다.

블록체인은 또한 미리 정의된 온실가스 배출량에 대한 권리를 말하는 탄소 자산 거래를 촉진하는 데 사용할 수 있다. 기업들은 다른 자산과 마찬가지로 탄소 자산을 매매할 수 있고, 이러한 시장은 블록체인의 효율과 투명성이라는 이점을 누릴 수 있다. 중국 베이징에 기반을 둔 에너지 블록체인 랩Energy Blockchain Labs과 IBM은 탄소 자산 거래에 블록체인 기술을 적용해서 탄소 거래 시장을 활성화하는 것을 목표로 시스템을 구축했다. 블록체인 기술을 활용하면 탄소 거래 시장을 감독하고 탄소 할당량을 관리하는 비용을 줄일 수 있다. 탄소 거래 시장에서 거래되는 내용을 투명하게 확인할 수 있으므로 탄소 자산의 수요와 공급을 정확하게 예측할 수 있다.

또한 블록체인은 기업이 탄소 배출권을 안전하게 추적할 수 있는 효율적인 방법이 될 수 있다. IBM은 현재 이 프로젝트에서 베리디움랩Veridium Labs과 협력하고 있다. 베리디움은 탄소 배출권을 효과적으로 토큰화해 다른 모든 상품처럼 구매, 판매, 양도할 수 있는 방법을 개발했다. 이들의 목표는 기업들이 탄소 배출권을 실시간으로 교환할 수 있게 해주는 공인된 블록체인을 만드는 것이다. IBM과 베리디움의 이런 노력은 기업을 대상으로 한다. 《포브스》에 따르면, 아이스크림 체인인 벤앤드제리스Ben & Jerry's도 이와 비슷한 노력을 하고 있다. 이 특별한 프로젝트는 아이스크림 판매와 관련한 소액 결제 수단에 탄소 배출권을 결부시켜 판매로 인한 수익금의 일부를 기후변화를 늦추는 노력에 사용하고 있다.

코오롱그룹의 환경·에너지 사업 계열사인 코오롱에코원은 일반인이 참여하기 쉬운 에너지 절약 플랫폼인 행동 보상형 블록체인 플랫폼 '카본블록Carbon-Bloc'을 개발 중이다. 개개인이 실제 환경을 살리고 에너지를 절약하는 행동을 하도록 적절한 보상 체계를 구축하는 데 그 목적이 있다. 이를테면 각 가정에서 전기·수도·도시가스 등의 사용량을 줄여 온실가스 감축에 참여하면 그 실적에 따라 일종의 토큰을 얻는 식이다. 실제로 교통카드 업체, 카풀 스타트업 등과 협력해 데이터를 공유해 데이터를 기반으로 보상해줄 수 있는 시스템을 구축하고 있다. 또한 트위터, 페이스북 등 SNS에 '환경 콘텐츠'를 작성해 보상받을 수 있는 시스템을 갖춰 사람들의 참여를 유도하고 있다.

에너지 절감 활동에 따라 획득한 토큰은 제휴를 맺은 기업이나 지방자치단체가 제공하는 다양한 서비스 혹은 재화를 구매하는 데 사용할 수 있다. 블록체인 기술을 통해 민감한 개인 정보인 전기·가스·수도 사용량 등 에너지 사용 정보와 절감 데이터를 보호하고, 보상받은 토큰은 마켓에서 안전하게 거래하는 것이 가능하다.

영향력 있는 단체나 조직 등에게는 마일리지나 포인트 제도와 유사한 영향력 지수인 에코 파워Eco power를 도입하고, 에코 파워를 '에코 토큰Eco Token'으로 교환할 수 있는 토큰 이코노미를 계획 중이다.

⌐ 지역 경제 활성화

현재 국내에서는 블록체인 기반의 암호화폐가 지역화폐*로 사용되어 지역 경제를 활성화하고 공동체를 회복**하는 수단으로 사용되고 있다. 기존 지역화폐는 지폐나 상품권 형태로 발행되어 전통 시장과 같이 특정 장소에서만 이용할 수 있었기 때문에 사용률이 저조했

* 지역화폐는 법정화폐(원)를 보완하는 화폐로 사용처를 지역이나 집단(커뮤니티), 특정 섹터로 인위적으로 제한한 거래 매개체다.
** 지불 수단은 신뢰를 필요조건으로 하기 때문에 공동체 회복, 지역성 회복, 독립성 회복과 같은 지역 가치를 복원하는 부가적 효과가 발생한다.

다. 특히 휴대폰 결제와 같은 간편 결제를 선호하는 소비자들에게는 큰 호응을 받지 못하고 있다. 발행된 지역화폐가 불법적인 경로를 통해 현금화되는 부작용도 기존 지역화폐가 해결해야 하는 과제 중 하나였다. 이에 거래 비용을 대폭 줄일 수 있는 저비용 지역화폐 기술로 블록체인이 부각되고 있다. 중앙의 데이터 처리 기관이 필요하지 않고 거래 내용이 투명하고 안전하게 공개되는 블록체인 기술과 시장가치로 반영되지 않는 사회적 가치가 결합되어 시너지 효과가 발생하는 것이다.

서울 노원구는 2016년부터 활용해온 지역화폐(종이 화폐)를 활성화하기 위해 2018년 2월 블록체인 지역화폐 노원No-won을 개발하고 상용화했다. 퍼블릭 블록체인 기술을 활용하지만 트래픽 관리와 개인정보보호법 준수를 위해 전체 트래픽의 40%는 중앙 데이터베이스에서, 나머지 60%는 블록체인에서 처리하도록 설계했다. 개인 및 단체가 노

블록체인 지역화폐 노원의 적립과 활용

사회적 가치 실현을 통한 적립
- 현금 환전 불가
- 최대 적립액 5만NW, 유효기간 3년

지역화폐 가맹점 확인
- 공공 21개소
- 민간 53개소

카드, 앱으로 지역화폐 사용
- 사용 기준율 2~30%

출처: 부산발전연구원, 2018. 4.

원구 내에서 자원봉사, 기부, 자원 순환 등의 활동을 하면 그 대가로 지역화폐 노원을 제공한다. 노원은 '앱'과 '카드'의 QR코드를 통해 노원 가맹점 총 122곳(공공 21개소, 민간 101개소)에서 화폐처럼 사용할 수 있고, 사용자 간 거래(선물)도 가능하다.

지역의 장점을 살리고 지역 경제 활성화 및 종이 화폐 관련 비용 절감 등을 위해 서울시(에스코인), 시흥시(시루), 세종시(세종코인), 제주도(제주코인) 등 여러 지방자치단체에서 암호화폐를 도입하고 있다.

최근 KT는 블록체인 지역화폐 플랫폼을 선보였다. 김포시에 우선

출처: KT

도입되는 KT 블록체인 지역화폐 플랫폼은 KT가 자체적으로 개발한 '스마트 컨트랙트' 기술이 적용되어 코딩이 가능한 화폐를 발행할 수 있고, 중개자가 없는 직접 결제 서비스를 제공한다. 또한 데이터의 누락 없이 신뢰도 높은 정산을 가능하게 한다.

아울러 KT의 블록체인 지역화폐 플랫폼은 분산된 네트워크가 모든 결제(거래) 목록을 지속적으로 갱신하고 검증하는 '분산원장 기술'을 기반으로 이중 지불, 위변조, 부인 또는 부정 유통 등을 원천 차단해 지방자치단체가 지역화폐를 더욱 투명하게 관리하고 집행할 수 있도록 지원한다.

KT는 블록체인 지역화폐 플랫폼을 바탕으로 김포시 지역화폐를 스마트폰 앱의 QR코드와 충전식 선불카드 형태로 서비스할 계획이다. 스마트폰 사용이 익숙하지 않은 노령 인구와 신도시 구축으로 유입된 3040 인구 비중 등 김포시의 지역적 특징을 고려한 것이다. QR코드와 선불카드 모두 가맹점에서 별도의 결제 단말기를 새로 갖추지 않고도 편리하게 결제 가능해 김포시민과 가맹점의 지역화폐 수용 가능성이 높을 것으로 전망된다.

KT의 플랫폼을 통해 발행되는 김포시 지역화폐는 태환兑換이 가능하다는 장점이 있다. 예컨대 김포시장에서 지역화폐를 받고 생선을 판매한 A씨는 물건을 판매한 대가로 지역화폐가 아닌 현금을 본인의 은행 계좌로 즉시 입금받을 수 있다. 국내에서 유통되는 블록체인 기반의 지역화폐 중 태환 기능을 도입한 것은 김포시 지역화폐가 처음이다.

특히 모바일 상품권 '기프티쇼' 서비스에 적용되어 안전한 거래를 제공하고 있는 블록체인 기반 암호화 기술을 김포시 지역화폐 플랫폼에도 도입하여 해킹이나 도난, 유용의 걱정 없이 현금처럼 사용하게 할 예정이다.

KT는 김포시를 시작으로 전국 160여 지방자치단체를 대상으로 블록체인 지역화폐 플랫폼을 적용해나갈 계획이며 전자 투표, 시민참여, 보상 등 지방자치단체의 행정 혁신에 도움이 되는 블록체인 기반의 다양한 서비스를 선보일 예정이다.

블록체인 다시 보기

개념부터 작동 원리까지

블록체인 다시 보기
개념부터 작동 원리까지

암호화 기술의 역사

최초의 암호화폐인 비트코인의 토대가 되는 기술인 블록체인은 어느 날 갑자기 생긴 기술이 아니다. 40년 이상의 연구 결과다. 비트코인에 대해 설명하기에 앞서, 우리는 암호화 기술 시스템을 디자인하고, 발전시키고, 도입함으로써 높은 보안성을 확보하는 것이 암호화 기술의 목적이라는 점을 이해해야 한다. 그렇다면 암호화 기술은 왜 블록체인과 연관이 있을까? 암호화 기술의 어떤 특징이 블록체인에 영향을 미치는 것일까? 답은 간단하다. 암호화가 '비잔틴 장군의 딜레마'를 해결하는 열쇠가 되기 때문이다. '비잔틴 장군의 딜레마'는 서로 믿지 못하는 여러 객체 또는 단체가 중앙 권력에 의존하지 않고 합의

하는 방법을 찾으려고 하는 것이다. 이에 대한 해결책으로 블록체인 기술이 주목받고 있다.

역사적으로 문자를 암호화하는 기술은 다양하게 존재해왔다. 역사적으로 가장 유명한 에니그마Enigma 암호 기계가 그 중 하나다. 2차 세계대전 중, 각 정부들은 암호화 기술의 아버지라 불리는 앨런 튜링의 유명한 일화로 인하여 정보를 암호화하는 기술과 암호 해독의 중요성을 깨닫게 된다. 고도화된 암호화 기술은 동맹국에 커다란 전략적인 우위를 가져다 주어 동맹국의 승리에 크게 기여하였다. 그렇다면 코인이 암호화됐다는 것은 어떤 의미일까? 이는 조작 불가능하고 안전하다는 의미다. 암호화는 제3자에게 무언가를 숨길 수 있는 기술이므로 암호화폐 또한 똑같이 불가침 특성을 지니게 된다.

비트코인의 기반 기술은 20세기 말부터 점차 태동했다. 1991년 암호화 기술을 이용한 블록체인 개념이 처음 소개되었다. 1998년 중국의 컴퓨터 엔지니어 웨이다이Wei Dai가 퍼블릭키 암호화 기술을 이용한 전자거래 분산화 솔루션을 제안하며 지금의 비트코인 거래 과정의 기초를 만들었다. 시간이 지남에 따라 여러 컴퓨터 공학자들이 비트코인의 기반이 되는 초기 연구들을 점차 발전시켰다.

비트코인과 블록체인은 금융 위기를 맞이한 2008년부터 본격적으로 시작됐다. 금융 위기 이전까지는 재산의 원래 가치에 근거한 금융 상품이 주를 이루었다. 하지만 20세기 말 들어 모기지 절차의 중복으로 실제 가치보다 몇 배 과장되어 시장 가격이 형성되는 거품이 생겨났다. 중앙화된 금융 시스템의 투명성은 확보되지 않았고 자산은 중복되어 계산된 것이다. 왜곡된 중앙 시스템으로 인한 문제점은 시장에 거품을 만들었다. 금융 시장에 형성된 거품은 오래가지 못해 붕괴됐다. 그로 인해 전 세계적으로 경제 위기가 퍼져나갔다. 중앙화된 금융 시스템의 문제점이 글로벌 경제 위기로까지 확대된 것이다.

중앙화된 금융 시스템의 문제로 인한 글로벌 경제 위기를 지켜본 사토시는 기존 시스템의 대안이 되는 새로운 시스템을 개발했다. 사토시는 2008년 그의 논문에서 비트코인이라 알려진 전자화폐(암호화폐)를 '전자 서명의 체인'이라고 정의하며 비트코인 블록체인을 제안했다. 그리고 2009년 사토시는 비트코인 생태계의 핵심 알고리즘인 비트코인 소프트웨어를 공개하였고, 비트코인 네트워크 및 비트코인BTC을 구축하였다. 미래를 바꿀 기술로 주목받으며 전 세계를 강타하고 있는 블록체인 기술이 본격적으로 첫발을 내딛었다.

┌ㆍ 비트코인이란?

비트코인은 암호화 기술cryptography을 거래 확인에 적용한 것이다. 비트코인 사용자들은 개인 키private key라 불리는 비밀번호를 통해 그들의 잔고에 대한 접근 권한을 얻는다. 거래는 채굴자miner라 불리는 네트워크 유저들에 의해 확인된다. 채굴자들은 공유 데이터베이스shared database와 분산 처리distributed processing* 활동을 통해 추가로 비트코인을 얻는다.

---

* 네트워크 참여자들 각각의 컴퓨터에 분산해서 데이터를 처리하는 방식.

비트코인 블록체인 거래가 어떻게 진행되는지 예를 들어 살펴보도록 하자.

영미가 철수에게 점심 밥값을 빌렸다. 영미는 철수에게 빌린 돈을 비트코인으로 돌려주려고 한다. 그녀는 새로운 비트코인 지갑을 만들기 위해 스마트폰에 지갑을 설치한다. 개인 지갑은 개인 은행 계좌와 같은 역할을 한다. 그리고 개인 지갑은 개인 은행 계좌와 같은 역할을 한다.

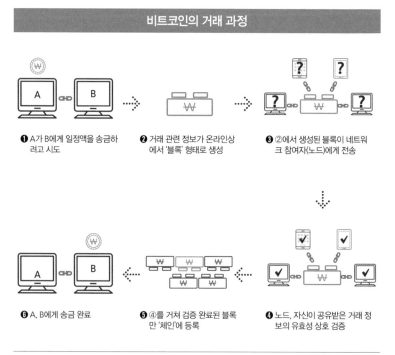

비트코인의 거래 과정

❶ A가 B에게 일정액을 송금하려고 시도

❷ 거래 관련 정보가 온라인상에서 '블록' 형태로 생성

❸ ②에서 생성된 블록이 네트워크 참여자(노드)에게 전송

❻ A, B에게 송금 완료

❺ ④를 거쳐 검증 완료된 블록만 '체인'에 등록

❹ 노드, 자신이 공유받은 거래 정보의 유효성 상호 검증

출처: 삼성 뉴스룸, 2017.

영미가 철수에게 돈을 돌려주기 위해서 자신의 개인 키와 철수의 공개 키라는 두 가지 정보가 필요하다. 철수 핸드폰의 QR코드를 스캔하거나, 철수가 영미에게 무작위 숫자와 문자로 구성된 지불 주소를 이메일로 보내면 영미는 철수의 공개 키를 얻을 수 있다. 지갑은 전 세계의 비트코인 채굴자들에게 거래가 임박했음을 알린다. 채굴자들은 거래 확인 서비스를 제공한다. 채굴자들은 먼저 영미가 거래를 진행하기 충분한 비트코인을 가지고 있는지 확인한다.

같은 시간 수많은 거래가 네트워크상에서 언제든지 동시에 일어날 수 있다. 채굴자들은 주어진 시간대의 모든 처리 중인 거래들을 확인하기 위해 거래들을 그룹화하여 하나의 블록으로 만든다. 각각의 블록들은 독특한 확인 번호, 생성 시간, 그리고 지난 블록에 대한 참고 정보가 담겨 있다. 새로운 블록이 네트워크에 생성되면 채굴자들은 이 블록의 거래들이 적합한지 확인한다. 확인 작업은 복잡한 암호 계산을 푸는 방식으로 진행된다. 한 채굴자가 먼저 암호 계산을 풀면 나머지 네트워크에 그 소식이 알려진다. 비트코인 알고리즘은 암호 계산을 푼 채굴자에게 비트코인 25개를 보상으로 지급한다. 그리고 새로운 블록은 비트코인 블록체인 앞부분에 더해진다. 각각의 블록은 이전의 블록에 합류되고 연결되어서 전체 체인(블록체인)이 만들어진다. 영미가 거래를 시작한 지 약 10분 안에 영미의 비트코인이 철수에게 넘어갔다는 확인을 받게 된다. 블록체인 내에서 철수는 영미한테 비트코인을 받고, 모든 거래는 완료된다.

비트코인의 대안, 이더리움과 알트코인

블록체인에는 비트코인 블록체인뿐만 아니라 다양한 종류의 블록체인이 있다. 최근 비트코인을 대체하려는 다른 코인들이 만들어지고 있다. 아직 아무도 비트코인과 같은 규모를 달성하지 못했지만 다른 코인 블록체인도 빠른 처리, 더 큰 데이터 처리 용량, 차별화된 합의 방식 등 진화된 기능들로 비트코인과는 다른 장점을 보여줌으로써 시장의 주목을 받고 있다. 예를 들어, 라이트코인Litecoin은 비트코인에 비해 소규모 코인이지만 거래 처리 속도가 더 빠르다는 장점이 있다. 저렴한 가격으로 은행들과 비은행 금융 서비스 회사들을 타깃으로 운영되고 있는 리플 거래 프로토콜은 다른 분산거래장부들끼리 즉각적으로 거래를 확인할 수 있다는 장점이 있다. 리플의 분산거래장부를 활용한 거래에서는 각 참여자들 사이에 일정 수준 이상의 신뢰가 보장되기 때문에 비트코인의 복잡한 수학 문제 풀이 방식을 사용하지 않고 참여자들의 합의로 거래를 확인할 수 있다.

2013년 러시아 출신 개발자 비탈릭 부테린은 차세대 스마트 계약과 분산 응용 애플리케이션 플랫폼이라는 「이더리움 백서」를 발간했다. 당시 부테린은 19세 청년이었다. 그리고 2014년 부테린은 《포브스》와 《타임》이 공동 주관하는 '월드 테크놀로지 어워드World Technology Award'에서 페이스북의 저커버그를 제치고 IT 소프트웨어 부문 수상자로 선정되어 세상을 놀라게 했다.

스마트 계약은 이더리움의 중요한 특징 중 하나다. 스마트 계약은 합의 절차를 자동화한 컴퓨터 프로그램이다. '코드가 곧 법이다code is

스마트 계약		
계약 당사자 간 계약 조건을 코드화시켜 블록에 입력한다	코드는 암호화되어 블록체인 네트워크 참여자들에게 전송 보관된다	코드에 입력된 계약 조건이 만족되면 자동으로 거래가 진행된다

출처: 언론보도 기반 KT경제경영연구소 재구성

law'라는 스마트 계약의 원칙이 그 특징을 잘 표현해준다. 코드에 적힌 계약 조건이 충족되면 그 즉시 계약이 진행되도록 하는 것이다. 즉 스마트 계약은 사람의 개입 없이 자동으로 실행되는 자동화된 거래 규약인 것이다. 이때 계약 상대방이 과연 신뢰할 만한 사람인지, 중간에 신뢰를 담보하는 제3자가 필요한 것은 아닌지, 계약이 안전하게 처리됐는지를 고민할 필요가 없다. 모든 과정은 이미 입력된 프로그램을 통해 자동으로 이루어진다. 스마트 계약은 비트코인에서도 일부 구현됐지만 매우 제한적이었다.

이더리움을 통해 진보된 스마트 계약 기술은 많은 산업의 비즈니스 절차를 변혁할 높은 잠재력을 가지고 있다. 예를 들어, 다른 사람과의 옵션 계약이 스마트 계약을 이용해서 블록체인에 프로그램화되어 쓰일 수 있다. 거래 개인들은 익명성에 의해 드러나지 않지만 계약 내용은 공공 거래장부에 기록된다. 만료 기한과 행사 가격과 같은 내용이 블록체인에 프로그램화되어 입력된다. 계약은 암호화된 거래 조건들

종류	주요 내용
이더리움 클래식 (ETC)	2016년 발행된 이더리움 클래식은 이더리움에서 파생된 코인으로, 이더리움 해킹 사건 이후 생겨났다. 해킹 피해 대책으로 이더리움 개발자들의 네트워크 업데이트를 반대하면서 파생되어 생겨났다. 이더리움 클래식은 이더리움과 비슷하지만 이더리움의 업데이트가 진행됨에 따라 점차 그 성질이 달라지고 있다.
비트코인 캐시 (BCH)	2017년 발행된 비트코인 캐시는 비트코인에서 파생된 암호화폐다. 비트코인은 느린 처리 속도로 높은 수수료가 발생하는 문제가 발생했는데, 이를 개선하기 위해 만들어졌다. 기존 비트코인의 거래 내역을 똑같이 유지하고 있기 때문에 비트코인과 같은 양의 사용자를 보유하고 있다.
리플 (XRP)	2013년 발행된 리플은 누구나 네트워크에 참여 가능한 일반 블록체인과 다르게 참여자들의 합의에 의해 참여가 가능하다. 다른 블록체인과 비교하여 저렴한 수수료와 높은 속도가 강점이다. 채굴자들을 통해 코인을 생성하지 않고 운영 주체에서 전체 수량을 발행, 유통, 관리하고 있다. 독자적인 합의 프로토콜을 사용하고 있다.
스텔라 (XLM)	2014년 발행된 스텔라는 리플을 새롭게 개량해 만든 네트워크로, 개발도상국의 금융 소외 계층을 주요 고객으로 한다. 리플 프로토콜을 개량한 스텔라 합의 메커니즘(SPC)을 사용한다. 저렴한 수수료와 높은 속도가 강점이다.
라이트코인 (LTC)	2011년 발행된 라이트코인은 비트코인 기반의 코인으로, 일명 '암호화폐계의 은'이라 불린다. 비트코인과 비교해 블록 생성 주기를 10분에서 2.5분으로 단축시키고 총 발행량을 네 배 늘렸다. 비트코인과 구조가 유사하여 비트코인과 호환성이 높다. 저렴한 수수료와 높은 전송 속도가 강점이다.
제트캐시 (ZEC)	2016년 발행된 제트캐시는 익명성을 보장하여 거래 추적이 불가능한 분산 암호화폐. 지불 정보가 암호화되어 추적이 불가능하다. 제트캐시는 영지식 증명(Zero-Knowledge-Proof)을 기반으로 하여, 거래를 직접 승인하는 참여자도 거래 내용을 알 수 없도록 설계되어 있다. 이외 익명성 코인으로 대시, 모네로 등이 있다.
퀀텀 (QTUM)	2017년 발행된 퀀텀은 스마트 계약을 기반으로 하는 이더리움과 유사한 특징이 있다. 퀀텀은 네트워크상에서 다양한 애플리케이션을 구동할 수 있다. 다양한 비즈니스와의 콜라보레이션을 통해 퀀텀 네트워크를 비즈니스 플랫폼으로 만들고 있다.
네오(NEO)	2015년 중국에서 최초로 만들어진 블록체인 프로젝트다. 중국 특성을 고려하여 텐센트, 바이두(Baidu) 등과의 호환성이 높다. 장기적으로 중국 정부와 협력하여 네오 플랫폼을 이용해 중국 블록체인 인프라 형성을 위해 노력하고 있다.

* 비트코인의 대안(alternative)으로, 비트코인과 비슷하게 운용되지만 거래 내역을 더 빠르게 처리하는 식의 변화를 준 코인이라 하여 알트코인(Altcoin)이라 한다.

출처: 언론보도 기반 KT경제경영연구소 재구성

에 의해서 자동으로 실행된다. 이더리움 스마트 계약을 활용하면 기존에 수동으로 진행하던 옵션 계약을 더 효율적으로 진행할 수 있다.

블록체인 쉽게 이해하기

많은 전문가들이 미래를 바꿀 기술이라 말하는 블록체인은 무엇일까? 간단히 설명하던 블록체인은 분산화된 거래장부라고 할 수 있다. 분산화된 거래장부에는 참여자들의 모든 거래가 기록된다. 장부 각각의 페이지를 하나의 블록Block이라 한다. 블록들은 크레페 케이크가 만들어지듯이 층층이 계속 쌓여나간다. 그리고 블록들이 하나의 긴 사슬chain처럼 연결되는 형태가 되기 때문에 블록체인blockchain이라 불린다. 블록체인의 분산거래장부 특성상 중앙화된 제3의 신뢰 조직을 경유하거나 의존하는 행위가 생략될 수 있다.

예를 들어, 당신이 집에서 전기를 공급받으려면 전기에너지를 운반하는 전기회사의 서비스를 이용해야 한다. 전기회사는 발전소에서 생산한 전기를 가정에 송전해줌으로써 높은 수익을 올린다. 만약 전기회사 없이 발전소와 고객들이 직접 거래할 수 있다면 좀 더 저렴한 가격에 전기를 이용할 수 있을 것이다. 어떻게 중간에 있는 전기회사를 생략하고 전기를 거래할지는 블록체인 기술을 처음 듣는 사람들은 이해하기 힘들 수 있다.

가정에 설치된 태양광 발전기에서 생성된 전기에너지는 사용 후 잔여 전기를 한전을 통해 판매할 수 있다. 잔여 전기는 한전을 통해 판매되기 때문에 전기 거래에 높은 거래 수수료가 붙는다. 하지만 블록체인 기술을 활용하면 중간 수수료 없이 전기 발전소와 고객 간의 직접 거래가 가능해진다.

위 설명으로는 블록체인이 무엇인지 정확히 이해하기 힘들 것이다. 이해를 돕기 위해 실제 현실에서 가장 많이 사용되는 결제 시스템 사례를 중심으로 설명하겠다. 오늘날 세계에서 어떻게 결제가 이루어지고 있는지 예시를 들어 살펴보도록 하자.

100명의 사람들이 다른 인종이나 다른 나라와의 연결 수단이 전혀 없는 바다 한가운데 섬마을 A에서 살고 있다고 가정해보자. 어느 누구도 결핍을 느끼지 않고 충분한 자원 환경에서 자유롭게 살고 있다.

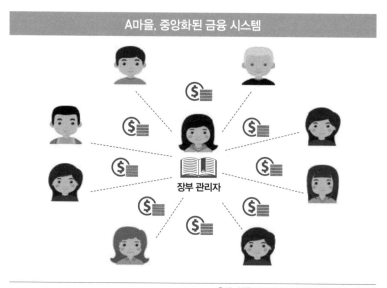

출처: 언론보도 기반 KT경제경영연구소 재구성

문제는 사람들이 무언가를 교환할 때 생긴다. 섬마을 A 사람들은 문제를 해결하기 위해 해결책을 만들었다. 물물교환의 단점을 피하기 위해 100명의 마을 사람들은 금으로 만든 자체 동전을 개발했다. 그리고 사람들 간의 거래를 정리하기 위해 100명의 마을 사람들 중 정직한 사람을 선발하여 거래장부 관리자로 임명했다. 사람들은 금으로 만든 동전을 이용해서 물건을 사고팔 수 있게 됐다. 거래의 신뢰성, 유효성, 그리고 최신성은 사람들이 임명한 거래장부 관리자에 의해 보장된다. 모든 사람이 거래장부 관리자에게 거래의 타당성 확인과 거래 추적을 요청할 수 있다. 이 100명의 마을 사람들은 현재 널리 사용되고 있는 은행 시스템을 개발한 것이다.

하지만 마을 사람들이 임명한 거래장부 관리자가 정직하지 않으면 어떻게 될까? 만약 관리자가 밤 동안 거래장부를 위조한다고 상상해보자. 어떤 거래 내용은 임의로 장부에서 삭제하고 새로운 내용을 임의로 추가하거나 모든 장부를 파괴한다면 어떤 일이 일어날까? 100명의 섬마을 사람들의 전체 거래 시스템은 마비될 것이고 중앙화된 결제 시스템에 종속될 것이다. A 마을의 결제 시스템은 모든 마을 사람이 한 명의 거래장부 관리자에게 거래의 신뢰성을 의지하는 시스템이다. 현대사회에서는 은행 시스템이 거래장부 관리자 역할을 하고 있다. 친구에게 돈을 송금할 때 우리는 은행 시스템을 신뢰한다. 즉 은행이 당신의 요청대로 금융거래를 집행할 것이라고 신뢰하는 것이다.

이러한 신뢰에는 중대한 단점이 존재한다. 첫째로, 단일 장애 지점

문제single point of failure*다. 섬마을에 큰 태풍이 상륙해서 거래장부를 쓸어 가버리면 해당 섬마을의 결제 시스템은 마비되어 큰 혼란을 겪게 된다. 둘째로, 제3자 신뢰 조직이 부정직할 가능성이다dishonest 3rd trusted party. 거래장부 관리자가 거래들을 임의로 조작하는 상황이 발생하면 구성원들은 결제 시스템을 신뢰하지 않을 것이다. 셋째로, 중복 지출 문제 double-spending problem**이다. 이 문제는 섬마을에는 해당 사항이 없지만 디지털화된 화폐를 사용하는 오늘날 은행 시스템에서는 큰 문제다. 중앙화된 은행 시스템의 이 세 가지 문제들은 2008년 금융 위기 이후 우리가 실제 경험하고 있는 것들이다.

그렇다면 블록체인은 어떻게 기존의 중앙화된 결제 시스템을 대신할 수 있을까?

앞서 설명했던 A 마을과 같은 조건의 또 다른 섬마을 B에도 100명의 사람들이 살고 있다. B 마을 사람들은 마을 사람들 사이의 거래 기록의 신뢰성, 유효성 그리고 최신성을 확보하기 위해 거래장부 관리자를 임명하지 않고 다른 해결책을 모색했다. 그들은 10×3 스프레드시트로 구성된 100페이지의 거래장부 책을 만들었다. 그런 다음 마을 사람들은 이 책을 99권 복사한 후 각각의 복사본을 마을 사람들 모두에게 나눠 줬다. 그 결과 100명의 모든 마을 사람이 모두 한 권씩 책을 소유하게 됐다. 그런 다음 마을 사람들은 1만 개의 동전을 만

---

* 다중화되지 않아 해당 시스템에 장애가 발생했을 때 전체 또는 일부 서비스가 중단되는 문제.
** 전자화폐를 불법 복제하여 무단으로 반복 사용하는 것으로, 디지털 정보는 종이 문서와는 달리 복제가 쉬우며 원본과 사본의 구별이 어렵다.

들었다. 그리고 마을 사람 모두에게 동전을 10개씩 배분했다. 마을 사람들은 이 동전을 마을코인이라 이름 붙였다. 물건 교환과 지불을 포함한 모든 거래를 마을코인을 통해서 진행하기로 한 것이다.

　마을 사람들 중 누군가 거래를 원할 때, 거래를 진행하고 싶은 사람은 마을 사람 모두가 보고 들을 수 있는 마을 광장에 가서 모든 마을 사람에게 거래 정보를 전하게 된다. 그리고 모든 마을 사람에게 거래 정보를 크게 외쳐 전해야 한다. 모든 마을 사람은 거래 소식을 듣고 그들의 책에 거래 정보를 적는다. 찬호가 현아에게 마을코인 2개를 주고, 우성이가 태희에게 마을코인 4개를 주었다는 등의 거래 정보가 책에 기록된다. 이러한 방식으로 모든 거래를 100명이 각각 가지고 있는

B마을, 분산거래장부 시스템

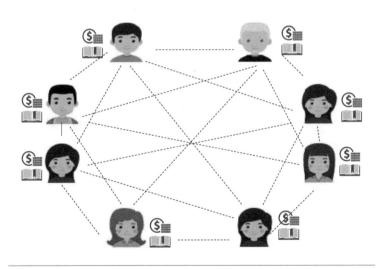

출처: 언론보도 기반 KT경제경영연구소 재구성

모든 책에 기록하게 된다. 거래가 적절하게 이루어진다면 모든 마을 사람이 같은 거래 기록을 가지게 된다. 마을 사람 중 한 사람이 중앙 관리자가 되어 거래의 정확성을 보장하기 위해 일하지 않고 마을 사람들 모두가 자기 자신의 책에 대해 책임을 가지고 관리하여 마을 내 모든 거래를 안전하게 관리할 수 있게 된다.

B 마을 사람들의 방식은 두 가지 의미가 있다. 첫째, 투명성이다. 마을 사람들의 모든 거래가 모든 마을 사람이 보유한 책에 기록되기 때문에 거래를 진행하려는 사람이 거래에 필요한 충분한 돈을 소유하고 있는지를 바로 확인할 수 있어 거래가 투명해진다. 둘째, 보안이다. 모든 사람이 같은 거래 기록이 적힌 책을 가지고 있으므로 만일 누군가 책에 적힌 거래 기록을 조작한다면, 곧 드러나게 되어 있다. 모든(대다수) 사람이 조작한 기록과 다르게 올바른 거래 기록을 가지고 있기 때문에 위변조한 거래를 쉽게 파악할 수 있다.

지금까지 섬마을 B 사람들의 예를 들어 기존 중앙 시스템의 대안이 되는 블록체인을 설명했다. 그리고 어떻게 데이터베이스를 공유할 수 있고 조작 없이 네트워크 안에서 거래를 안전하게 기록할 수 있는지 살펴보았다. 블록체인은 거래 정보를 기록한 장부를 특정 조직의 중앙 서버가 아닌 P2P_{Peer-To-Peer} 네트워크*에 분산하여 참여자가 공동으로 기록하고 관리하는 방식이다. 각 참여자가 거래 내역을 공유하고 대조하는 과정을 통해 거래 내역의 진위를 판별할 수 있다. 장부와

---

* P2P는 컴퓨터 간의 동등한 수평적인 연결을 의미한다. 분산병렬형 네트워크인 P2P는 수평적인 연결망을 통해 이용자들이 자원을 서로 나누고 공유하는 컴퓨팅이다.

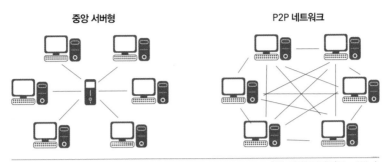

연결된 수많은 참여자들에게 해당 거래의 진위를 일일이 판별받아야 하기에 블록체인은 중앙화된 금융 시스템보다 더 높은 보안을 유지할 수 있고, 해킹과 위조, 변조도 사실상 불가능하다.

블록체인의 분류

블록체인은 참여자 범위에 따라 크게 퍼블릭Public, 프라이빗Private, 컨소시엄Consortium 세 가지 형태로 분류된다.

퍼블릭 블록체인은 참여자 모두가 정보를 공유하고 관리할 수 있는 블록체인으로, 중앙에서 통제하는 조직이나 대표자가 없다. 퍼블릭 블록체인은 공적인 블록체인이라서 누구든지 허가 없이 블록체인의 데이터를 읽고, 쓰고, 검증할 수 있다. 대표적인 예로 비트코인이나 이더리움이 있다. 누구나 운영 주체가 될 수 있기 때문에 투명성이 보장된다는 큰 장점이 있다. 금전 거래를 할 때 은행가 같은 제3자가 같은 곳에 등록하고 인증받고 그곳의 허락을 받는 중간 거래를 거칠 필요 없이 자유롭게 거래할 수 있다.

퍼블릭 블록체인은 누구에게나 열려 있기 때문에 누군가는 범죄에 악용할 위험이 있다. 중간에 관리하는 조직이 없으므로 돈세탁과 같은 범죄에 이용될 가능성이 있다. 또한 데이터를 검증하는 데 모든 참여자가 참가하기 때문에 거래 처리 속도와 성능이 저하될 수 있다. 그리고 일정한 시간 주기로 블록을 추가하고 생성해야 하기 때문에 전체적인 블록체인 성능이 저하될 수밖에 없는 구조다. 또한 퍼블릭 블록체인의 프로토콜은 수정이 어렵다. 네트워크를 사용하는 사람들 중 과반수 이상의 동의를 얻어야 수정할 수 있다. 과반수 이상의 동의 외에도 프로토콜을 수정하는 과정이 복잡하고 시간이 오래 소요되어 수정에 어려움이 있다.

프라이빗 블록체인은 퍼블릭 블록체인의 단점인 처리 속도를 보완하고 특정 참여자들끼리 정보를 공유하기 위해 만든 블록체인이다. 프라이빗에서는 권한이 있고 허가된 사람들만 사용이 가능하기 때문에 일단 서로 신뢰할 수 있다. 네트워크 크기가 비교적 작아 데이터 처리 성능 또한 퍼블릭보다 뛰어나다. 신뢰할 수 있는 기관과 사용자들이 거래를 증명하기 때문에 네트워크를 유지하기 위한 채굴이 필요 없으며 중간에 문제가 발생할 경우 법적으로 책임질 주체가 확실하다. 프라이빗 블록체인은 프로토콜 수정이 비교적 쉽다. 참여자들의 동의를 받을 필요 없이 블록체인을 운영하는 기관에서 수정이 가능하기 때문이다.

컨소시엄 블록체인은 퍼블릭 블록체인과 프라이빗 블록체인의 중간 형태로, 사전에 정해진 참여자들만 관리 권한을 갖는 블록체인이다. 최근 블록체인의 활용은 퍼블릭보다는 프라이빗 및 컨소시엄 형태로 발전하고 있다. 다양한 분야에서 프라이빗 블록체인을 활용하여 거래의 효율성 및 신뢰성을 제고하고 있다.

블록체인의 분류			
구분	퍼블릭 블록체인	프라이빗 블록체인	컨소시엄 블록체인
설명	- 누구나 데이터에 접근 가능하다 - 모든 거래 참여자가 알고리즘을 통해 거래 내역을 검증한다	- 지정된 중앙에서 통제 권한을 가지고 거래를 증명하고 사용자를 통제한다	- 컨소시엄 참여자들의 합의에 따라 거래 내역을 검증 가능하다 - 허가받은 사용자만 접근 가능하다
거버넌스	- 한번 정해진 규칙을 바꾸기 매우 어렵다	- 중앙 기관의 의사 결정에 따라 규칙 수정이 가능하다	- 컨소시엄 참여자들의 합의에 따라 상대적으로 용이하게 규칙 수정이 가능하다
거래 속도	- 네트워크 확장이 어렵고 거래 속도가 느리다	- 네트워크 확장이 매우 쉽고 거래 속도가 빠르다	- 네트워크 확장이 쉽고 거래 속도가 빠르다
데이터 접근	- 누구나 접근 가능	- 허가받은 사용자만 접근 가능	- 허가받은 사용자만 접근 가능
식별성	- 익명성	- 식별 가능	- 식별 가능
거래 증명	- 알고리즘(PoW, PoS 등) - 익명의 거래 증명자	- 중앙 기관	- 사전에 합의된 규칙에 따라 거래 검증 - 인증된 거래 증명자
코인 필요성	- 필요	- 불필요(선택 사항)	- 불필요(선택 사항)
활용 사례	- 비트코인, 이더리움 등	- 나스닥의 링크(Linq) 등	- 하이퍼레저, R3CEV

출처: 금융보안원, 한화투자증권

블록체인을 구성하는 주요 기술

블록체인을 구성하는 주요 기술에는 P2P 네트워크, 분산원장, 암호화 기술, 합의 알고리즘, 스마트 계약이 있다.

1. P2P 네트워크: 기존의 많은 네트워크 시스템은 중앙화된 서버를 통해서만 여러 사용자(클라이언트)가 연결되고 관리되는 서버-클라이언트 구조로 이루어졌다. 반면에 블록체인은 P2P 네트워크를 기반으로 모든 사용자가 동등한 계층으로 연결되어, 서버와 클라이언트의 역할을 동시에 수행한다. 네트워크 참여자들이 트래픽을 분할하여 부하를 분산해주므로 참여자 수가 증가하더라도 서버 없이 서비스를 안정적으로 유지할 수 있는 확장성이 있다.

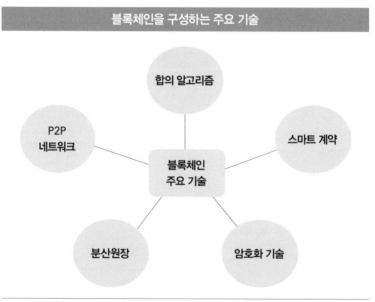

블록체인을 구성하는 주요 기술

합의 알고리즘

P2P 네트워크

스마트 계약

블록체인 주요 기술

분산원장

암호화 기술

출처: KT경제경영연구소

2. 분산원장: 분산원장은 블록체인의 탈중앙화를 가능케 하는 특징으로, 참여자들 간의 합의에 따라 복제 및 공유되며, 블록이라 부르는 저장소에 동기화된 정보를 기록한다. 특히 분산 장부를 P2P 네트워크에 적용하려면 분산 장부의 기록에 대한 참여자들 대다수의 합의가 필요하다. 블록체인에서 분산 장부는 발생하는 모든 거래, 정보를 참여자들의 검증 과정을 거쳐 기록하고 모든 참여자가 동일한 정보를 소유하게 한다.

3. 암호화 기술: 블록체인을 기반으로 운용하는 디지털 화폐를 지칭할 때 흔히 암호화폐라는 용어를 사용하는데, 이는 암호화 기술이 블록체인의 핵심 요소이기 때문이다. 암호화 기술 중에 대표적인 기술로 PKI 기반의 디지털 서명과 암호화 해시Cryptographic hash가 있다. PKI는 흔히 사용되는 공인인증 시스템이라 볼 수 있으며, 블록체인상에서 발생하는 거래의 부인 방지를 위해 사용한다. 암호화 해시는 어떤 입력 값에 대한 출력 값은 알기 쉽지만 역으로 주어진 출력 값에 대응하는 입력 값을 알아내는 것은 거의 불가능하게 설계된 비가역적 특성을 가지는 암호화 기술이다. 이를 통해 블록체인 데이터의 무결성을 유지하고 분산원장 간의 연결성을 부여하는 중요한 요소 기술이다.

4. 합의 알고리즘: 컴퓨터 공학의 분산 처리 분야에서 활발히 연구되는 기술 중 하나이며, 블록체인에서 모든 참여자가 일치된 분산원장을 유지하기 위한 요소로 활용되고 있다. 모든 사용자가 동일한 기록을 가지고 있어야 하는 블록체인의 특성상, 모든 참여자가 데이터의 적합성을 판단하고 이를 동의하는 과정이 필요하다. 이러한 과정은

분산 합의를 통해 이루어지는데, 분산 합의에는 작업 증명PoW, Proof of Work 과 지분 증명POS, Proof of Stake이 있다. 먼저, 작업 증명은 컴퓨터의 연산 능력을 바탕으로 합의에 도달하고 그 연산 능력이 빠를수록 블록에 기록할 수 있는 권한이 더 많이 부여되는 비트코인에서 활용하는 분산 합의 방식이다. 지분 증명은 작업이 아닌 더 많은 지분(해당 코인)을 가지고 있을수록 그에 비례하여 블록에 기록할 권한이 더 많이 부여되는 방식이며, 대표적으로 이더리움이 지분 증명 방식을 사용한다.

5. 스마트 계약: 계약서 안에 코드가 들어 있어 조건을 블록에 입력하고 해당 조건이 충족되면 자동으로 설정 사항이 이행된다.[23] 스마트 계약은 닉 서보Nick Szabo가 처음으로 구체화시킨 기술이다. 거래의 신뢰성을 보증하는 중개인 역할을 최소화하고 특정 계약 조건을 실행하기 위한 전자상거래 프로토콜이다. 이더리움 이후의 블록체인들은 이같은 스마트 계약을 지원하여, 중개 혹은 중앙 기관 없이 거래 당사자 사이에 직접 거래가 가능하다. 개발자가 직접 계약 조건과 내용을 코딩할 수 있기 때문에, 원칙적으로 인간이 상상할 수 있는 모든 종류의 계약을 이더리움 플랫폼을 이용해 구현할 수 있다. 그리고 합의된 조건과 결과는 분산원장에 기록되어 거래 정보의 신뢰성과 무결성을 보장해준다

작업 증명(Pow)	지분 증명(Pos)
첫 채굴자 보상	코인 지분에 따라 가능성 좌우
연산 능력 = 채굴 능력	지분량 = 채굴 능력
높은 전기에너지 소모	낮은 전기에너지 소모
채굴자 네트워크 중앙화	채굴 분산화
문제 풀이 방식 보상 시스템	코인 지분 확보 필요
채굴자 코인 보상	채굴자 거래 수수료

출처: 언론보도 기반 KT경제경영연구소 재구성

블록체인 기술의 장점

첫째, 보안성이 향상된다. 분산원장 기술은 암호화된 데이터와 암호화된 키 값으로만 거래가 이루어지므로 보안성을 높일 수 있다. 새로운 블록은 기존의 블록과 연결되므로, 전체 블록 안의 데이터 변조와 삭제가 사실상 불가능하다. 모든 컴퓨터, 모든 블록을 해킹하지 않는 이상 조작이 불가능하다. 즉 각 네트워크 참여 노드node의 분산화로 해킹이 불가능해지는 것이다. 중앙화되어 있지 않고 분산되어 있기 때문에 서버가 처리할 수 있는 용량을 초과하는 정보를 한꺼번에 보내 과부하로 서버를 다운시키는 디도스 공격에도 안전하다.

둘째, 거래 속도가 향상된다. 거래의 인증, 증명 과정에서 은행, 정부와 같은 제3의 신뢰 조직을 배제하고 실시간으로 거래가 이루어지므로 거래 기록의 신뢰성을 확보하는 동시에 거래 속도와 효율성이 향상된다. 주식거래 과정을 예로 들어보면, 기존의 예탁 결제 제도하에서는 공인된 제3의 조직(한국예탁결제원)이 소유한 거래장부에 기록이 수정돼야 결제가 이루어지기 때문에 주식 주문부터 결제까지 3일이 소요됐다. 하지만 블록체인은 체결일 당일에 거래가 완료될 수 있다. 또한 분산원장 기술로 오류와 실수를 최소화해 거래 도중 생길 수 있는 오류를 정정, 수정하는 시간을 단축할 수 있다.

셋째, 비용을 감소시킨다. 거래 정보와 인증을 위한 중앙 서버와 집중화된 시스템이 필요 없기 때문에 중개료와 수수료 등 중간 비용이 감소한다. 공인인증서와 같은 제3조직의 인증 없이도 거래가 가능하므로 거래 수수료를 줄일 수 있으며 블록체인 기술 자체가 중앙화된 기술보다 보안성이 뛰어나 보안 투자 비용을 아낄 수 있다. 여기에 블록체인 기반 시스템은 공개된 프로그램 소스를 이용하여 쉽게 구축, 연결, 확장할 수 있으므로 정보기술IT 구축 비용도 대폭 낮출 수 있다. 정보를 블록 형태로 전 세계의 네트워크 참여자의 컴퓨터에 분산해 저장하기 때문에 중앙 서버가 필요 없으므로 서버 비용 또한 절감할 수 있다.

넷째, 가시성을 극대화시킨다. 거래의 가시성은 투명성과 자기 부인 방지의 특성을 가지고 있다. 네트워크 참여자들 사이의 거래가 실시간으로 공유되므로 거래의 투명성이 극대화된다. 네트워크 참여자 사이에서 블록체인을 기반으로 한 거래가 이루어지려면 거래 내용이

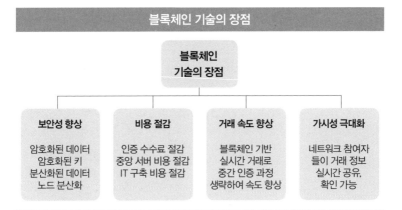

블록체인 기술의 장점

블록체인 기술의 장점			
보안성 향상	**비용 절감**	**거래 속도 향상**	**가시성 극대화**
암호화된 데이터 암호화된 키 분산화된 데이터 노드 분산화	인증 수수료 절감 중앙 서버 비용 절감 IT 구축 비용 절감	블록체인 기반 실시간 거래로 중간 인증 과정 생략하여 속도 향상	네트워크 참여자 들이 거래 정보 실시간 공유, 확인 가능

출처: KT경제경영연구소

블록체인 네트워크 참여자들에게 알려지고 참여자들은 거래의 타당성을 검증하고 동의해줘야 한다. 블록체인 내 모든 거래가 공개되고 다수의 의해 거래 타당성을 확인하는 과정을 통해 거래의 투명성이 높아지고 거래의 자기 부인이 방지된다. 이러한 블록체인 거래 과정의 특성으로 인해 전체적인 가시성이 높아진다.

에필로그
세상을 바꿀 블록체인,
토큰 이코노미에서 가능성을 찾다

2018년 12월 초 비트코인 가격이 400만 원대까지 하락하며 암호화폐 시장이 요동쳤다. 2018년 1월 초에 최고가 2,880만 원을 기록했던 것과 비교하면 불과 1년 사이에 7분의 1 수준으로 하락한 것이다. 비트코인을 필두로 한 암호화폐 가격 폭락으로 인해 몇몇 스타트업은 폐업을 선언하였고 대표 스타트업도 대대적인 구조조정에 나섰다.

이를 두고 일부 언론에서는 블록체인의 미래는 없다는 식의 비관적인 기사를 내놓기도 하였는데, 이는 섣부른 판단이다. 암호화폐 가격이 하락한 배경에는 세계적인 규제 강화 추세와 대형 채굴 업체의 연이은 폐업, 비트코인캐시의 하드포크Hard Fork 이슈* 등 여러 가지 이유가 존재하는데, 블록체인 기술과는 무관한 외적 요인에 의한 것들이다.

비트코인의 가치가 하락했다고 해서 블록체인의 가치까지 하락한 것은 아니다. 블록체인이 지닌 기술적 속성까지 평가절하되어서는 안 된다. 일부 경제학자 중에는 "블록체인 기술은 오직 비트코인을 위해 만들어진 것이며, 비트코인 거래에서만 유용하기 때문에 다른 분야에 적용하면 효율성이 떨어지고 별로 쓸 데가 없다"고 강하게 비판하는 이도 있다. 완전히 틀린 말은 아니다. 다만 이 평가는 현재의 블록체인 기술 수준만 놓고 보았을 때만 유효할 수 있다. 과거 컴퓨터의 시초라 할 수 있는 '에니악ENIAC'이 처음 등장했을 때도 같은 평가를 받은 바 있다. 원래 탄도 계산용으로 만들어진 30톤의 이 거대한 컴퓨터는 천공 계산기보다도 못하다는 혹평을 들으며 탄도 계산 외에는 아무짝에도 쓸모없는 기계 뭉치 취급을 받았다. 그러나 전쟁이 끝난 이후 난수와 우주선의 연구, 수치 예보 연구 등에 사용되고 기술의 진보를 거듭하면서, 이 30톤의 기계는 각 가정에서 손쉽게 쓸 수 있는 퍼스널 컴퓨터로 진화하게 되었다. 컴퓨터뿐만이 아니다. 스마트폰도 인공지능도 마찬가지다. 모든 파괴적 혁신 기술은 처음 등장했을 때 기술적 불완전성 때문에 이러한 비판에서 자유로울 수 없다. 중요한 것은 그 기술 이면에 숨겨진 내재적 가치를 객관적 시각에서 제대로 파악하고, 그 가치를 이끌어내기 위해 끊임없이 시행착오를 거쳐 개선해 나가야 한다는 점이다.

---

* 하드포크는 기존 블록체인에서 분리해 완전히 새로운 체인을 만드는 것으로, 비트코인을 분리해 수많은 코인을 만들 수 있다면 비트코인이 가진 정통성과 가치가 훼손된다는 비트코인캐시 진영 내 이념 싸움이 이슈가 되어 가치 하락을 조장.

블록체인이 비트코인을 위해 만들어진 것은 맞지만, 그 기술은 비트코인 이상의 더 많은 잠재적 가치를 내재하고 있다. 『블록체인 혁명』의 저자인 미래학자 돈 탭스콧은 블록체인을 '제2의 인터넷 혁명'이라 정의하면서, 인터넷이 그러했듯이 블록체인은 모든 산업의 구조를 근본적으로 변화시킬 수 있는 폭발력 있는 기술이라고 평가한 바 있다. 탈중앙화를 기치로 블록체인 기술은 지금 이 순간에도 세계 전역에서 다양한 시도를 통해 빠르게 발전을 거듭하고 있다.

다만 여전히 대중들에게 블록체인은 어렵고, 실생활과 거리가 멀어 손에 잡히지 않는 허구처럼 느껴지는 것은 블록체인을 활용한 생활 밀착형 서비스가 부재하기 때문이다. 블록체인을 적용해 눈에 보이는 서비스로 구현한 것은 현재로서는 비트코인이 유일하다고 할 수 있다. 그리고 이 비트코인의 변동성과 불확실성을 목격한 대중들에게 있어 비트코인의 가치 하락은 블록체인 기술의 불신으로까지 이어질 수도 있는 것이다.

이제 블록체인이 암호화폐 단계를 넘어 대중들의 관심을 얻고 더 큰 가치를 창출하기 위해서는 실생활과 밀접하게 결합된 서비스의 성공이 필요하다. 생활 밀착형 서비스로 성공한 프로젝트가 등장하면 블록체인 기술의 기폭제가 될 것이다.

실제로 경제와 금융 분야에서는 이미 블록체인을 자사 서비스에 도입하거나 암호화폐를 파생상품에 견주어 분석하는 전문 애널리스트가 등장하는 등 생활 속의 블록체인으로 자리 잡기 위한 움직임이 활발하다. 예술 분야에서도 예술가와 박물관 및 미술관을 위한 블록체인 기반의 예술 거래 플랫폼이 등장하여 예술품의 위변조가 불가능하고 투명한 거래가 가능하도록 하고 있다. 배달주문 중계 앱에서도 블록체인 기술을 접목해 높은 중계 수수료를 없애고, 맛집 리뷰나 댓글 작성자에게는 코인을 지급하는 시도를 추진 중이다.

향후 실생활은 물론 다양한 분야에서 수많은 블록체인 업체들이 등장해 경쟁할 것으로 예상되고, 전문가들은 구글, 아마존과 같은 초대형 글로벌 블록체인 업체도 탄생할 것이라고 기대하고 있다. 이런 수많은 글로벌 블록체인 기업들의 경쟁 속에서 우위에 서기 위해서는 차별화된 토큰 이코노미의 설계가 그 무엇보다 중요하다.

인공지능이나 사물인터넷이 기존의 서비스(혹은 사업)를 강화시키고 확장시키는 기술이라고 한다면, 블록체인은 데이터를 보호하고 투명성을 보장해주는 신뢰trust의 기술이다. 역으로 말하면, 이미 충분히 신뢰가 보장되어 있는 서비스라면 굳이 블록체인을 도입할 이유가 없다는 것이다. 또한, 보안 관점에서만 본다면 블록체인보다 더 보안성이 높은 기술들은 얼마든지 있을 수 있다. 하지만 블록체인은 다른 ICT 기술이 갖고 있지 않은 중요한 요소를 가지고 있다. 바로 인센티브로 보상되는 '토큰'이다. 그리고 이 토큰이 만드는 이코노미는 '행위에 따른 정당한 가치 제공'이라는 경제 구조를 만들어 블록체인 비즈니스의 가능성을 한층 더 확장시킨다.

어떠한 사업에서 블록체인이 필요한지를 판단하는 단계가 비즈니스 모델 구상이었다면, 토큰 이코노미는 블록체인으로 어떻게 문제를 해결할지 설계하는 단계라 할 수 있다.

토큰 이코노미에서 가장 중요한 개념은 가치의 '선순환'이다. 블록체인 생태계 참여자 간의 상호 이익이 블록체인 네트워크 내에서 지속적으로 발생해야 하고, 그래야 더 많은 개발자와 사용자를 블록체인 비즈니스에 유치할 수 있으며 나아가 토큰의 가치도 증가하게 된다. 토큰 이코노미를 몸에 비유하면, 토큰은 몸을 순환하는 혈액이고 블록체인 네트워크는 그 토큰이 이동하는 혈관과도 같다. 혈액이 돌지 않으면 사람은 살아갈 수 없듯이 토큰 이코노미도 토큰이 순환하지 않으면 더는 유지되기 어렵다. 그렇기 때문에 블록체인 비즈니스 모델의 구축은 매우 중요하고 더욱 꼼꼼하게 검토되어야 한다.

『비즈니스 블록체인』의 저자 윌리엄 무가야는 토큰 이코노미 유지를 위한 방안으로 토큰 마켓 핏Token-Market Fit 개념을 제안하기도 하였다. 토큰 이코노미와 소비자들의 특성을 맞추는 것이 중요하다는 개념으로, 어떤 블록체인 프로젝트가 아무리 기술적으로 훌륭해도 참여자들의 특성 또는 경제 구조와 안 맞으면 확장이 불가능하고 결과적으로 사라질 수밖에 없다는 것이다. 토큰 이코노미의 목적도 생산자의 이윤 극대화가 아니라, 많은 참여자가 생태계로 들어오고 그 안에서 토큰이 혈액처럼 끊임없이 순환되어야 한다는 것이다.

참여자에게 보상으로 토큰을 주고, 네트워크가 커지면서 토큰의 가치가 올라가는 구조는 참여자들로 하여금 자발적으로 네트워크를 더 키울 수 있게 하는 동기를 유발한다. 토큰 이코노미 성공의 핵심은 결국 '참여'다. 토큰은 그 '참여'를 이끌어낼 수 있게 하는 인센티브이다. 이 구조를 이해하지 못하거나 혼동한 채 토큰 자체에만 집착하게 되면 블록체인 사업은 오래가지 못할 것이다.

토큰 이코노미는 매우 이상적인 경제 시스템이다. '참여자 모두에게 보상을 준다'라는 기본 개념은 지금까지 존재하지 않았던 분배 체계이자 경제 시스템이다. 게다가 블록체인 네트워크에는 사람들의 참여 혹은 행동을 강제할 수 있는 중앙 콘트롤 타워가 없다. 그러다 보니 구성원들의 자발적 참여와 협력을 어떻게 이끌어내느냐가 성패를 가른다. 토큰 이코노미는 블록체인 구조를 유지하는 강력한 힘이자, 참여자 간 협력을 유도하는 강력한 유인 장치다. 기존의 플랫폼 비즈니스가 개발자 혹은 주주 등 특정 이해관계자만 보상을 받았다면, 토큰 이코노미는 양쪽 모두가 적당한 보상을 받을 수 있도록 설계되었다. 플랫폼 개발자나 운영자는 물론 플랫폼상의 서비스 제공자나 소비자 등 모든 참여자가 보상을 받는다. 심지어 플랫폼 운영에 필요한 컴퓨팅 자원을 제공하거나 검증을 위해 채굴하는 사람들도 보상을 받는다. 누구든 참여 기여도에 따라 보상을 주기 때문에 자발적 참여와 능동적인 '선한 행동'이 가능하다는 것이다.

행동심리학 관점에서 보면 보상을 통해 바람직한 행동은 충분히 이끌어낼 수 있다고 본다. 비트코인 역시 이 가정을 토대로 행동을 강제하는 중앙 주체 없이도 참여자들로 하여금 블록체인 네트워크에 바람직한 행동을 하게끔 만들었다. 추구하는 서비스에 따라 알맞은 인센티브 구조, 즉 토큰 이코노미를 구축하는 작업은 필수적이다.

토큰 이코노미가 작동하려면 토큰이 제 역할을 해야 한다. 인센티브로써의 기능을 상실하면 시스템은 무너진다. 인센티브의 설계는 행동심리학에서 파생된 본래의 개념을 어떻게 반영시킬 것인가에 달려 있다. 그래야만 참여자들은 네트워크 성장을 위해 더 좋은 행동을 자율적으로 하고, 그에 따라 토큰의 가치가 오르는 선순환 구조가 가능해진다.

블록체인을 사회 문제 해결에 접목시킬 수 있는 것도 토큰에 기초한 선순환 구조 개념이 바탕에 깔려있기 때문이다. 블록체인을 기반으로 한 공익 재단인 'BCFBlockchain Charity Foundation'는 비트코인과 이더리움 등 암호화폐를 기부 수단으로 사용해 공익 재단의 효율성과 투명성을 높이겠다고 하는가 하면, UN 산하 기관인 '지속 가능한 발전을 위한 블록체인 위원회'가 '블록체인 포 임팩트BFI'라는 단체를 설립한 이유도 같은 맥락이다. 이처럼 투명한 직거래와 토큰 기반의 보상 체계를 갖춘 블록체인이 기부 및 구호 활동과 환경보호 등 사회 문제를 해결하는 핵심 기술로 작용하여 사회적 가치를 실현하는 형태의 '소셜 임팩트'를 제시하면, 우리가 사는 현실 세계는 더욱 안전하고 편리한 환경으로 거듭나게 될 것이다.

토큰 이코노미의 근간이 되는 블록체인은 인공지능이나 사물인터넷 등과 결합하여 더 큰 생태계를 만들 수도 있다. 예를 들어 집 안에 있는 인공지능 기반의 홈 IoT 기기를 통해 확보되는 수많은 데이터는 단순히 제품의 고장 진단이나 고객의 맞춤형 마케팅 등에 활용될 수도 있지만, 이 데이터들을 원하는 제조사나 플랫폼 기업에 제공함으로써 새로운 가치를 창출할 수도 있다. 데이터를 제공하는 개인은 토큰 이코노미 관점에서 보상을 받으면서 동시에 프라이버시 보호도 꾀할 수 있다. 보상받은 토큰으로는 해당 제품을 애프터서비스 받을 때나 신상품이나 액세서리를 구매할 때 사용할 수도 있다.

한 가지 분명한 것은 토큰 이코노미 역시 '네트워크 효과Network effect'에 종속적이고 불완전할 수 있다는 점이다. 새로운 사용자들은 이미 모든 사람이 사용하고 있다는 이유로 가장 큰 규모의 서비스나 플랫폼을 선택하려는 경향이 있다. 이는 자연스러운 현상이며, 이와 같은 원리로 토큰의 유용성은 그것을 사용하는 사람들의 규모에 영향을 받는다. 이 때문에 백서에 적힌 토큰 이코노미가 완벽하게 구축되는 경우는 극소수이고, 비즈니스 모델도 당연히 바뀔 수 있다. 하지만 토큰 이코노미 내에서 어떻게 보상이 가능하게 되는지, 또 암호화폐를 어떻게 사용할 수 있는지, 암호화폐의 용도는 무엇인지를 명확히 하는 것은 충분히 설명되어야 한다. 완벽한 설계는 불가능하더라도 개발 단계에서 최대한 합리적인 토큰 이코노미를 설계해야 향후 예기치 못한 문제에 직면했을 때 해결할 확률이 높기 때문이다.

지금 거의 모든 블록체인 프로젝트는 여전히 실험 단계이고 모두가 성공을 장담하기는 어렵다. 기존의 시스템을 뒤엎는 급진적인 방식보다는 보완·강화하는 방식으로 블록체인을 활용하여 성공 확률을 높이는 것이 더 현실적일 수 있다. 여러 회사와 함께 블록체인 프로젝트들을 진행하는 경우라면 더 많은 시간이 소요될 것이다. 그래서 어떤 경우에라도 블록체인 사업에서 결실을 거두기를 원한다면 적지 않은 인내심이 필요하다.

이 책은 블록체인 찬반양론에 대해 어떤 한쪽의 답을 제시하는 책은 아니다. 가능한 중립적 시각에서 블록체인을 바라보면서, 과대평가된 부분은 철저하게 객관적으로 검증해 문제점을 최소화하고, 가능성이 있는 부분에 대해서는 다양한 사례를 통해 새로운 가치를 창출하도록 가이드를 제시하는 데 주안점을 두고 있다. 토큰 이코노미도 미흡하나마 개념적으로 구체화하여 블록체인이 새로운 방향에서 돌파구를 찾을 수 있도록 나침반 같은 역할을 하고자 하였다. 방향만 정확하다면 블록체인은 진화를 거듭하면서 점차 구체적인 실체를 우리 앞에 드러낼 것이다. 그때까지 버틸 수 있는 인내의 지혜를 이 책을 통해 조금이나마 얻을 수 있기를 기대한다.

감사의 말
'블록체인 비즈니스의 미래'라는 배를 엮으며

비트코인 광풍이 전 세계를 휩쓸고 있던 당시, 블록체인이란 용어는 나에게 매우 생소한 단어였다. 탈중앙화된 보안성이 매우 높은 기술 정도로만 막연히 알고 있었던 블록체인은 손에 잡히지도 눈에 보이지도 않는 미지의 영역이었다. 그러다가 블록체인을 사업적으로 평가하는 연구 업무를 맡게 되면서 블록체인에 가려진 희미한 장막들이 하나둘 걷혔고, 지금까지 알고 있었던 블록체인 지식은 빙산의 일각이라는 사실을 깨닫게 되었다.

블록체인을 사업적으로 평가하면서 가장 어려웠던 점은 적절한 사례를 찾는 일이었다. 성공한 사례도 없었지만, 블록체인을 상용화하여 서비스로 출시한 사례도 극히 드물었다. 그러다 보니 비즈니스적으로 적합한지에 대한 검증도 쉽지가 않았다. 사례를 찾기 위해 국내에 출간된 수많은 블록체인 관련 서적을 살펴보았지만, 대부분은 블록체인의 기술적 이해를 돕거나 암호화폐 투자 비법을 소개한 책들이었다. 블록체인에 대해 비판한 책도 있는가 하면, 뚜렷한 근거 없이 다소 과장되게 미래를 전망한 책도 있었다. 해외 언론에서는 블록체인에 대한 장밋빛 전망과 비관론의 기사를 번갈아 발표하면서 불확실성만 가중시켰고, 기업들은 앞다투어 블록체인을 도입한다고 발표하면서 블록체인은 점차 마케팅 용어로 변질되어 갔다.

이러한 시점에서 경제경영연구소 내부적으로 블록체인에 대한 객관적이고 중립적인 평가와 이를 토대로 적절한 비즈니스 영역 찾기가 필요하다는 의견이 나오게 되었고, 소장님의 전폭적인 지원 하에서 그동안의 블록체인 연구 결과물을 집대성한 『블록체인 비즈니스의 미래』 책자를 작성·발간하게 되었다.

『블록체인 비즈니스의 미래』는 블록체인이라는 기술을 주제로 비즈니스적 관점에서 가능성을 모색하고자 작성한 '기술과 경영'이 융합된 책이라고 할 수 있다. 경영 지식이 있다고 하더라도 블록체인 기술을 모르면 책을 쓸 수가 없다. 그래서 먼저 블록체인 기술을 알아야 했다. 블록체인 자체도 어려운 기술이지만, 그 개념을 이해하는 것 역시 만만한 일은 아니었다. 이 과정에서 많은 도움을 주신 분이 바로 블록체인 비즈센터의 센터장님이신 서영일 상무님과 노정국 팀장님, 김종철 팀장님, 그리고 그 외 많은 블록체인 센터 내 연구원분들이다. KT블록체인의 미래를 책임지고 계신 이분들의 도움이 아니었다면 블록체인 연구는 한 발자국도 나가지 못했을 것이다. 이 책자를 낼 수 있게 음으로 양으로 도움을 주셔서 진심으로 감사드린다. 그리고 블록체인 연구 업무를 추진함에 있어 물심양면으로 도와주신 문정용 상무님과 김학준 상무님, 노승민 팀장님, 박기열 팀장님께도 감사의 말씀을 드리고 싶다.

『한국형 4차 산업혁명의 미래』 집필 때도 그랬지만, 여러 지식을 모아 하나의 책으로 만드는 것은 흡사 배를 만드는 작업과도 같다. 세계 여러 곳에 흩어져 있는 블록체인 관련 자료를 모아 분석하고 검증하고 정리하는 작업은 혼자 했을 때보다 다수의 전문가가 모여 집단지성을 발휘했을 때 그 효과가 더 크다. 이런 의미 있는 작업을 할 수 있게 동기를 부여해주시고, 연구원들이 미처 찾지 못한 자료까지 세심하게 제공해주신 김희수 소장님께 무한의 감사를 드리는 바이다. 그리고 독자의 관점에서 쉽게 블록체인을 이해할 수 있도록 조언해 주신 김재경 상무님, 토큰 이코노미의 개념을 잡는 데 도움을 주신 이성춘 상무님께도 감사의 말씀을 드린다.

끝으로 연말까지 책자 발간을 위해 블록체인과 씨름했던 김도향 책임, 김우현 전임, 나현 전임에게도 깊은 감사를 드리는 바이다. 그리고 해박하고 전문적인 블록체인 지식으로 집필 작업의 중심 역할을 해주었던 이진한 선임에게 더 특별히 감사하다는 말을 전하고 싶다.

2018년 12월
KT 경제경영연구소 수석연구원 김재필

🔷 1장 블록체인, 어디까지 왔나

길성원, '블록체인과 가상화폐 시장의 동향 및 시사점', 정보통신산업진흥원, 《이슈리포트》 2017-
　　제19호, 2017. 10. 16.

김유석, '블록체인과 ICO의 개요', 딜로이트 안진회계법인 스타트업 자문그룹, 2018. 5.

김지훈, 'KB 지식 비타민: 가상화폐의 진화, ICO의 확산과 규제', KB금융지주 경영연구소, (18-10호)
　　2018. 2. 5.

김열매, '블록체인 이상과 현실, 어디쯤 와 있나', 한화투자증권, 2018. 5. 15.

마이클 J. 케이시·폴 비냐·트루스 머신, '블록체인과 세상 모든 것의 미래', 2018. 4. 20.

원종현, 'ICO의 현황과 과제', 국회입법조사처, 《NARS 현안 분석》 10호, 2018. 6. 27.

'가상화폐 대해부', 국회도서관, Vol. 66 『FACT BOOK』, 2018. 4.

'가상통화(virtual currency) 현황 및 대응 방향', 관계기관 합동, 2017. 9.

'[딜로이트 기고] ICO의 정의와 종류…IPO·VC·크라우드펀딩과 어떻게 다른가', 《한국경제》, 2018. 9. 28.

'블록체인 기술 발전전략', 과학기술정보통신부, 2018. 6.

'블록체인의 현주소', 《TECH M》, Vol. 62, JUNE 2018.

'암호자산과 중앙은행', 한국은행, 2018. 7.

'콘센서스 2018 뉴욕에서 본 블록체인의 미래', 《ECONOMY Chosun》, 통권 252호, 2018. 5. 30.

Alex de Vries, "Bitcoin's Growing Energy Problem", Joule 2, 801-809, May 16, 2018.

Amy Nordrm, "Illinois vs. Dubai: Two Experiments Bring Blockchains to Government", IEEE
　　SPECTRUM, 2017. 10. 2.

Amy Nordrm, "Wall Street Firms to Move Trillions to Blockchains in 2018", IEEE
　　SPECTRUM, 2017. 9. 29.

Morgen E. Peck, "Blockchain Lingo", IEEE SPECTRUM, 2017. 10. 2.

Angus Loten, "Amid Blockchain Hype, Few Deployments, Limited Interest, Survey Finds",
　　The Wall Street Journal, 2018. 5. 4.

Arvind Narayanan and Jeremy Clark, "Bitcoin's Academic Pedigree", Communication of
　　ACM, Volume 60 Issue 12, December 2017.

Brant Carson, Giulio Romanelli, Patricia Walsh, and Askhat Zhumaev, "Blockchain beyond
　　the hype: What is the strategic business value?", Mckinsey, 2018. 6.

Byron Connolly(CIO), "Everything you think you know about blockchain is wrong: 6 common myths", CIO, 2018. 2. 19.

Charlotte Ducuing, "Fifty shapes of cloud on the internet: the blockchain infrastructure layer as a cloud computing service", KU LEUVEN, 2018. 2. 27.

Chris Haley and Dr. Michael 'Whit' Whitaker, "To Blockchain or Not To Blockchain: It's valid question", Forbes, 2017. 11. 28.

Christy Hyungwon Choi, "What's great about Blockchain: #1 프로토콜 혁신(Fat Protocol)", Medium, 2018. 5. 1.

Daniel Diemers, Henri Arslanian, Grainne Mcnamara, Günther Dobrauz, and Lukas Wohlgemuth, "Initail Coin Offerings & A strategic perspective", PwC, 2018. 6.

David Floyd, "$6.3 Billion: 2018 ICO Funding Has Passed 2017's Total", coindesk, 2018. 4. 19.

Dr. Lidia Bolla and Christian Schüpbach, "The Blockchain Story: And Overvalued Fairy Tale?", vision&, 2018. 2.

Erin Griffith, "When the Blockchain Skeptic Walked Into the Lions' Den", Wired, 2018. 5. 15.

Jemima Kelly, "Blockchain insiders tell us why we don't need Blockchain", Financial Times, 2018. 5. 2.

Joel Monegro, "Fat protocols", Union Square Ventures, 2018. 8. 8.

John-David Lovelock, Martin Reynolds, Bianca Francesca Granetto, and Rajesh Kandaswamy, "Forecast: Blockchain Business Value, Worldwide, 2017-2030", Gartner, 2017. 3. 2.

Joon Ian Wong, "BITCOIN NOT BLOCKCHAIN, A bitcoin believer would bet anything that 'blockchain tech' won't last five years", QUARTZ, 2018. 5. 15.

Kai Stinchcombe, "Ten years in, nobody has come up with a use for Blockchain", Hackernoon, 2017. 12. 23.

Kai Stinchcombe, "Blockchain is not only crappy technology but a bad vision for the future", Medium, 2018. 4. 6.

Kent Anderson, "Can Blockchain Withstand Skepticism? An Inquiry", The Scholarly kitchen, 2018. 4. 5.

Martin Arnold, "Swift says blockchain not ready for mainstream use", Financial Times, 2018. 3. 8.

Mike J. Walker, "Hype Cycle for Emerging Technologies, 2018", Gartner, 2018. 8. 6.

Morgen E. Peck, "Blockchains: How They Work and Why They'll Change the World", IEEE SPECTRUM, 2017. 9. 28.

Morgen E. Peck, "Do You Need a Blockchain?", IEEE SPECTRUM, 2017. 9. 29.

Morgen E. Peck, "How Blockchains Work", IEEE SPECTRUM, 2017. 9. 28.

Morgen E. Peck, "How Smart Contracts Work", IEEE SPECTRUM, 2017. 9. 28.

Morgen E. Peck, "Why the Biggest Bitcoin Mines Are in China", IEEE SPECTRUM, 2017. 10. 4.

Morgen E. Peck and David Wagman, "Blockchains Will Allow Rooftop Solar Energy Trading for Fun and Profit", IEEE SPECTRUM, 2017. 10. 1.

Morgen E. Peck and IEEE Spectrum Staff, "The Bitcoin Blockchain Explained", IEEE SPECTRUM, 2015. 7. 8.

Peter Fairley, "The Ridiculous Amount of Energy It Takes to Run Bitcoin", IEEE SPECTRUM, 2017. 9. 28.

Preethi Kasireddy, "Fundamental Challenges with public blockchains", World Economic Forum, 2018. 4. 23.

Stacey Soohoo and Jessica Goepfert, "Worldwide Blockchain 2018-2021 Forecast: Market Opportunity by Use Cases", IDC, 2018. 3.

Thomas Olsen, Frank Ford, John Ott, Jennifer Zeng, "Blockchain in Financial Markets: How to Gain and Edge", Bain&Company, 2017. 2. 9.

Tyler Cowen, "Don't Let Doubts About Blockchains Close Your Mind", Bloomberg Opinion, 2018. 4. 27.

"Bitcoin and other cryptocurrencies are useless", Economist, Leaders, 2018. 9. 1.

"Blockchain Market by Provider, Application(Payments, Exchanges, Smart Contracts, Documentation, Digital Identity, Supply Chain Management, and GRC Management), Organization Size, Industry Vertical, and Region — Global Forecast to 2023", Markets and Markets, 2018. 12.

"Blockchain", MIT Technology Review, MAY/JUNE 2018.

"Blockchain for Business", DBR, Issue 1, No. 250, June 2018.

"Dividing the cryptocurrency sheep from the blockchain goats", Economist, Technology Quarterly, 2018. 9. 1.

"Evolution of blockchain technology", Deloitte, 2017. 11. 6.

"Five blockchain myths that just won't die", KPMG, 2017. 4. 27.

"The promise of the blockchain technology", Economist, Technology Quarterly, 2018. 9. 1.

"What to make of cryptocurrencies and blockchains", Economist, Technology Quarterly, 2018. 9. 1.

⬡ 2장 블록체인, 비즈니스로서 가능성

김경호, '블록체인 표준화 및 법제도 완비 시급', 한국과학기술정보연구원, 《KISTI 마켓 리포트》 2017-24.

김성준, '블록체인 생태계 분석과 시사점', 한국과학기술기획평가원, 《ISSUE PAPER》, 2017. 9.

김열매, '2018년 산업전망: 글로벌 전략 블록체인(Blockchain)과 디지털 경제-비트코인 버블 논란과 블록체인의 미래에 대한 생각', 유진투자증권, 2017. 11. 16.

신용우, '블록체인 기술 현황 및 산업 발전을 위한 향후 과제', 국회입법조사처, 2018. 6. 29.

Catherine Mulligan, Jennifer Zhu Scott, Sheila Warren, and JP Rangaswami, "Blockchain Beyond the Hype", World Economic Forum, 2018. 4. 23.

Martha Bennett and Charlie Dai, "Predictions 2019: Distributed Ledger Technology",

Forrester Research, 2018. 11. 7.

Michael Ferguson, "Preparing for a Blockchain Future", MIT Sloan Management Review, Issue Vol. 60, No. 1, Fall 2018.

Teppo Felin and Karim Lakhani, "What Problems Will You Solve With Blockchain?", MIT Sloan Management Review, Issue Vol. 60, No. 1, Fall 2018.

"Predictions 2019 Transformation goes pragmatic", Forrester Research, 2018. 11.

🔲 3장 블록체인 비즈니스 적용 사례

강지남, '블록체인 리포트, 돈 버는 SNS '스팀잇'의 모든 것', 《신동아》, 2018. 6. 4.

김정균, 김보경, 이유진, '[4차 산업혁명 기획시리즈] 블록체인이 산업과 국제무역에 미치는 영향 및 시사점', 한국무역협회 국제무역연구원, 2018년 14호(2018. 4).

문세영, '블록체인 기술과 헬스케어 데이터 혁신', 《BIO ECONOMY REPORT》, Issue 11, April 2018.

민경식, '블록체인 기술 최신동향', 생명공학정책연구센터, Vol. 49, 2018. 3.

박강희, '블록체인의 이해와 금융업의 활용에 대한 고찰', IBK경제연구소, 2017. 7.

박세열, '블록체인의 기반의 산업생태계 혁신', IBM Korea, 발표 자료.

박용범, "'좋아요 누르면 가상화폐 드려요'…블록체인 SNS, 페북에 도전장', 《매일경제》, 2018. 3. 13.

박정호, '블록체인 산업 현황 및 동향', 정보통신산업진흥원, 이슈리포트 2018-제17호 2018. 4. 30.

변재현, '[토요워치] IT 이어 블록체인 입는 유통… 착한 생산 점프업', 《서울경제》, 2018. 6. 22.

변재석, '금융산업에서 블록체인 기술의 현황과 시사점', 한국주택금융공사 HF 이슈 리포트, 2016-21호(11. 30).

보안연구부 보안기술팀, '국내외 금융 분야 블록체인(Blockchain) 활용 동향', 금융보안원, 2015. 11. 23.

삼정KPMG 경제연구원, '스마트 헬스케어의 현재와 미래', 삼정 KPMG, ISSUE MONITOR 제79호 2018. 1.

설성인, '에너지 산업 파고드는 블록체인…한국·호주·영국 기술 도입 확산', 《조선비즈》, 2018. 3. 8.

심재석, 'IBM이 생존을 위해 선택한 다음 먹거리 블록체인', BylienNetwork, 2017. 7. 25.

아카바네 요시하루, 아이케이 마나부, '블록체인 구조와 이론 예제로 배우는 핀테크 핵심 기술', 2017. 6. 23.

안지영, '블록체인 기술과 바이오헬스산업', BIO ECONOMY REPORT, Issue 9, March 2018.

오동현, '블록체인 에너지 시장 개방… 전기 개인 간 거래', 《중앙일보》, 2018. 7. 1.

오태민, '소멸 없는 마일리지…블록체인 활용하면 자투리 교환도 가능', 《한경비즈니스》, 2018. 6. 25.

우청원, '에너지 블록체인 도입방안 연구', 과학기술정책연구원, 제222호, 2018. 4. 9.

이대기, '블록체인의 무역금융 분야 활용 필요성 및 과제', 한국금융연구원, 27권 10호 2018. 5. 5.-5. 18.

이상일, '[2018 블록체인③] 유통과 블록체인 결합, 그 파괴력은?', 《디지털데일리》, 2018. 3. 9.

이수호, 'MS의 깃허브 인수 추진, 블록체인 패권 선점 신호탄', MSN뉴스, 2018. 6. 4.

이승민, '블록체인 관련 동향 및 시사점', 정보통신산업진흥원, 2018. 7. 2.

이윤화, '블록체인 기술…IBM, MS 등 기업들에 신성장 동력', 《조선일보》, 2017. 12. 27.

이제영, '블록체인 기술동향과 시사점', 과학기술정책연구원, 2017. 7. 25.

전미옥, '[의사의 길을 묻다-메디블록 이은솔 대표] 블록체인 기술 치료접목 선구자… 의료정보 플랫폼 구축', 《국민일보》, 2018. 2. 11.

정채희, '월마트, 블록체인으로 유통 혁명 실험', 《한경비즈니스》, 2018. 2. 5.

최한준, '헬스케어 산업에서의 블록체인 기술의 활용', 한국보건산업진흥원, 2017. 5. 12.

홍승필, '금융권 블록체인 활용 방안에 대한 정책 연구', 《전자금융과 금융보안》 제6호, 2016. 4.

황민규, '美 IT 공룡들, 블록체인으로 헬스케어 사업 혁신 나선다', 《비즈조선》, 2017. 12. 19.

Callihappiness, '{가상화폐에 대하여} INS 블록체인 -유통시스템 편-', 스팀잇, 2018. 1.

David Kang, 'IBM·구글·MS, 600억 달러 블록체인 시장 선점 경쟁 본격화', CROSSWAVE, 2018. 3. 30.

Andre Dutra, Andranik Tumasjan, and Isabell M. Welpe, "Blockchain Is Changing How Media and Entertainment Companies Compete", MIT Sloan Management Review, Issue Vol. 60, No. 1, Fall 2018.

Bérénice Magistretti, "LendingRobot launches automated hedge fund secured by blockchain tech", VentureBeat, 2017. 1. 26.

CAN NEWSWIRE, "TEPCO Establishes New Online Renewable Electricity Retail Startup, 'TRENDE'", asia one, 2018. 3. 30.

Chris Martin, "How Blockchain Is Threatening to Kill the Traditional Utility", Bloomberg, 2018. 4. 9.

David George, "Global Mobile Radar", GSMA, 2018. 1.

Deloitte, Beyond Bitcoin: "5 Uses for Blockchain in Health Care", The Wall Street Journal, 2018. 4. 26.

Felicia Jackson, "Blockchain: Nemesis Or The Future Of Utilities?", Forbes, 2018. 4. 10.

Global Transformational Health Research Team at Frost & Sullivan, "Blockchain Technology in Global Healthcare, 2017-2025", Frost&Sullivan, 2017. 6.

Gunther Dütsch and Neon Steinecke, "Use Cases for Blockchain Technology in Energy&Commodity Trading", PwC, 2017. 7.

"How Blockchain Will Impact the Financial Sector", University of Pennsylvania Knowledge@Wharton, SWIFT Institute, Nov 16. 2018.

IBM Institute for Business Value, "Healthcare rallies for blockchains", IBM, 2016. 12.

John-David Lovelock, Martin Reynolds, Bianca Francesca Granetto, and Rajesh Kandaswamy, "Forecast: Blockchain Business Value, Worldwide, 2017-2030", Gartner, 2017. 3. 2.

Kim S. Nash, "Walmart-Led Blockchain Effort Seeks Farm-to-Grocery-Aisle View of Food Supply Chain", The Wall Street Journal, 2018. 6. 25.

Kounelis Ioannis, Giuliani Raimondo, Genelatakis Dimitrios, Di Gloia Rosanna, Karopoulos Georgios, Steri Gary, Neisse Ricardo, and Nai-Fovino Igor, "Blockchain in Energy Communities", EC, 2018. 1. 18.

Lynne Dunbrack and Bill Fearnley, "IDC Perspective: Blockchain and Distributed Ledgers in Healthcare", IDC, 2018. 1.

Mariana Fernandez and Kamaljit Behera, "Role of Blockchain in Precision Medicine: Challenges, Opportunities, and Solutions", Frost&Sullivan, 2018. 3.

Michiel Valee, "Monetizing Blockchain: A case-solving approach, Dockflow", 2017. 12. 7.

M. Mainelli and A. Milne, "The Impact and Potential of Blockchain on The Securities Transaction Lifecycle", Swift Institute Working Paper, 2016. 5.

Monica Zlotogorski, Moutusi Sau, "Market Trends: What CSPs Should Do About Blockchain", Gartner, 2017. 2. 28.

Pieter Vandevelde, "How to make supply chains ethical and sustainable with Blockchain", SupplychainDive, 2018. 6. 5.

Monica Zlotogorski, "Market Trends: How Blockchain Reinforces CSPs' Industry Vertical Initiatives", Gartner, 2017. 11. 7.

RJ Krawiec, Dan Housman, Mark White, Mariya Filipova, Florian Quarre, Dan Barr, Allen Nesbitt, Kate Fedosova, Jason Killmeyer, Adam Israel, and Lindsay Tsai, "Blockchain: Opportunities for Health Care", Deloitte, 2016. 8.

Stacey Soohoo and Jessica Goepfert, "Worldwide Blockchain 2018-2021 Forecast: Market Opportunity by Use Cases", IDC, 2018. 3.

Talib Dhanji, Christopher Modi, Sam Peterson, Arwin Holmes, Somil Goyal, and Trent Crow, "Overview of blockchain for energy and commodity trading", EY, 2017.

"구글 클라우드, 블록체인 통해 아마존(AWS) 잡는다", 정보통신산업진흥원, 글로벌ICT포털 8월 2주차.

"블록체인 기반의 DNA 정보 직거래 서비스", Strabase, 2018. 3. 20.

"블록체인 기술 발전전략", 과학기술정보통신부, 2018. 6.

"블록체인 도입을 통해 음원 수익 배분의 투명성을 강화한 사례들", Strabase, 2018. 5. 25.

"블록체인이 미디어 업계에 미칠 영향과 전망", 한국방송통신전파진흥원, 2017 KCA Media Issue & Trend, 2017. 11.

"의료업계가 블록체인에 주목하는 이유…의료 데이터의 보안 및 공유 효율성 강화", Strabase, 2017. 7. 19.

"4차 산업혁명 활성화를 위한 정책 제언", 국회4차특위제출, 2018. 4.

"Blockchain-as-a-Service Competitive Assessment", ABI research(2018. 4Q)

"Blockchain Investment Trends In Review", CBINSIGHTS, 2017. 1.

"How Blockchain Will Impact the Financial Sector", University of Pennsylvania Knowledge@Wharton, SWIFT Institute, Nov 16. 2018.

"JUNIPER RESEARCH: BLOCKCHAIN ENTERPRISE SURVEY AUGUST 2017", Juniper Research, 2017. 8.

"KEMRI 전력경제 REVIEW", 한전경제경영연구원, 2017년 제7호, 2017. 4. 3.

"The Developing Role of Blockchain", World Energy Council, 2017.

🧊 4장 블록체인의 미래, 토큰 이코노미

오태민, '비트코인은 강했다', 2017. 2. 20.

이병욱, '비트코인과 블록체인 탐욕이 삼켜버린 기술', 2018. 2.

이영환 동국대 경제학과 교수, '공유경제 희망의 불씨는 자라날 수 있을까', Insight Korea, 2018. 7. 31.

Carl Shapiro and Hal R. Varian, "Information Rules", HBR, 1998. 10. 6.

Catherine Tucker, "Why Network Effects Matter Less Than They Used to", HBR, 2018. 6. 22.

Christian Catalini and Joshua S. Gans, "SOME SIMPLE ECONOMICS OF THE BLOCKCHAIN", NBER WORKING PAPER SERIES, 2016. 12.

David Yermack, "Corporate Governance and Blockchains", OXFORD, Review of Finance, 7–31, 2017. 1. 10.

Gavin Cosgrave, "Token Economy", Educate Autism.

Gayatri Sarkar, "Blockchain Token Adoption Problem: Why the network effect is not enough", Medium, 2018. 7. 16.

Jeremy Epstein and Never Stop Marketing, "Blockchains aren't just tech, they're new economic systems", VentureBeat, 2018. 4. 1.

Joseph Abadi and Markus Brunnermeier, "Blockchain Economics", Princeton University, 2018. 7. 17.

Robert B. Reich, "The Share–the–Scraps Economy", robertreich.org, 2015. 2. 2.

William Mougayar, "Tokenomics—A Business Guide to Token Usage, Utility and Value", Medium, 2017. 6. 11.

🧊 5장 한국형 토큰 이코노미: 사회문제 해결 도구로서 블록체인

김미향, '지역화폐, 지역경제에 마중물 될까?', 《한겨레》, 2018. 7. 17.

김사아, '유니세프, 암호화폐 채굴로 기부 도전', 《미디어SR》, 2018. 2. 13.

도요한, '블록체인으로 지속가능한 사회 변화 실현한다…소셜임팩트·블록체인 컨퍼런스 개최', TokenPost, 2018. 3. 14.

박선주, 서교리, '지능형 정부 추진을 위한 블록체인 동향분석 및 시사점', 한국정보화진흥원, 2018–1호.

백지영, '[2018 블록체인④] 푸른 바다 지키고 빈곤층 돕는다', 《디데일리》, 2018. 3. 12.

이광영, 'KT, 서울시와 블록체인 기반 K토큰 도입 추진…60개 지자체도 지역화폐로 쓰나', 《IT Chosun》, 2018. 7. 26.

임명환, '국민생활문제 해결을 위한 블록체인 R&D의 효과분석 및 추진전략', ETRI Insight, 2018. 4. 1.

조혜지, '사회문제 해결형 R&D 최신 동향 및 시사점', 정보통신기술진흥센터, ICT SPOT ISSUE 2018–04호.

케블리, '#19. BSIC–지속가능한 사회를 위한 블록체인 어벤저스!', Medium, 2018. 4. 29.

허경주, '블록체인 아기 태어난 네덜란드…전 국민 디지털ID 프로젝트도', 《한국일보》, 2018. 7. 9.

황순민, '[단독] 코오롱에코원 카본블록 카카오와 손잡고 연내 출시', 《매일경제》, 2018. 7. 23.

IBM 블록체인, 'IBM 블록체인 플랫폼 기술 개요', IBM, 2017. 11.

Ken Mingis, '블록체인 통해 탄소배출권을 추적한다', IT WORLD, 2018. 5. 30.

Doug Galen, Nikki Brand, Lyndsey Boucherle, Rose Davis, Natalie Do, Ben El—Baz, Isadora Kimura, Kate Wharton, and Jay Lee, "BLOCKCHAIN FOR SOCIAL IMPACT MOVING BEYOND THE HYPE", STANFORD BUSINESS Center for Social Innovation, 2018. 4. 11.

"Exploring the Cryptocurrency and Blockchain Ecosystem", US Senate Committee on Banking, Housing, and Urban affairs, HEARINGS, Thursday, October 11, 2018.

'블록체인 기반 콘텐츠 플랫폼 Steamit 차별적 보상구조로 콘텐츠 창작 생태계의 질서 재편에 나서다', Strabase, 2018. 6. 7.

📦 부록: 블록체인 다시 보기 (개념부터 작동원리까지)

김유석, '블록체인과 ICO의 개요', Deloitte, 2018. 5.

박지영, '자본시장의 새로운 생태계를 주도하는 블록체인 2.0', 정보통신기술진흥센터, 《주간기술동향》, 2017. 2. 15.

백종찬, 한승환, 안상욱, 김영진, Chris Hong, '블록체인 기술의 발전과정과 이해', ㈜피넥터, 2016. 8. 3.

쉬밍싱, 티엔잉, 리지위에, 『알기 쉬운 블록체인』, 2017. 12.

오세현, 김종승, 『블록체인노믹스』, 2017. 11.

유거송, 김경훈, '블록체인', 한국과학기술기획평가원, KISTEP 기술동향브리프 2018-01호.

Angela Bao, "Building an International Business Model on Blockchain", EASTWEST BANK, 2018. 4. 23.

David Galvin, "IBM and Walmart: Blockchain for Food Safety", IBM, 2017. 12.

Dylan Yaga, Peter Mell, Nik Roby, Karen Scarfone, "Blockchain Technology Overview", National Institute of Standards and Technology, 2018. 1.

Joe Murray, "The Coming World of Blockchain, A Primer for Accountants and Auditors", CPA Journal, 2018. 6.

Satoshi Nakamoto, "Bitcoin: A Peer—to—Peer Electronic Cash System", www.bitcoin.org, 2008. 1.

"Blockchain Illustrated", Everest Group, 2016. 5.

"What is a blockchain?", Deloitte, 2016.

미주

1 '카이스트 미래전략 2019', KAIST 문술미래전략대학원·미래전략연구센터, 2018. 11.
2. 《매일경제》, '[Reverse ICO] 새로운 기업 자금조달 창구 vs 주주가치 훼손…리버스 ICO를 보는 두 가지 시선', 2018. 8. 10.
3 딜로이트컨설팅, 'ICO 진행 과정'.
4 Bain & Company, "Blockchain in Financial Markets: How to Gain an Edge", 2017. 2.
5. Christy Hyungwon Choi, What's great about Blockchain: #1 프로토콜 혁신(Fat Protocol), Medium, 2018. 5. 1.
6 World Foods Programme, "Building Blocks".
7 Tech Crunch, "New initiatives emerge to help refugees", 2016. 5. 11.
8 IBM, "IBM and Walmart: Blockchain for Food Safety", 2017. 12. 14.
9 '의료업계가 블록체인에 주목하는 이유…의료 데이터의 보안 및 공유 효율성 강화', Strabase, 2017. 7. 19
10 Forrester Research, "Prediction 2019: Distributed Ledger Technology", 2018. 11. 7.
11 Robert B. Reich, "The Share-the-Scraps Economy", 2015. 2. 2.
12 인사이트 코리아, '공유경제, 희망의 불씨는 자라날 수 있을까', 2018. 7. 31.
13 William Mougayar, "Tokenomics: A Business Guide to Token Usage, Utility and Value", 2017. 6. 11 Medium 등재.
14 Carl Shapiro and Hal R. Varian, *Information Rules*, Harvard Business Review Press, 1998. p. 13.
15 Gayatri Sarkar, "Blockchain Token Adoption Problem: Why the network effect is not enough", 2018. 7. 16, Medium 등재.
16 Catherine Tucker, "Why Network Effects Matter Less Than They Used to", *Harvard Business Review*, 2018. 6. 22.
17 Stanford Graduate School of Business, "Blockchain for social impact"에서 발췌.
18 《중앙일보》, '청년 실업률 10%……99년 이후 가장 높아 "체감 실업률은 23%"', 2018. 9.
19 현대경제연구원, 「산업별 고용의 특징과 시사점」, 2018. 4. 20.
20 《한국일보》, '고용창출능력, 일본의 1/8 수준이 나타내는 의미', 2018. 9. 17.
21 연합뉴스 , 'OECD 국가 내 지역 간 경제 격차 축소되는데…… 거꾸로 가는 한국', 2018. 11에서 OECD 자료 재인용.
22 한국보건사회연구원, 「사회통합 실태 진단 및 대응방안 연구」, 2018. 5. 11.
23 TECH M, '암호화폐 블록체인 용어 정리', 2018. 1.

블록체인
비즈니스의 미래
한국형 토큰 이코노미가온다

1판 1쇄 발행 | 2018년 12월 28일
1판 2쇄 발행 | 2019년 6월 21일

지은이 KT경제경영연구소
펴낸이 김기옥

경제경영팀장 모민원 기획 편집 변호이, 김광현
커뮤니케이션 플래너 박진모
경영지원 고광현, 임민진
제작 김형식

디자인 제이알컴
인쇄 · 제본 민언프린텍

펴낸곳 한스미디어(한즈미디어(주))
주소 121-839 서울특별시 마포구 양화로 11길 13(서교동, 강원빌딩 5층)
전화 02-707-0337 | 팩스 02-707-0198 | 홈페이지 www.hansmedia.com
출판신고번호 제 313-2003-227호 | 신고일자 2003년 6월 25일

ISBN 979-11-6007-335-5 (13320)

한국형 4차 산업혁명의 미래

KT경제경영연구소가 찾아낸 미래 한국의 7가지 성장전략

KT경제경영연구소 지음 | 고급 양장본 | 23,000원

지금 우리에게 필요한 4차 산업혁명은 무엇인가?
5G로 연결된 혁신적인 미래 사회를 상상하라!
한국을 대표하는 ICT 싱크탱크 KT경제경영연구소가
총력을 기울여 찾아낸 한국의 7가지 성장전략

이 책은 KT경제경영연구소가 그동안 축적해온 연구 역량을 바탕으로 한국에 맞는 4차 산업혁명을 정의하는 동시에, 4차 산업혁명 시대의 도래에 대비해 국민·기업·학계·정부의 역할이 무엇인지 살펴보고 그 방향을 제시하고 있다. 특히 세부적인 과제 수립에 도움이 될 수 있는 다양한 사례와 창의적인 아이디어를 제공함으로써 정부의 정책에 추진 동력을 더하고 한국형 4차 산업혁명을 가속화하는 데 기여하고 있다. 수많은 한국 기업들이 국가 경제 성장을 견인하고 글로벌 ICT 융합 시장을 선도할 수 있도록 소중한 지혜와 통찰을 선사할 것이다.